诊所法律教育的
基本理念和方法

杨晓雷 著

THE BASIC CONCEPTS
AND METHODS OF

CLINICAL
LEGAL
EDUCATION

人民出版社

目　录

第　一　篇

本 体 认 识

第 二 篇

建 设 运 行

第 三 篇
内 容 方 法

前言　法治、法学教育与诊所法律教育

——中国诊所法律教育的价值与道路分析

引子：问题与目标概说

诊所法律教学模式①在中国历经了二十余年的引进、建设和发展过程。这种全新教学模式一方面曾是一路高歌，为相对固化的中国法学教育和人才培养事业带来了冲击并注入了新的活力；另一方面，在与传统法学教育体制进行沟通和对话从而为自身的发展争取资源和空间过程中，其也表现出在建设和发展上的障碍重重、举步维艰。所以，当下，在看到中国诊所法律教育整体规模和发展速度取得了良好成果的同时，也要深刻地认识到其业已显现出的危机，即：在整个中国法学教育和人才培养体系中，其仍然普遍存在着资源不充分、后劲不足、定位模糊、价值功能认识混乱②、方法不当、道路不清等诸多问题，进而无论在理论上和实践工作中，很难说清和评价其人才培养的价值发挥程度，以至于在一定程度上使未来"是否有必要发展诊所教育""如何在中国定位、开展诊所法律教育"都成

---

① 这里之所以称之为"教学模式"而没有像其他许多文章称之为"教育模式"，是因为在当前普遍看来，在法学院校中，诊所教育只是一种教学方法和课程设置上的实践，在资源运用和整个人才培养教育的结构分工中，还没有真正能够广泛地动用整个教育资源以及与其他环节互动，还谈不上教育的模式，只能称之为"教学模式"或"教学方法"。

② 参见解小平：《依托式诊所法律教育模式的构建》，《法制与社会》2011年第12期，第234—235页。

为一种问题①。

显然，在时下的观念认识、资源条件以及制度结构中，当前的诊所法律教育已经出现发展上的瓶颈状态，而且，在更广阔的法治建设和法学教育发展背景下，毫无疑问，这些问题关乎诊所法律教育在中国的发展命运，在根本的价值认识、发展方式以及道路选择上，其所揭示的是现实中的中国诊所法律教育仍然存在着亟待解决的问题。

长期以来，法治建设进程中的中国法学教育一直处于改革发展阶段。在较为普遍的共识上，诊所法律教育的引进和开展无疑是解决中国法学教育脱离实际问题的一种有意义的努力，但是，当前其发展瓶颈问题的出现不仅对其自身，也对其所预设的中国法学教育问题及其解决带来了新的思考，当然，也使这些问题的解决因而具有了复合价值。由此，本书拟对中国诊所法律教育的价值功能和道路选择问题进行尝试性分析和探索。

在学术上，对中国诊所法律教育价值的认识和道路的探索并不是一个新鲜的话题，其可以说是二十余年来的引进建设工作的主要研究对象。但是，实践是理论的先导，现实的需求通常会划定理论的视域，于是，引进需求下的"睁眼看世界"，注定产生并采用了较为直观介绍的视角，其所及的视域往往是诊所教育较为直观的一个或几个表象，而往往不会是全部，更多的情况下是将诊所教育仅仅作为一门大学实习、实务课程来研究和看待。因此，此种需求下的研究在视角上，往往都是采用直观描述的功利性借用的视角而非反思的结构功能视角②；在方法上，即使存在比较，更多的

---

① 参见王晨光：《回顾与展望：诊所式法学教育在中国》，《法学教育研究（第 5 卷）》2011 年第 2 期，第 3—20 页；参见刘成贺：《我国诊所式法律教育存在的问题及对策》，《中州大学学报》2010 年第 6 期，第 101—103 页。

② 根据结构主义的一般原则，结构大于要素，系统和系统之间没有重叠，结构和结构之间没有历时性，只有共时性，结构不是理性创造，是人的文化特征，人的行为是被社会结构决定的。参见赵敦华：《现代西方哲学新编》，北京大学出版社 2000 年版，第 379—381 页。在这里，本书是从事物本身的存在和运行的结构上看待各个事物组成

也是规范性、注释性而非问题性的方式①；在叙事体系上，采用的是历时性而非共时性的；其核心主题也主要是翻译、介绍、传播国外的诊所法律教育知识和经验，总结诊所法律教育的价值、性质和特点，探索其移植到中国发展的合理性、土壤适应性以及诊所法律教育本土化的职能定位、制度设计、运行的方式方法和具体的课堂教学活动的技术方法；等等。

在特定时期的特殊需要下，对这种视角、方法和路径及其所产生的成果的重要价值是必须要肯定的，但当然也要看到这种努力的价值阶段性和时效性，否则就不会出现现今的问题。穷则思变，选择不同的描述方式和分析的路径对于当下中国诊所法律教育乃至整个中国法学教育的改革和发展是必要的。因此，同是研究价值和道路的问题，但本书不同的是，在写作目标上，本书要进行价值重构并由此提出新的道路发展建议。于是，本书拟选择不同于以往的观察视角以及路径和方法，在二十余年的中国诊所法律教育的实践经验和理论研究基础上，对现实中的诊所教育实践和理论进行结构功能性反思，在更大的中国法治建设和法学教育改革的宏观视域中，从共时性的现实问题出发，在人才培养的法学教育结构和功能的关系体系中，通过诊所教育与其他法学教育构成要素的关系分析，尝试对中国诊所法律教育的价值和道路选择进行重新的发掘和探索，以求对当下的问题解决有所启发。

部分的功能和意义，以及使得事物能够存在和运行的各个组成部分之间的相互关系，进而在这样内部的结构、功能和关系上处理和解决问题，而非从外在于事物结构和功能的视角和价值来解决事物存在和运行的相关问题。

① 关于过去二十多年中国法学研究的发展状况，苏力将其归纳为三个发展阶段或者"三种范式"，即政法法学、诠释法学和社科法学；陈瑞华将刑事程序法律研究的方法区分为规范法学研究方法（其中包括对策法学和注释法学）和社会科学方法的法学研究方法，本书在此所说的规范法学方法主要指的是以上的诠释法学范式和规范法学研究方法。参见苏力：《也许正在发生——转型中国的法学》，法律出版社 2004 年版，第 16 页；陈瑞华：《论法学研究方法》，北京大学出版社 2009 年版，第 87 页。

第一节   问题的体系

问题的解决更多地取决于对于问题的认识。关于中国诊所法律教育的问题构成，本书认为主要有两个层面，其一是作为问题表象的中国诊所法律教育的瓶颈状态，其二是作为其深层脉络延展的中国法学教育的根本问题。首先，我们来看看中国诊所法律教育的瓶颈状态问题。这类问题比较繁多庞杂，本书首先在中国诊所法律教育当下发展的时空横截面上，对其进行描述、总结和分析。

在中国诊所法律教育所存在的"生态环境"①中，就其现实经验层面上的问题而言，主要包括：一是价值和功能层面上的"可有可无问题"，其所涵盖的内容是，或者因为相关的训练集中在少数的学生范围内而没有使学生普遍受益，或者所训练的技能和经验完全可以在实习、实践活动或者实务课上以及未来的职业工作中获得，因此，现实中的诊所课程训练没有明显、普遍地增强学生的实践技能和经验，于是，使诊所课程的开设显得没有特别价值和必要意义。二是职业运行制度条件层面上的难以操作问题，其所涵盖的内容是，当下中国的诊所教育尚不具备得以开展的社会制度条件，比如说，现实法律职业制度中缺乏对于学生从事实务法律活动的身份正当性的支持，职业群体也对学生从事诊所学习实践活动缺乏应当具有的合理认识和认同，等等。三是财力、人力资源的限制问题，其所涵盖的内容是，诊所教育是单位成本较高的教育活动，在大量的学生需求情况下，若实现其成果的普遍受益，则会需要大量的财力投入，对此，绝大多数的法学院校是很难支撑的；另外，在人力上，一方面囿于当前教学人员

---

① 　参见刘莉：《诊所法律教育环境的生态学构建》，《教育与教学研究》2010 年第 7 期，第 90—99 页。

的实务经验、诊所工作技能和方法的缺乏，真正意义上的诊所课堂难以进行；另一方面在整个法学院的师资队伍中，很少有人愿意付出更多的时间和精力来从事诊所法律教育工作。四是教学科研工作制度上支撑不足问题，其所涵盖的内容是，在既有的教学和科研资源分配体系结构和机制下，在既有的人才管理和发展体制上，从事诊所教育的工作人员在诊所教学上的付出往往难以获得相应的回报，比如说，诊所工作相对于一般课程教学的大量投入必然挤占工作人员的科研时间，但是这样的投入未必会在评职称等方面获得相应的认可，由此往往导致评职称时因学术工作量的不足而不能获得晋升；另外，即便是有关于诊所教育的科研研究，但由于中国既有的法学科研活动平台和资源分配机制往往是以部门法研究为基础和主导的，诊所教育的相关研究往往很难获得成果产出上的激励，如此便严重影响了既有工作力量对于诊所教育课程的关注和付出，① 等等。

将这些问题和因素还原于现实发展过程中，它们在结构和相互关系上一方面显现的是，为解决传统法学教育课程脱离实际、缺乏职业实务经验和技能的培养训练等问题，中国法学教育界从美国"因陋就简"地引进并"依葫芦画瓢"地开设运行了诊所课程，这种课程也曾一度在中国大学的法学院产生了热潮并进行了大量的复制，其价值和功能也得到了一定程度上的发挥和发展；另一方面显现的则是，在整体中国法治发展对于人才的现实需求以及法学教育改革的大格局中，诊所课程无论是在整体规模上还是在微观个体价值打造上，都局限于相对狭小的学院式人才培养空间和维度上，相对于其作为实践课程引进中国的最初目标和愿望来说，其对法律学生实务经验和技能的有限训练，完全没有在职场上获得普遍、积极、清晰、显著的价值回应，因此，其远远没有达到引进之初想要的理想状态，

---

① 参见李勇：《诊所法律教育中国化的思考》，《中南大学学报（社会科学版）》2006年第3期，第376页。

且出现了价值上的瓶颈，即：在对法学教育的相关问题解决上，诊所课程的确有一定价值，但这样的价值不是必要的或者说普遍的。

而且，非但如此，因人力、财力以及运行制度支撑所限，在初期建设热度过后的当前，诊所法律教育很难再找到当初引进之时的迅猛复制性的发展态势，其原因一方面是，在既有条件下，业已具备引进条件的法学院都已完成了这种初期有限范围内的建设和发展；另一方面是，这种模式已经开始触及、冲击、对抗传统法学教育和中国法治的深层问题。这些问题不仅有制度层面的，也有文化层面的；不仅有观念认识层面的，还有利益取舍方面的，因此，其解决起来肯定没有当初"依葫芦画瓢"那样来得容易。于是，诊所法律教育若想在中国继续发展以实现其预设目标，必须要解决以上的人力、财力、业务制度条件、管理资源支持等诸多问题。然而，现实的状况却是，在当下，这些问题中的任何一个都很难获得实质性的解决，由此导致以上的价值瓶颈具有了持续性而成为了"瓶颈状态"。

之所以做出这样的界定，是因为在问题的认识和解决上，"瓶颈状态"原本就有两个层面的含义和价值，其一方面涵盖"瓶颈"是"要命"的，意味着在经历引进和一定程度的发展之后，诊所法律教育开始显现了涉及命根子的价值定位和道路选择问题，因此首先一定要从这些方面出发考虑问题的解决；另一方面其涵盖着问题的解决在时间上的"要紧"性，因为"夜长梦多"，随着状态的持续存在而没有突破的办法和出路的情况下，其往往会朝着不同成因的既定事实演变，进而在观念认识上很快就会演变成为普遍非理性的恶性推演的"真理性"逻辑前提，比如，开始有观念经验性地认为并作出这样的逻辑演绎，即：根据当前的实践检验，诊所法律教育没有什么太多的价值了，所以在中国也就没有太多的必要开展诊所法律教育了 ①，

---

① 参见蒋志如：《何去何从的中国诊所法律教育》，《安徽大学法律评论》2011 年第 1 辑，第 253—262 页。

等等。

这样的结论是否正确，在此暂且不论，本书将在后面的话语分析中对其进行梳理判断。理论上的结论很容易做出，而值得关注的是作出结论的理由和过程，其决定着结论的正当性和合理性。更何况，从经验层面上，现实中诊所法律教育局部效用的发挥已经对这样的结论作出了直接的证伪。本书认为，在这里需要正视的是"瓶颈状态"所涵盖的重大问题，即：事关中国诊所法律教育大是大非的重大价值定位和发展存亡的道路选择的问题。为解决这样的问题，有两个任务亟待完成，一是有必要对这些要命的大是大非的问题进行深入考察，二是面对其现实的紧迫性，又必须在人力、物力、制度、机制等具体层面寻找解决这些问题的突破口，综合而言，就是有必要审视一下限制其价值功能实现的具体问题与这些大是大非问题有着怎样的关联，以及应当如何处理这样的关联。

事实上，当初引进诊所法律教育所要解决的是中国法学教育的问题，而现今限制其发展和功能实现的诸多因素折射的也是中国法学教育的重要问题，所以，在实质上，当前诊所法律教育的问题显现的即中国法学教育的根本问题。由此，若想解决相关问题，就不应仅在问题的表象上进行理解，而应将其放置在中国法学教育整体结构体系中进行考察分析。接下来，我们就对作为中国诊所法律教育问题的深层脉络延展的中国法学教育的根本问题进行深入的挖掘、分析和总结。

引进之初的诊所教育所要解决的是传统课程对于人才的培养缺少实务的训练而脱离实际的问题，在定位上其实质就是一种新的真正实务课程，以此替代"半死不活"的实习课程、"半真半假"的实务课程以及"游玩式"的实践活动①，而且，近年来，随着法学教育的职业化呼声高扬，其在实

---

① 参见刘金学：《诊所式法律教育持续发展问题研究》，《中国法学教育研究》2009 年第 4 期，第 122—124 页。

务中对学生技能和经验的培养功能无疑再次得到了强化①。这种课程以真实的法律问题为空间，内容往往是各种传统部门法所涉问题的混合体；其课程运行方法也一改传统的"只是老师讲、学生只是听"的模式，更主要地是让学生亲自动手去解决真的问题，由此，学生通过与老师以及其他参与者的互动过程获得技能、经验以及伦理认识和冲突处理能力的增加②。

如果不太关注和反思诊所法律教育课程深刻的基础性制度、文化条件，不将其深置于法学教育的宏观结构体系中来观察，那么，其就像在已发展较为成熟的美国法学教育体系中所显现出来的，也只不过是一门新的课程而已，而其新主要就新在方式方法上，在内容上只不过增添了经验型知识的内容，因为通常看来，其很多内容在传统的部门法课堂上已经都讲过了，只不过在这里经过实务操作演练一下，进而实现知识的经验化。然而，现实中看似相同的事物往往却是根本不同。没有简单孤立存在的事物，这样课程的形式化图景只是展现了诊所法律教育在法学教育体系和机制中的冰山一角。事实上，表面上作为一门课程出现的诊所法律教育，在多维复杂的中国法学教育体制中却有着丰富而又深刻的隐喻。

其一，诊所法律教育课程的引进，揭示出传统法学教育在所传授的知识方面存在着严重问题，由此对中国法学教育所传授的法律知识的有效性、知识的生产和传授机制的合理性提出了尖锐的挑战③。

从理论上说，法学教育所传授的知识包括法学理论知识、职业经验、

---

① 参见申卫星：《时代发展呼唤"临床法学"——兼谈中国法学教育的三大转变》，《比较法研究》2008 年第 3 期，第 121—129 页。

② 参见甄贞：《一种新的教学方式：诊所式法律教育》，《中国高等教育》2002 年第 8 期，第 33—35 页。

③ 参见苏力：《当代中国法学教育的挑战与机遇》，《法学》2006 年第 2 期，第 3—21 页。美国诊所诞生也体现了这一面。另参见柯岚：《诊所法律教育与传统法律教育差异的法理学分析》，载甄贞主编：《方兴未艾的中国诊所法律教育》，法律出版社 2005 年版，第 43—48 页。

技能以及职业理想和价值等多方面，而法学教育的大学形式则意味着对于这些系统的知识以及由此衍生的学科①、教育技术和教师团队的依赖。也就是说，大学法学教育对法律人才的培养的特点是一种现代化的批量生产方式，拥有着独立的人力、方法、知识以及财力和物力支持。在现实的法治建设工程内部，这样的模式化运行的效果，一方面是，基于宏观法治目标的一致性的追求，实现教育机构与法律实务机构关于人才培养、知识创新以及技能完善等方面的社会专业化分工；但是，在另一方面，其也暗藏着法学院人才培养工作与实务领域乃至整体法治所追求的目标不同程度上的异化可能②。

中国法治作为系统的国家治理工程，是在党和国家主导下有计划推进的，在很大程度上，法治工程分工下的大学法学院和实务机构自然也是为实现其相关功能而在政府组织推动下建立起来的。中国的现代法治建设的实践历程尚短，法治发展至今，可以说我们面临着丰富而纷繁复杂的问题，但是，在有关自身系统的现代法治理论知识、成熟正当职业经验技能以及高度认同的理想和价值方面，我们都显得贫困而苍白。因此，法治建立之初，在基于中国问题和经验的现代法学知识并不丰富的情况下，组织大学法学院讲授传播域外系统的法律知识是自然的事情，因为这一方面可以满足制度建设中知识上的学习和借鉴的必要；另一方面，如前文所述，这也是以法学院的方式传授知识、培养人才的最合适或者能够做到的方式。因此，"法学主要不是首先作为重视实践和法律职业的一个知识体制，而更多是作为话语实践进入中国的"③。

---

① 参见申卫星：《时代发展呼唤"临床法学"——兼谈中国法学教育的三大转变》，《比较法研究》2008 年第 3 期，第 121—129 页。

② 参见王晨光、陈建民：《实践性法律教育与法学教育改革》，《法学》2001 年第 7 期，第 5 页。

③ 参见苏力：《中国法律技能教育的制度分析》，《法学家》2008 年第 2 期，第 32—39 页。

毋庸置疑，中国大学法学院这样的知识生产和传授的意义在初期的国家法治建设阶段上尤显价值重大。然而，随着国家法治发展的深入，无论在人才培养还是在智识贡献上，对于一国法治建设来说，这样的知识传播和传授显然是不够的。深入发展的法治工程需要法学院提供面对中国问题的经验、技能和理论，脱离实际的知识和理念非但远不能满足现实需求，反而会出现知识目标异化的问题。很长一段时间以来，相对于实务中的法治建设，中国法学教育已经出现了这种意义上严重的目标异化现象[①]。

国家系统推进法治建设工程的方式使不同部门间的这种知识异化具有天然的可能性，而且，暂时、有限空间内的法学院的知识与实务知识的相异往往是法治发展必要的矛盾，具有积极的意义和价值，但是，长期的院校知识理论与职业经验相脱离，就会导致整个法治工程在知识、价值和理想方面的隔离、条块和分裂，无疑不利于国家法治建设目标的实现[②]。而且，当前，在国家法治发展计划推进过程中，诸多因素导致了这种知识分裂和异化现象的"深化"和"固化"，比如说，一方面由于存在着"法学研究不能讲""法学教育不能教"的诸多禁忌，理论界和实务界的沟通不畅导致了法学院学术知识与实务知识的隔阂和分立；另一方面，虽然法学教育缺乏中国的经验和知识的传授，但是，中国法学院已经形成了庞大的法学教育机构、教育群体以及相关的技能和方式，不管这样群体和机构当下的社会贡献如何，但不可忽视的是，这是一个业已形成并正在运行的生态体系，毫无隐晦地说，这里包含着巨大的职业地盘划分和话语利益构

---

① 参见易继明：《中国法学教育的三次转型》，《环球法律评论》2011 年第 3 期，第 33—48 页。

② 1948 年美国法学家庞德担任国民政府司法行政和教育两部顾问时撰写的《法律教育第一报告书》对当时中国的法官、教师、律师等所受训练的"分歧，殊觉惊异"，明确主张"中国法学教育的首要问题"就是"彻底统一"。转引自王健：《构建以法律职业为目标导向的法律人才培养模式——中国法律教育改革与发展研究报告》，《法学家》2010 年第 5 期，第 139 页。

成，面对中国的法治工程建设的知识完善和补给，其是有着巨大的职业自我保护意识和能力惯性以及职业利益驱动障碍的①。具体说来，在整体意识上，这种惯性和驱动往往导致不再问及类似于诊所这样改革的合理性和正当性问题，而是考虑做这样事情的职业成本、利益回收以及方法和技能改善的可能等诸多问题。在这样的考量下，这些问题并不是说改就改、那么易行，而这一切又都在稳固与加深这种异化和分裂。

法学教育的理想在于为法治建设培养有用人才，而如此知识的分裂和异化无疑使这样的理想的实现成为问题。当前，对于分裂异化中的知识孰者更为正当暂且不论，在法治理想的追求下，中国法学教育工作者与法律实务工作者实际上对这样的状态都不满意。因而，在法治和法学教育的结构功能的关系中，实际上，2000 年诊所法律教育的引进就是法学教育界的有识之士对此作出的一种反应和努力挣扎，表面上看其所及的是法学院校的课程设置、内容脱离实际和方法无效的问题，但在深层的现实上，其有意无意地触及的是中国法学教育所讲授的知识失效、知识分裂和知识异化的现象以及形成这种现象的生产机制和制度的问题。这些问题在诊所法律教育领域，恰恰也就是中国诊所教育瓶颈状态及其形成的因素和条件，然而，显然这样的"脱离实际"的问题不是在一门实务课程空间与知识结构中就能够看清楚的，也不是通过简单引进开设一门课程从而换一种方式进行知识的传授就能够彻底得到解决的。

其二，在整个法律职业群体中，诊所法律教育课程的引进，揭示出中国法学教育工作与其他职业群体活动的分离割裂状态②，由此对中国法学教育培养出来的人才的职业能力、职业效用，对职业人才的培养标准、方

---

① 参见苏力：《法官素质与法学院的教育》，《法商研究》2004 年第 3 期，第 60—70 页。

② 参见王健：《构建以法律职业为目标导向的法律人才培养模式——中国法律教育改革与发展研究报告》，《法学家》2010 年第 5 期，第 138—180 页。

式、方法的有效性以及中国法学教育自身的法治建设功能的权威性也提出了挑战和质疑。

从良性发展的法治常态来看，一国的法学教育与其他法律职业群体在知识生产、人才培养、解决现实问题等多方面是要进行充分互动沟通的，群体之间具备基本的职业价值和职业标准共识，遵守共通的职业规则，从而能够形成所谓相对稳固的法律职业共同体[①]，其体现的是一国职业法律群体内部既相互独立又相互支持和融合的状态，以此保障整个法治机制的有效运行、改革和发展。从法治建设和发展的角度具体说来，法律职业共同体内部的互动和融合对于法律人才的培养和法治发展能够创造以下条件。

一是知识的生产和更新。与此相关，除了上文所说的消除知识异化和价值对立的功能以外，现实中，不同群体之间通过现实问题、职业经验、理论研究的交流和互动，能够实现育人法律知识的生产和创新。一国的法治问题和有益经验只有通过高质量的职业互动才能被理论化、价值化，促进知识创新和血液更新，进而在获得共识的基础上发挥社会功能和权威，从而也在人才培养上构建知识基础。

二是使法律人才更好地与职业市场标准进行对接，实现有用人才的培养，提高法学院人才培养的社会实力和竞争力。市场标准对于大学的人才培养无疑具有直接积极的指导效应，另外，面对市场标准也体现法学院对于职业关系规则的遵循，以此可以为自身创造良好的舆论发展环境和条件。在与其他法律实务职业群体的微观层面关系上，学院教育面对多方面的竞争，就人才培养工作相关的判断和主张，其必须得接受市场规则和标准审查，必须要与职业群体进行沟通和互动，而不能置职业互动需求和相关声音于不顾，否则，可能在整个职业群体中会因为不被理解而面临持续

---

① 参见强世功：《法律共同体宣言》，北京大学法学院学术论文，2000 年，第30 页。

发展的危机。

三是直接为法学院的人才培养工作提供各种资源支持。从社会市场的角度看，市场就是要通过法学院给自己培养适合自身需要的人力资源和知识资源，因此，强大的市场和职业群体不仅要而且能够在直接的职场和市场的运行中给人才培养创造制度和业务上的条件，比如实习场所和校外导师的提供，学生从事实践工作的制度支持，等等，而且往往会直接提供物力和财力上的资源支持以直接满足自身的现实人才培养需要。实际上，即便是国家的财政资源分配计划也是社会和市场需求这个逻辑判断上的延续。

综合以上情况来看，一国法学教育的发展面对职场进行开怀拥抱无疑是必要的[①]，这也是成熟法治和法学教育发展的结论和标志。但是，相同的问题或事物在当下中国却处于完全不同的状况。

首先，从经验上看，理想法律职业共同体和职业互动往往是以职业群体需求和市场为条件自发形成的，而且是在法治发展到一定成熟阶段出现的。然而，在国家推行法治建设的发展道路上，中国法律职业群体的形成和出现具有浓重的国家打造色彩而非市场的自然天成，因此，在职业群体交流层面，除了法学院单向为职场输送毕业生以及法学教育者为国家法治贡献命题式理论成果以外，在人才培养上，打造之初就形成的职业群体功能分离状态仍然是当今的常态，除了相对不多的实务工作者的实务讲座、实务理论课程以及效果不佳的职场实习以外，没有更多有着育人和市场效益的理论知识、经验、技能以及伦理价值培养的高质量职业联合互动行为。

其次，法治建设之初，这种群体互动的缺乏是正常的，然而反常的是，随着中国法治深入发展对法学教育的这种互动需求的增强，这样的局面并没有得到相应改善。虽然是实务界和学术界、职场和法学院对这样的

[①]　"法学教育固有属性要求它与法律职业紧密联系在一起，建立法学教育和法律职业的联系应当是制度建设的出发点。"方流芳：《追问法学教育》，《中国法学》2008年第6期，第20页。

状况都不满意，即便是法学院方面有声音呼吁与职业界进行更深入互动，但是由于职业领域和对象禁忌的存在，职业界对于法治建设方案和观点的强势状态，学界对于很多潜规则意义上的经验和做法的价值否定与不屑，以及学界自身的利益结构的固化和思维能力惯性，等等，诸多因素导致这样的局面尚未有实质转变。

毫无疑问，这种互动的缺乏对中国法学教育乃至整个法治建设的负面影响是巨大的。如果说知识的异化已向我们展示了法律职业分裂的基本状态，那么，职业互动的缺乏一方面是这种状态的直接体现；另一方面，在职业内部的解决通道上，其为这种状态的改变放置了一个巨大的障碍物，使这种异化的解决难上加难。诊所教育瓶颈状态恰恰是体现了因职业互动的不足而导致解决问题资源条件的缺乏和道路不通。

因此，以改变学生缺乏职业经验和技能而不能满足职场实际需要的状况为目标而引进设立的诊所课程，在法律实务职业领域与法学院在人才培养上互动较为扎实充分的条件下，其目标的实现当然不会涉及太多课程之外的其他的问题。但在中国，在法学教育和人才培养的职业化互动不足以及职业的元素成分不够的背景下，这样的目标定位就显得表面化了。如果中国诊所教育不能解决和回应与其相关的法律职业充分良性的互动问题，那么这样的瓶颈就会一直持续下去，而这样的问题的解决绝不是将诊所课程因陋就简地嵌入一个学院，从而在这样的一个狭小课程空间中所能够驾驭的。

第二节　中国话语

话语既是打开问题大门的钥匙，也是定位问题的坐标系，又是解决问题的通道，但由于主体性和界限的存在，话语往往成为牢笼，会在解决问题的过程中演变为新的问题①。十余年的引进和运行实践，伴随着问题的不断出现和解决，诊所法律教育在中国业已形成了基本的学术认识和话语评价，在探索问题的解决方案的同时也形成了新的问题。本书在此将其总结为移植目标下的规范性话语认识与"问题意识"下的反思话语认识两种情况，以此探讨问题的形成、解决与认识话语的关系状况。下面，首先我们来看看中国诊所法律教育移植目标下的规范性话语认识与实践。

以引进或借鉴为目的，认识新的事物通常是从规范性话语开始的，中国法学教育界对诊所法律教育的最初认识也是如此。21世纪初，为引进诊所法律教育解决传统法学教育课程内容脱离实际等问题，中国法学教育人士开始了为期大约5至7年的移植和本土化阶段②。与此相关的学术研究活动也大都是积极引进、介绍和传播诊所法律教育理念和方法以及探索其在中国的本土化问题，其具体内容呈现出以下的特征。

其一，在美国，在表象上，由于诊所法律教育是以课程形式展现的，因此，引进时的相关认识特别注重诊所法律教育的课程性。观念直接集中在从一门实务课程的角度来认识和理解诊所法律教育，因此，特别强调对美国"诊所课程"的研究、阐释和介绍。具体而言，研究对象和内容集中在美国诊所教育课程的性质、特点、价值、功能以及方法技术问题；路径和方法主要是考察现状和翻译资料，在历史、现实以及美国本土的价值功能的维度上对诊所法律教育进行所谓原生态的认识；研究目的和动因主要是发现美国的诊所教育课程对于解决法学教育脱离实际的问题的正当性及其价值的普适性。

其二，在对中国法学教育现实的相关问题的研究和判断上，对于当

---

①　维特根斯坦认为，语言是有界限的。参见赵敦华：《现代西方哲学新编》，北京大学出版社2000年版，第127—129页。

②　参见甄贞：《方兴未艾的中国诊所法律教育》，载甄贞主编：《方兴未艾的中国诊所法律教育》，法律出版社2005年版，第3—10页。

前中国的法学教育实务技能课程设置不足的现状及其所造成的现实问题认定，主要是通过对社会问题、制度以及文化的对比研究来认识中美两国相关问题和解决问题方式的异同；进而总结和论证中国与美国在相关问题的性质、特点等方面的相似性[①]；研究的目的和动因主要是发现中国相关问题解决的紧迫性以及美国诊所教育模式解决中国类似问题的价值和功能上的有用性、可借鉴性以及现实条件上的可适用性[②]。

其三，特别注重诊所法律教育在中国本土化的条件、方法和道路的研究。传播就是本土化的开始，随着诊所法律教育的经验在中国的引进传播，相关研究逐渐开始转向中国建设诊所课堂的制度条件、方法与道路研究。基于对前两个研究结论的确信，此时研究的基调是要通过本土化的研究寻找诊所的本土资源，为其在中国的建立和实施寻找或者创造条件[③]。因此，研究的方法大都是比较，比较后的理论建议往往是求同存异式的处理。在"求同"上，以美国诊所教育课程存在和运行的基本条件为参照系，提炼中国的相似的条件和资源并加以整合，以此为中国本土诊所的设立创造条件，比如说，建立之初，很多学校将实习资源、实践课程以及模拟法庭资源直接或者经过转化运用到诊所课堂上；在"存异"上，为了将中国诊所教育尽快开设起来，在遇到条件不具备或者不同时，往往会采取因陋就简、淡化处理或者替代性处理，比如说，很多学校在不具备开设诊所的师资力量时，往往用模拟法庭或者理论实务课替代诊所课程。

在学术上，这显然是典型的规范性话语研究模式，目标在于探索诊所法律教育生成发展的内在规律性，实现其发展上的应然性。具体而言，对

[①] 参见甄贞：《一种新的教学方式：诊所式法律教育》，《中国高等教育》2002 年第 8 期，第 33—35 页。

[②] 参见王立民、牟逍媛主编：《诊所法律教育研究》，上海交通大学出版社 2004 年版，第 60—85 页。

[③] 参见王菊英：《"诊所式法律教育"本土化的思考》，《河北法学》2006 年第 3 期，第 82—96 页。

美国诊所教育课程的性质特点的研究介绍，形成了诊所法律教育在解决法学教育脱离实际以及赋予学生实践经验和技能方面的普适性价值，由此构成了将其引进中国的逻辑判断的大前提；对中国的实践教育情况和问题的研究，形成了中国现实法学教育实践性元素缺乏和急需等系列问题的认识，并得出了这类问题与诊所教育在美国所解决的问题具有极大的相同或相似性的判断，由此形成了将诊所教育模式引进中国进行逻辑判断的小前提的证成，于是，接下来在逻辑上自然得出这样的结论，即：中国法学教育非常有必要引进开设诊所法律教育的课程。这同时又是一种典型的引进、借鉴移植性研究方式，研究的主要成果是一方面在理论上论证这种教育模式的可行性，另一方面也是为诊所在中国的生根、成长、结果积极创造理论认识和技能、经验条件，也就是尽可能要从总体上勾勒出中国诊所法律教育的基本样图、模式和道路范本，为诊所教育本土化、诊所的建立提供解决问题的经验。

无疑，这种规范性话语认识模式在中国诊所法律教育发展历史上有着不可缺少的价值，但是，从学术上讲，其研究方法和路径的风险也是普遍存在的。规范性话语认识的对象局限于诊所法律教育这样的一门课程，相关问题的界定和认识维度基本上就是诊所法律课程这样的一个相对狭小封闭的结构空间。对于课程的中美时空上的差异相关认识虽然有所关注，但是，其主要的目的倾向是以这门课程在美国的意义和价值来分析论证这种课程引进中国的价值和可行性，而没有从课程在两国各自所处的相关结构和功能空间中，对其不同的价值定位和发展道路条件进行更多思考和对待。

进而言之，显然，课程的相似性不等于所要解决问题的真正相同或相似，比如说，中国的法学院和美国的法学院虽都开设刑事诉讼法课程，但显然社会制度基础和所要解决的社会问题有着很大的差异。诊所法律课程在美国的法学教育体系下的目标，在其相对成熟的法学职业互动和知识生产机制、社会制度的支撑下，是一个自然而然、行之易得的目标。而中国诊所法律教育虽然看来也是要解决类似的一些问题，但是，因为其后面所牵涉的作为其根本基础的法学知识生产、职业互动等纷繁复杂的法学教育的深刻问题，使这些看似相同的问题只是表面上相似而已，其实在根本上完全不同。

因此，具体说来，这种规范式的研究风险在于：其一，其会导致用同种方式解决不同目标问题的情况，由此，可能会导致以诊所建设来实现中国法学教育改革活动中出现目标打击错误或者隔靴搔痒不济现实问题的状况，进而由于自身预设功能的不能实现而招致对自身价值和功能的诟病，最终可能会出现诊所法律教育非但没有解决相关问题[①]，自身却成了为了解决问题而出现的问题，非但没有解决异化的问题，反而自身却成了异化的构成元素（比如不是诊所的课程硬说成诊所课程，诊所便成为了同样不能解决问题的课程或者形式）。

其二，在理论认识上，这样必然性、规律性的逻辑结论的追求和实施必定是要以忽略掉一些干扰性因素为代价以获得证成的，而在实践中，这种目的性或多或少会回避掉一些现实中的隐性的问题以求实现改革者的行为目标，比如前文所说的"淡化"和"因陋就简"的处理。事实上，稍经留意，我们就会发现，诊所课程在中国法学院设立之初，已经牵扯出当前诸多方面的问题头绪，比如人力物力资源不足等方面的问题。但是由于追求引进的认识基调和气氛的影响，面对诸多问题，此时理论研究的主要任务不是反思和批判，而是想尽办法进行求同存异和理论疏通，考虑如何克服和解决相关问题，从而实现诊所教育的引进和移植。

其三，这种研究所造成的对问题的简化处理及求同存异式的处理，忽略了对现实中的一些重要问题的关注和重视，相应在理论上则回避和遮蔽了重大关键问题。比如，没有对重大关键知识生产以及职业互动的问题进

---

① 技能教育并不是当前现实中最紧迫的需求，当然也不是由学生和教师构成的法学院愿意从事的。参见苏力：《中国法律技能教育的制度分析》，《法学家》2008 年第 2 期，第 32—39 页。

行回应和处理，而这些问题在现实中却是无法回避的。因此，显然会导致中国诊所法律教育课程"小马拉大车"的状况的形成，必定会出现今天所说的诊所法律教育的瓶颈发展状况。

其四，在问题出现后寻求问题的解决上，由于规范式的研究结论对于问题的遮蔽，或者同样的研究范式的坚持往往也会导致不能寻找到问题的关键症结以有效解决问题，在瓶颈的状态下对道路选择往往走上极端，要么认为是现实中的人的观念、意识和素质的问题，由此而执意坚持这样的做法而无法实现效果，要么干脆认为这样的做法在中国根本没有价值也行不通，因而选择放弃。

其五，在很多法学院中，基于规范式研究结论或者在其指导下的对于诊所的本土化建设，对于建设的原则性认识参差有别，标准把握高低不平，加之现实中所具备的基础条件薄厚不一，主客观因素形成的牵强"上马"，在一定程度上会导致诊所教育非但不能解决中国法学教育的问题，反而表现出教学质量较差，没有任何教育价值，造成教育资源的严重浪费，带来学生和外界的负面评价和质疑①，进而导致诊所教育瓶颈状况恶化。可以说，在这样的一些院校，外界的资金支持等相关条件一旦撤出或者不足，这种课程显然无法再继续进行下去。

因此，这样的话语认识模式的缺陷和风险再次说明，中国法学教育的根本问题和重大问题不是仅仅通过这样的认识和研究就能全面认识的，而这些根本性的重大问题绝对不是没有实务课或者原来的实习课、实践活动开展得不够理想而需要增加高质量课程的问题，也不是通过引进和移植当前这样的一种简单设计的诊所法律教育课程就能够很好地得到解决的。因此，当前在中国诊所教育"小马拉大车"的状态下，如果再不换个方式和

---

① 参见刘俊英：《中国诊所法律教育十年反思》，《黑河学院学报》2011 年第 6 期，第 34 页。

路径对诊所法律教育的价值和道路进行认识和研究，不能及时地对这样的力量对比结构做出适当的调整，瓶颈的状况持续下去就会出现这样的状况：车拉不动而马也累死了。

接下来，我们再看看"问题意识"下的话语反思。在中国法学学术活动发展过程中，规范性话语认识的内在缺陷导致基于现实问题的学术反思得到了学界的重视和强调①。随着诊所教育发展瓶颈状态的出现，当初一路高歌式的认同支持声音渐弱，而关于其价值功能以及发展条件的反思和质疑则更为突出。当然，这种质疑在引进之初就有，不同的是，其开始时往往只是理论上的一种应然性的推理模式，而此时则是针对现实"问题"进行的基于经验和实证的一种判断。另外，现实中的基于"问题"的学术反思往往并不是直接针对诊所教育本身，而是针对其相对于中国法学教育的其他相关问题的解决的功能和价值，诊所法律教育在此还是作为一个外在于整个法学教育体系的工具而不是中国法学教育的本身而被讨论和评判。当前，相关的反思和质疑的话语涉及问题较多、维度较广，与规范话语相同，也在不同程度上影响着中国诊所法律教育的未来发展。为便于行文，本书对其从价值功能和道路条件两个方面进行分类梳理说明。

其一是对价值功能的质疑和反思，大体上有两种认识，一种认为大学法学教育主要是一种基于批判性思维的法律理想、理念、理论知识和道德价值教育，而经验和技能教育是在实务职场上习得的，这是大学和职场在法律人才培养方面截然不同的分工。这种分工的合理性在于，一是，不能在大学进行实务经验和技能的培训，不能让大学生在不成熟、缺乏社会阅历的状态下过早地接触社会世俗阴暗的东西，不利于他们成才，要保持并突出大学理想价值教育的功能和理论思考的批判性和独立性，保持大学教育的理性、超脱和严肃性；二是，大学也不具备这样的资源条件或者资源

---

① 参见陈瑞华：《论法学研究方法》，北京大学出版社 2009 年版，第 130—135 页。

优势，大学应该充分发挥理论教育的资源和学术能力对人才进行培养而不应做职业技能培训学校的教育，否则既做不好又资源浪费，进而造成大学真正的价值和地位的丧失①。

另一种看法认为，诊所法律教育主要是一种实务技能教育，与模拟法庭、实习以及学生的法律实践活动可能没有什么实质性的差别。虽然，诊所教育及类似的实践活动对于人才培养有一定的价值，毕竟让学生在进入职场前掌握一些实务经验和技能，有一定的职业意识是一件好事，但是，这些活动并不是必要的，甚至是多此一举和浪费资源，因为这样的技能和经验可以在实习、实践过程以及毕业后的执业过程中习得，没有必要专门开设诊所课程，而且这类课程和活动没有必要也不可能在学院教育中居于主要地位，而应该处于次要地位，大学法学院最重要的是进行法律思维训练的智能技能教育②。

另外，这种价值的存在是有地域制度性的。诊所法律教育主要是训练律师的技能，其意义的发挥与律师在美国法律职业中的地位和法律制度有很紧密的内在关联。③ 比如，在美国，律师工作基本上是法律工作的起点或者必要的经历，但在其他很多国家，很多法律职业并不一定需要律师经历或者从律师开始，因此，除了美国的大学法学院，全球各国大学法学院并未普遍开设诊所教育课程，相关教育和人才培养工作开展得也很好。因此，在中国倒是没有显示出所有大学开设诊所教育的职业上的必要性。

---

① 这种观点的不合理性在蔡彦敏教授的文章中曾经得到过论证。参见蔡彦敏：《诊所法律教育在中国制度化建设中亟待解决的问题》，《环球法律评论》2005 年第 3 期，第 270 页。

② 参见葛云松：《法学教育的理想》，《中外法学》2014 年第 2 期，第 303 页。

③ 参见苏力：《法官素质与法学院的教育》，《法商研究》2004 年第 3 期，第 60—70 页。

其二是对建设条件和道路选择的可行性的反思和质疑，主要看法认为诊所法律教育的价值是很大的，承认在法律人才培养中进行技能培训的重要性①，但是这种价值的发挥主要应该是在其固有的法文化和法制度中，在中国法学院开设诊所课程是很难的或者不合理的。基于法文化传统上的认识认为，诊所法律教育主要是英美法系的美国的一种实务教育模式，如上文所提及，这种模式之所以能够在美国产生效应是有着其深刻的法学教育文化传统的，比如，美国的司法制度、律师制度以及普通法传统和职业教育模式都为诊所教育提供了基本的条件。

而中国并不具备这样的教育和制度条件，在中国，其道路选择和建设条件上是不可能的，因为中国大学的法学院不具备人力、物力、财力、体制制度、职业环境、职业化氛围以及方法技能等诸多条件。即使有的学校已经开设了诊所课程，实际上因为上述情况存在，现实中，很多学校开设的诊所课程有其名而无其实。因此，事实上，诊所法律教育是一个看上去很美的理想化东西，因为上述情况影响，其在现实中的运行是存在很多价值冲突和制度冲突的，比如说，学生的代理身份制度与法律制度的冲突，学生因缺乏经验很难取得客户的信任，诉讼案件中诊所教育价值的考量与当事人的利益冲突②，等等。因此，其是很难达到相关预定价值的。而中国的法学教育更像大陆法系国家的法学教育模式，是一种通识教育，其成文法的传统以及法学院的课程设置、法学通识教育模式和相关师资等情况不利于诊所教育的开展，中国法律人才的职业实务技能的培养可以选择大陆法系国家的发展道路，可以通过毕业后的专业职业机构进行必要的培训。当然，对于这一主张也有的是从成本计算的

---

① 参见苏力：《中国法律技能教育的制度分析》，《法学家》2008 年第 2 期，第 32—39 页。

② 参见周蔚文、梁灯：《我国诊所式法律教育的价值反思》，《华南理工大学学报（社会科学版）》2006 年第 5 期，第 15—19 页。

角度做出的选择①。

如何来看待以上的价值问题反思和认识呢？在局部意义上，本书并不否认以上对于相关因素和影响的合理性认识，但是，对其由此而否认诊所教育价值的必要性或者否认其更大的价值可能性方面，笔者则持完全的否定意见，具体理由如下。

其一，两种观点对于诊所教育的性质、特点与功能的认识是不准确的。基于中国法学院课程的传统设置模式，往往一门课程和一种部门法知识是对应的，因此，引进的诊所法律课程在此也被想当然地认为是引进了一种进行新的知识或者职业技能培训或技能教育的课程实体。事实上，诊所法律教育课程不是知识或者技能的实体载体，它是一种知识生产和传授的模式，是在理论和经验的互通互动下赋予相关理论知识和伦理价值的现实性、有用性以及现实经验和技能上的理论合理性，由此希冀培养出既有理论和价值关怀又能解决实际问题、既有批判性思维又有建构性思维的人才。诊所法律教育的核心目标是通过实务操作进行知识、技能以及伦理价值、理想培育②，其功能虽然有，但主要功能和价值不是增添知识的总量、经验和技能，而是在实现理论知识和现实知识进行充分互动的情况下对知识、经验和技能进行加工、质量改善以实现有益、有效的传授。显然，仅有单方面的理论教学和案例以及模拟培训是很难培养出合格的人才的。

其二，两种观点将法律的学术知识和职业知识完全割裂开来，不但没有解决法学教育过程中的核心问题，倒是构成了问题本身。如前所述，在

①　参见苏力：《中国法律技能教育的制度法分析》，《法学家》2008年第2期，第32—39页。

②　王晨光教授认为，法律诊所不仅具有技能或技巧方面的工具价值，还具有本体价值，包括在培养健全法律人格或法律职业道德方面的重要作用。转引自王健：《法学教育改革与发展的新动向》，《中国大学教学》2009年第12期，第19页；另参见龚文东：《回归还是超越——诊所法律教育的价值选择》，载甄贞主编：《方兴未艾的中国诊所法律教育》，法律出版社2005年版，第135页。

人才培养方面，在理想的法治状态下，法学院传授的理论知识与职业经验技能方面所含有的知识应该是一体的、互通的，而不是属于不同的种类，否则就会形成当今中国法律知识的异化以及共同体在知识和价值上的分裂，不利于人才的培养和国家法治的建设。由此，可以试想，如果以上介绍的认识是正确的，如果可以不通过类似于诊所教育这样的"实务"课程进行法律人才培养，完全可以通过学院教育后的职场执业以及其他后续职业培训就可以解决相关问题，那么大学法学院式教育的存在意义和价值何在呢？但是，如果大学教育对于人才的培养有其不可替代的价值，那么，难道大学法学教育能做的或者应该做的就仅仅是进行传统式的理论和价值的灌输吗？倘若如此，那么业已在全球普遍出现的传统法学教育改革的目标和所要解决的问题是什么呢？

这显然是一个悖论，综上所述，其发生的根源在于混同了职业上的技能和经验培训与学院实务教育，从而在否定学院的职业技能培训的必要性的同时也否定了实务教育在学院的必要性，并在现实中造成了这种知识和共同体分裂状态的存在。职场执业训练主要是对人才进行技能的培养和增加，更具有人才培养的现实有用性和功利性导向，不可能像法学院一样具有思维、正当伦理价值、知识以及理想教育人才的优势和功能，但是，需要特别注意的是，这也不意味着这些人才培养的重要方面仅是通过理论灌输就可以实现的，其也必须要以实务素材为基础，通过参与互动等方法进行才能获得。如果学院阶段不通过实务研究和教学进行知识生产和人才培养，那么法学院如何才能培养既有理论水平又有现实问题关注及实务基础和视角从而符合法治工程的要求的有用人才呢？因而，如果将法学院里的诊所教育等实务类课程与执业上的实务技能和实习实践画等号[1]，而且认为

---

[1] 参见陈建民：《法律诊所教育与法学教育的改革——兼谈美国法律诊所教育在中国的实践》，《岳麓法学评论》第 2 卷，湖南大学出版社 2001 年版，第 83—105 页。

职场上实务技能训练更好从而把法学院里的实务课程取消或者认为其没有设置的必要，那么，这在现实中自然会导致职业群体的分裂以及知识的割裂或者异化，而其实这本身也是中国法学教育较为突出且亟待解决的问题。

由此，对于诊所教育的开设条件和道路选择方面的相关认识，笔者也并不认同，事实上，它们与价值方面的两种质疑面临相同的认识误区，即在认识和理解上都过度迁就于现实中的现象，前者停留在经验的表层，后者停留在现实而不能发展地看待问题，面对正在发展和建设中的中国法学教育，不能说现实中的条件不具备进而否认这种做法的合理性以及未来的可能性。但是值得注意的是，相关问题的提出和分析是有一定道理和价值的，在宏观的中国法学教育结构中，这些问题是进行诊所教育建设应当注重和认真对待处理的。

综上所述，通过以上两种话语类别的总结分析可以看出，规范式话语遮蔽或者回避了中国诊所教育的一些深层问题，由此已使其自身的价值定位以及解决问题的功能和价值发挥不足，加之当前现实中的瓶颈状态不断延续，使得在引进之初看似应然的结论到如今显得不是那么应然。而面对现实中的中国诊所教育乃至中国法学教育的相关问题所做的反思性思考和研究，虽然在不同程度上比较客观地指出了诊所法律教育在价值和道路选择上切实需要面对的问题，但也没有真正有道理地否定掉诊所教育在法律人才培养和解决法学教育问题方面的重要价值。因此，在学术上，中国诊所法律教育的价值以及相关的道路选择问题仍然是亟待探讨解决的。

当然，从学术研究方法上来看，以上对于中国诊所教育的问题式反思和质疑以及部分对于诊所价值的正向论证，已经不同程度上体现了结构和功能的视角和思路[①]，总体而言，其大致已从中国法学教育以及整个法

---

① 参见陈岚、赵慧：《诊所法律教育论纲》，《武汉大学学报（人文社会科学版）》2000年第6期，第811—814页；另参见牟逍媛：《诊所法律教育价值研究》，《环球法律评论》2005年第3期，第288—292页。

治的结构体系和功能关系的角度，带着社会科学方法视角下的问题，来分析和看待诊所教育的价值和道路选择问题。笔者认为，相对于规范性的视角和方法研究，这对相关问题的解决是话语和理论研究上的一个很好的开端。但是这种问题意识下的结构功能分析方法还有些使用上的瑕疵和不彻底，其仍然具有一些规范方式下或者社会科学方法下的简单的推理和经验性的判断①，没有从现实中的中国法治、法学教育的宏观结构和诊所法律教育的微观结构出发去看待、分析和认识事物的性质特点，也没有彻底从结构功能的关系中出发去分析问题和解决问题，而是裹挟了一些必然性、应然性和连续性的判断，如此在观点上论证上造成的偏颇不足之处是显然的。因此，面对现实中的问题，笔者认为，对于诊所法律教育，无论其有无价值，无论其在中国是否可行，在逻辑上，首先有必要对其进行更深入的结构功能意义上的分析和判断②，对其价值和道路再次做出思考和说明。

第三节　价值重构

在法律人才培养的价值和功能层面，笔者对于诊所法律教育及其在大学法学院阶段开设的必要性持完全的肯定意见。而就其在中国开展的现实可行性而言，现实相关条件限制的确对其运行和功能的发挥造成了困难，

---

①　比如法系法文化、大学的学术理论功能等。在苏力的范式里面，运用社会科学的研究方法来研究法律现象的方法被称为"社科法学"；陈瑞华主张在刑事诉讼法学研究中引进社会科学的方法进行研究。本书在此将运用社会科学的方法进行刑事程序法律研究的方法称为"社会科学刑事程序法律研究方法"，简称"社科方法"。参见刘金学：《诊所式法律教育持续发展问题研究》，《中国法学教育研究》2009 年第 4 期，第 122—127 页。

②　参见赵郭华：《现代西方哲学新编》，北京大学出版社 2000 年版，第 379—381 页。

形成并揭示现实中很多的法学教育问题，但是，笔者认为，在中国法学教育的宏观体系结构中，通过前文的分析可以看出，基于诊所教育的自身性质特点和基础性价值定位，这些问题并不是诊所法律教育以及整个中国法律教育发展通过选择替代性方案和道路可以绕开的，这种困难和障碍恰恰是中国法学教育必须要解决的问题。在结构功能的路径上，价值重构意即首先在中国法治和法学教育的较大的宏观结构中梳理分析当前法学教育的根本性问题，然后在作为其局部的诊所法律教育的微观结构中梳理分析诊所法律教育自身的性质、特点、功能以及当前所面对的问题，最后，通过宏观和微观空间中的交流和链接，实现两个空间的问题以及解决方式的系统性关联，从而确定局部的发展对于整体价值和功能改善的效用。那么，这种结构中的根本性问题是什么呢？诊所法律教育在这种结构中的价值基础以及价值属性是怎样的呢？下面，我们首先看看诊所法律教育以及整个法学教育在这种结构中的价值基础。

在法治知识的生产运行以及法治人才培育视域下，一个国家的法治工程是一个关于人的知识行为实践的社会系统结构，其中包括知识生产、人才培养、知识运用与改善等多个方面，从社会分工的角度，可以将其分为教育人才培养和实务操作两个空间。如果从法律知识生产和运行角度来看待所有法律职业活动，那么，整个国家的法治工程实践活动实际上是知识的生产、人才的培养以及知识的运用对于社会法律问题的解决，其总体上表现为法律知识在整个职业群体的行为链条上进行循环性生产、传授与实践①。如果将法学理论、法律经验和技能以及法律理想、信念和价值等都看作法律治理的知识，那么一个国家的法治治理工程实质上就是关于这个体系结构的法律知识生产、实施和改革创新的循环往复过程。

---

① 现代大学是有多重社会功能的，包括教育、科研和服务社会等。参见朱立恒：《法治进程中的高等法学教育改革》，法律出版社 2009 年版，第 74 页。

由此，从法治目标实现的角度来看，整个法律的实践活动在知识的生产和运行以及人才的培养方面是一体的行为，各个领域和部门对知识的各种运行都是不同程度地参与和涉及的。因此，为了整体目标的实现，在结构和功能关系上，这个运行过程的良性循环和功能实现必须恪守两条不变的原则，一方面，它们之间即便是有矛盾和争议，也必须保持开放式的良性互通互动；另一方面，从具体的专业化分工来看，各个部门又要相对独立，分别负责实施一个方面的任务和工作。不同阶段对于知识的形态和运行具有其独特的功能和价值，相关方面也不可相互替代，比如，法学教育和研究机构的核心任务是法律知识的生产和法律人才的培养，学院教育环节更侧重于知识和人才的理想性、伦理价值性、系统性、基础性、正当性的功能，而实务部门往往会更加注重知识和人才实用性，主要实现的是法律知识的实际运用和问题的解决价值 [①]。

因此，对于人在法律知识方面的专业化打造即为现代法学教育，在最基本的价值层面，在这个循环往复的法律知识生产和实践的法治治理系统中，大学法学院必须实现其本职性的理论知识的生产、创新、赋予以及伦理价值的创建和打造任务。在整个社会法治发展过程中，大学必须坚守和完成这样的价值和功能，应该作为其有机组成部分，在人才培养、知识、经验、技能、职业理想和伦理建设等方面不断地推动法治建设的发展和完善。这样的价值和功能不应该放置到整个循环过程的其他环节中，否则就会出现整个系统的功能紊乱、价值和功能的不能实现。也就是说，在国家的法治发展过程中，知识和价值的培养完全放置在职场中进行是一种冒险和不可行的行为，就拿现实的中国法律职场来说，在知识、经验和伦理方面，职场经常批评高校的教育无用，但是，敢问职场有哪些"宝贵"的东

---

① 参见房文翠：《知识在法学教育中的属性与效用——兼论我国法学教育知识观的重构》，《法制与社会发展（双月刊）》2003 年第 6 期，第 142—143 页。

西可以直接呈现给学生来体现其法治价值追求的正当化，于此，即便是其他法治发达国家也是不敢冒这个风险的。相对独立的知识生产、人才培育以及价值打造就是大学法学教育在法治工程中的不可替代的价值和功能。

由此，这当然意味着，大学法学教育不是学院对于实务部门标准单方面的迎合屈就，但是，法学院要为法治建设培养有用人才，在这个意义上，这种"有用"也意味着大学法学教育不是世外桃源的教育和修行，不是以自身的理论知识和标准来指挥实践，而是双方标准在价值和技术方面的互动交流。因此，对于法律知识的生产和运行，大学法学教育必须实现取之于民而用之于民的效果，在各个方面必须紧密联系实际，将理论知识、理想信念与现实紧密联系起来，以及时地消化掉现实中有用但不正当的经验和技能，将现实中真正宝贵的经验、技能和价值正当化，实现法律知识与价值的革命与更新以解决现实的问题，从而使知识获得现实的价值和功能，由此也使大学法学院在社会法治的宏观结构中稳定自身的位置，实现自身保障法治治理正常运行的功能。

因此，大学法学院在整个法治治理工程知识循环往复的社会结构功能中，作为一种理想的常态，既要充分发挥有效的独立知识生产和制造功能，也不能够与法治工程相隔离，必须以现实实务为基础并与法治工程不断沟通，不应该也不能脱离和忽视现实社会的经验和需求。但是，当前随着市场化和信息化速度加快，不单是中国和美国，现代法学教育在全球区域中普遍存在着脱离实际的问题①，事实上，即便是在法治相对成熟、法学教育发达以及法治知识运转良好状况下的法学院，也时刻面临着知识无用的危机②。

---

① 参见彭锡华：《诊所法律教育述评》，载甄贞主编：《方兴未艾的中国诊所法律教育》，法律出版社 2005 年版，第 16 页。

② 参见［美］Judith A.McMorrow：《美国法学教育和法律职业养成》，《法学家》2009 年第 6 期，第 26—27 页。

因此，在全球意义上，基于对法学教育基本价值功能实现的追求，当下法学院的人才培养工作必须全方位、平面化、有效充分地接触社会法治现实并充分实现职业交流和互动。理论上，诊所式实务课与理论课、实习的实质性区别不在于内容、方法和价值目标，而在于人才培养系统与结构关系中的社会功能与效果不同。诊所等实务课程教育能够更好地实现知识生产、人才培养和社会服务完整大学教育系统和结构上的良性循环、促进和功能平衡，从而实现"大学"教育的价值。在人才培养的目标下，诊所等实务课不是可有可无，与法学院其他课程之间在人才培养过程中不是历时性关系，应该是共时性关系。

正如前文所认识到的，如果诊所法律教育在其微观结构功能上主要不是一种传授实体知识和技能的课程，相关内容不是那种可以在整个知识运行环节上或早或晚地接触都没有太大区别的经验和技能，如果诊所法律教育更重要的是一种方式或教育模式，是一种通过对现实素材的操作实现对法律人才的理论、理想、价值和技能的培养，以此能够比较合理解决学院教育和现实知识的异化、断裂现象，能够及时化解法学知识生产和运行的危机，实现实务经验和技能的正当性和有用性合理平衡，那么，其为什么不能够在大学法学院深入恰当地开展呢？

因此，在这种价值基础认识上，从一种应然性来看，诊所法律教育当然要进入中国法学教育的人才培养事业中，以解决现实中的相关问题，但是从现实性来看，诊所法律教育能否在中国法律人才培养中发挥功能，则取决于应当以怎样的视角和态度来认识和对待其所应当面对的中国法学教育根本问题。接下来，在以上的结构体系中，本书进一步对中国诊所法律教育所面对的根本问题及其价值属性进行分析总结。

众所周知，作为一种历史事件，诊所法律教育在美国的产生自然有其独特丰富的社会问题背景、话语认识判断、法学教育方法和实际问题等诸多因素和条件，从学徒制到朗戴尔模式以及诊所法律教育模式的出现，只是大学法学院教育工作对于人才培养的道德关注重心的转变①。实际上，从其所产生的法治和法学教育的结构和功能关系上看，在诊所法律教育的自身微观结构上，诊所教育模式的理念、内容和方法所形成的价值和功能，即是要在改革、参与互动、民主表达的基础上弥合以上所说的学院教育和现实知识之间的断裂、化解法学知识生产和运行危机、实现实务经验和技能的正当性和有用性合理平衡，从而解决这些法学教育命根子上的问题，而绝不仅仅是从其表面上所看到的、类似于通过一门课程的设置来面对的学生所学脱离实际、学生普遍缺乏实务的经验和技能、缺乏处理实务上伦理问题的能力从而不能满足社会需要的问题。而且，根据前文对于引进移植的规范式研究方式的总结分析，即便是这些表面性问题以及相关解决问题的价值和功能认识也不是美国诊所教育表象的全部，实际上，其是根据中国学界对于中国法律教育主要是课程教学中存在的问题的判断所作出的结论，在现实结果上，其是为了满足中国相关问题的解决需求而对于美国诊所教育在相关方面做出的断章取义的删改版的认识。

当然，诊所法律教育可以解决类似这样课程空间中的问题，在中国诊所教育即便是有限的实践经验及其局部功能上已经得到了证实。但是，依据诊所法律教育能够与基于现实的理论知识生产创新、价值培育以及促进职业紧密交流互动的功能，笔者认为，在宏观的法治工程、法学教育的结构功能关系以及微观的诊所法律教育模式的结构功能关系上，在整个法治知识运行体系中，其必须发挥应有的、更大的功能来解决中国法学教育和诊所法律教育自身发展必须面对的核心、根本的问题。

那么，这样的根本问题有哪些呢？根据前文，在此可以做出这样的总结，本书认为，如果法学教育的任务包括法学理论知识的传授、法律人才

---

① 参见［美］Robert. MacCrate：《对一个发展变化中的职业进行教育：从诊所教育走向教育的连续统一体》，载杨欣欣主编：《法学教育与诊所式教学方法》，法律出版社2002年版，第67—93页。

的培养、法律理想和价值的打造、法律职业技能的提升、法律智库社会服务功能的发挥等，那么，在法治和法学教育的这个结构系统中，在法律知识的运行实践机制中，法学教育的上述任务即为法律知识的生产和法律知识的人才化，而其基础性、核心性任务则是法律知识的生产和创新。因此，无论诊所法律教育以及中国法学教育的问题多么繁多复杂，实际上，中国诊所法律教育所面对的根本的问题主要体现在以下三个层面：其一是知识生产异化问题，其中包括现实中知识生产和创新的机制和制度问题，知识内容问题，知识的社会基础问题，知识价值方向问题，知识生产队伍问题，知识的生产能力问题，知识的物力支持方向问题，等等；其二是职业群体在知识、价值、经验、技术等方面的隔离、断裂和冲突的问题；其三是法学教育教学方法、课程内容、课程设置结构以及人才培养模式等方面的问题。

在这三个层面的问题中，知识生产异化是最深层的、处于核心位置的、具有实质性意义的问题，职业群体互动不足以及隔离状态构成知识生产异化的表象，也是其形成的条件，而法学教育的方法、课程设置和人才培养模式只是前二者更为表层意义上的现象和表现形式。因此，综上所述，当前的中国诊所教育在思维认识和行动上不能只停留在第三个层面上，若想解决其瓶颈状态，必须要超越这个层面，更多、更深入地关注法治目标下的中国法学教育的知识生产以及与职业群体互动的重大问题。

当然，中国法治和法学教育现象和问题并不是没有诊所法律教育造成的。在宏观和微观结构关系上，诊所法律教育在中国应当形成了双重的重要功能，一方面具有诊所教育课程人才培养功能；另一方面面对中国法治和法学教育问题的特殊性，诊所若想解决中国法学教育更深的问题，必须走出人才技能和经验培养的狭小课堂空间，重构其独特的价值和功能。与上文所述问题相对应，在此可以将中国诊所法律教育的功能重构为三个方面，即：知识生产创新、实现职业互动交流以及实践教育方法模式探索。在中国法治建设过程中，中国的诊所教育活动必须通过具有自身特征的教育活动和机制的运行，参与实现面对中国问题和经验的知识生产、理论创新和理想价值培育，而不是简单的技术经验培训；中国诊所教育必须通过自身的教育活动和机制运行，充分使法学院与实务界良性互动起来，在解决具体问题的过程中，相互合作和支持，实现知识、经验和技能方面的交流和认同，由此，中国诊所教育必须探索出在中国制度和文化发展条件下的方法和模式。

第四节　道路建设的几项原则

实际上，克服和跨越上述困难和障碍是中国法学教育各种改革活动必须承担的任务和必经之路，所以，在此意义上，诊所法律教育的价值重构本身也就是道路的选择，或者说，价值是道路的起点，宏观上的价值重构为道路选择确定了方向。面对诊所教育现实瓶颈问题的解决，合理的价值和功能重构已经暗示了诊所法律教育可能的发展道路以及相关的资源和条件，为诊所法律教育发展道路的建设创造了可能性，当然，道路选择还有另外一个层面上的问题，即道路建设的现实性因素考量。对于这个层面上的问题，在结构功能的关系中，在对法治与法学教育宏观结构与诊所教育微观结构关系的处理上，主要考量的是如何在诊所教育的微观结构空间中，通过作为结构组成元素的诊所教育与宏观结构中其他组成元素的关系处理，将诊所教育深深地嵌入法治和法学教育的结构体系中，实现微观空间行为解决整体宏观空间问题的功能。

由此，基于以上的价值定位，结合中国法治和法学教育中的现实人力、物力、制度条件和社会基础，对于中国诊所法律教育的发展道路选择和建设，本书尝试作出如下的原则性参考建议。

其一，中国诊所法律教育的建设和发展要加强其知识生产平台和机制建设，注意发挥其中国法律知识和经验的生产与整合功能。在这个层面上，一定要处理好诊所教育与传统法学教育内容及方法的关系。一方面，在基本的教学功能实现上，一定要看到传统理论教学、实习、实践的宝贵价值和不可替代的功能①，不可矫枉过正、以偏概全，要在整体的法学教育课程设置和安排上处理好诊所教学与传统教学之间的关系，实现二者的功能互补。另一方面，要认识到中国法学院教育正处在重要的知识转型期②，诊所法律教育在其自身的教学活动中，一定要充分重视、发掘和利用其面对现实法律问题的知识生产能力和条件，通过对教育过程中实践问题的正视和解决，整合传统学术资源和方法技术，搭建中国问题下的知识生产机制和平台，从而真正实现解决现实问题、建设制度、构建理论、生产知识、培养人才的全面良性融合③。由此，现实中的人力不济、资源不足、意义有限、制度掣肘以及知识异化、缺乏共识等众多现象和问题将会迎刃而解。

其二，中国诊所法律教育的建设和发展要充分重视诊所教育与法律职业实务活动天然的互动关系和条件，通过诊所教育活动建立中国法学教育与实务职业群体的互动机制，实现法律职业群体充分的良性互动交流。当代中国法学教育的根本任务之一是"在学术智识上建立中国法治实践的正当性"④，由此法学教育必须面对现实问题。而面对现实问题是诊所教学的实务性特征的本质所在，相对于国家法治建设而言，其解决现实问题的意

---

① 参见张佩钰：《中国高等法学教育的反思及展望》，《当代法学论坛》2010年第3辑，第80—87页。

② 参见苏力：《法官素质与法学院的教育》，《法商研究》2004年第3期，第60—70页。

③ 参见易继明：《中国法学教育的三次转型》，《环球法律评论》2011年第3期，第33—48页。

④ 参见苏力：《当下中国法学教育的两项根本任务》，《中国大学教学》2008年第2期，第24—25页。

义就是法律智库和社会服务功能在教育和人才培养环节的显现。因此，充分重视和加强诊所教育工作的这种智库功能建设，除了能够实现以上所说的整合传统理论教育的价值和功能并与之融合外，由于该功能必须是通过与社会实务部门合作实现的，相关活动的开展必定要发挥实务职业群体的功能和作用，因此，其能够促使诊所法律教育在经验、技术、资源、制度、价值和功能的认识和评价等方面获得社会实务部门的大力支持，从而解决现有的法学教育在人力、物力以及社会职业在意识和制度上的支持不足问题，进而由此实现中国法律职业群体的交流和互动，解决中国法学教育脱离实际以及与实体互动不充分的问题，并也因此能够相应完善传统教育模式，优化法学教育与法律职业中的各种有利资源[①]，进而促进整个法律职业发展以及法治的不断进步。

其三，基于以上的功能及其在中国的现有实现条件，在运行机制和发展模式上，建议建立和打造超越部门法分类的、以法律运行和操作环节为空间载体的诊所法律教育课程，比如建立立法、司法、诉讼、执法、普法、法律发展等形式的诊所。诊所法律教育可以依托部门法的空间建立，如民事、行政、刑事诊所，但是，鉴于部门法知识的引入和学科化造成的中国的知识条块和异化，建议建立以法律运行和操作为空间的、超越部门法的划分界限的诊所，以此充分依托中国法律运行的制度空间，保证问题的真实性、完整性，从而能够充分实现经验、技能和价值的正当性转化。另外，在法学院的整体人才培养体系中，这样的系列课程设置既有独立的运行价值，又有整体价值功能优势。就其独立运行价值方面而言，比如，不同课程可以实现不同阶段经验和技术以及伦理的培训，能够充分发挥学院和实务方面不同人力和资源的价值，紧密结合现实不同领域对法律人才

---

① 参见何志鹏：《我国法学实践教育之反思》，《当代法学》2010年第4期，第151—160页。

的不同需求进行针对性的教育和培养，生产和完善不同空间中国法律知识内容和形式，等等；就其整体价值功能优势而言，比如，其可以满足学生对实务操作立体化、全方位的教育体验，不同课程可以合起来进行互动和交流，实现法律理论、经验和技能在运行环节上充分循环，实现人才对于法律运行的全面了解，另外，其还可以更好地将既有的法学教育人力和技术进行适当分工并进行人力和物力资源的有效整合，获得政府相关领域的资源和制度支持，由此，其同样也可以有助于中国诊所法律教育瓶颈状态的解决。

其四，在具体运行制度设计和建设上，必须建立学术的、职业的以及市场的或者社会的评价机制和制度，实现在法治和法学教育维度上对于诊所人才培养效果和社会价值功能的积极的系统综合评价。一定空间范围内的评价就是沟通，没有评价往往就等于没有获得沟通与认同。诊所教育若想真正能够实现终极意义上的人才培养和法治建设功能，那么，在客观上其一定要得到在这个维度上的积极评价和认同，否则，就会出现当今的瓶颈状态。因此，诊所法律教育能够在整个法治和法学教育空间中获得评价会使其在与整体结构的沟通互动中时刻反观自身并不断作出行为调整，以此发展和完善自身功能。所以，诊所法律教育必须在自身的生存环境体系中建立全面的评价标准、畅通的信息流通渠道，以求价值、功能以及资源等多方面与体系实现紧密的"同呼吸，共患难"。

这些标准和制度主要包括：一是诊所教育内容、方法和技能的学术标准和评价机制，以此实现严格、科学的诊所式教育，避免当前以假乱真、鱼龙混杂所导致的教育工作体系上害人害己和功能紊乱；二是诊所教育的知识、经验、技能、伦理价值的职业标准和评价机制，以此实现诊所教育内在追求的职业认同、职业支持以及职业纠偏；三是诊所毕业的学生相关市场就业发展状况和社会价值创造情况的社会评价标准和机制，以此可以实现对诊所法律教育的市场就业效果和社会治理效果的监测，保障及时了解学生志趣所向、教师能力要求、资源分配方向、制度改革状况、市场利益性驱动以及社会发展方向和价值定位上的相关变化，以便在微观上对诊所自身的发展进行适当的调整和安排。

结语：几点说明

本书是关于中国诊所法律教育的价值和道路问题的再思考和认识，同时也是对中国诊所法律教育语境的梳理和分析。因此，本书一方面对中国诊所法律教育行为实践层面上的问题进行了由表及里的描述总结和由浅入深的发掘分析；另一方面也对关于中国诊所法律教育的基本认识进行了梳理和总结，从话语模式的角度对相关认识进行了反思和判断，而如此行文主要是基于话语和行为的内在社会行为关联关系。

本书关注的是中国诊所教育建设和发展的价值和道路问题，但是，本书不是将诊所法律教育作为外在于中国法学教育和社会法治结构的"他山之石"来进行功能定位，而主要是通过诊所法律教育与中国法学教育、社会法治治理工程之间的内在性结构功能关系的视角和路径，考察、分析和总结了无法绕开和回避的中国法学教育、中国法治的深层问题以及诊所法律教育面对这些问题所产生的价值和功能。如前文所述，中国法学教育问题的产生不是诊所法律教育造成的，但是本书行文追求的是通过对中国诊所法律教育的小问题的讨论分析和探索解决，为解决中国法学教育"大问题"探索道路，由此也同时解决了"小问题"本身。

另外，虽然本书是从中国的问题结构功能的视角来观察和判断相关现象，但并不否认规范性等其他研究方法的独立价值和重要意义，也不否认十余年来中国诊所教育话语和实践所创造的历时性价值，更不否认传统理论教学和实务教学在方法上的宝贵价值和独特意义。当然，诊所法律教育的价值肯定不限于本书所述，而且，这些价值的重构并不否认传统上的合理价值认识。本书只是在一种不同视角和方法下面对中国法学教育核心问题的影射和回应。最后，本书重点地从基本价值要求、基本运行模式和机制以及相关重要评价标准和制度等几个方面对中国诊所法律教育的道路建设问题进行了讨论和建议，就此，亦尝试完成了全书对中国诊所法律教育的价值重构和道路选择问题的分析讨论，但是，关于道路选择和建设的阐述，强调的是所涉因素是在道路选择和建设上要充分考虑的问题和方面，并不是一种对中国诊所教育模式图景的构建和建议。

第 一 篇

本体认识

第一章　法律诊所的基本属性、教育
知识构成与运行理念

第一节　法律诊所的属性

一、概况

要做好诊所法律教育的相关工作，关键是要深刻和正确地认识和理解法律诊所，而认识法律诊所，关键的是理解法律诊所的内在属性以及以此为基础的外在特征。法律诊所是什么？如前文所述，它是法学院的课程，也是一种社会组织，还是一种社会公益法律活动。通常来说，也是最易于理解的，法律诊所是大学法学院的一门课程，是专门用于培养法律专业人才的一种教学活动和方法，体现出培养人才的教育性。但是除了这个教育性质以外，相对于法学院传统的理论教学、案例教学以及讲授实务经验和知识的课程而言，法律诊所教育还具有比较鲜明的实践性，以及相对于较为封闭在校园内的法学知识传授类活动的社会活动性。可以说，诊所法律教育的培养人才课程性、社会组织活动性、社会实践性构成了法律诊所的本质性属性，这三种性质决定了诊所教育的知识内容构成、方法路径和运行机制。

二、法律诊所属性分解与关联说明

如上文所言，非单一独立的而是社会组织、真实法律业务以及法学教育课程三种属性共同构成了法律诊所的本质属性和相关特征，而如果从法学教育进行人才培养的功能属性定位和视角来看，相对于传统法学教育的理论性和实务性课程而言，法律诊所比较显著的属性或者说是绝无仅有的属性特征是它的社会组织活动性。

（一）社会组织活动性

什么是法律诊所的社会组织活动性呢？社会组织活动性指的是法律诊所从事的活动本身就是一种有组织的社会法律工作，既然是有组织的社会活动，其就具有一定组织意义上而非个体散乱的，相对确定的、稳固的而非模糊易变的价值定位、目标和方法，其直接参与法律工作意义上的社会生产，创造社会生产价值。如此，这与传统的法律课程的内容有所不同，传统的课程主要是知识的理解和记忆；如此也与法律案例和法律实务的教学课程的内容有所不同，因为案例和实务教学课程的内容虽然不只是理论和概念的传输，用的也是真实的案例和经验，但是这些案例和经验仍然是已经发生过的，虽然可以在一个相对全景式的、完整的现实的空间中对知识进行理解和认识，但是所承载的知识内容仍然是"死的"；而法律诊所的课程素材的内容所包含的知识是鲜活的，正在进行和发生的。诊所课程素材既包括既有的知识和经验，也包括正在和将要发生的知识和经验，需要创新知识和经验，包括方法会在后面分述，下文会对现实空间中的法律知识和能力的学习对人的品格、知识、能力等多方面训练的机制进行深入的挖掘探讨。而且这些知识和经验的有效性直接要接受现实的法律工作过程和效果的检验，诊所的课程活动直接涉及知识的有效性与操作者的思想理念、技能方法和伦理价值以及功能等相关的方面的认知和问题处理能力。但是，在这种意义上，也不能将诊所教育完全混同于有组织的社会生产，因为有组织的社会生产的核心价值不是个体的学习和能力的增加，不侧重于个人化的学习和能力提升，而是追求工作成果的产出和增加。

（二）社会实践性

那么什么又是法律诊所的社会实践性呢？显而易见，在逻辑上，法律诊所社会实践性是其社会组织活动性的自有之意，因为有组织的社会活动本身就当然包含着社会实践的含义或者说就是社会实践，但是仅从这个逻辑结构中尚不能完全看清法律诊所的实践性，因为有组织的人类法律理论知识学习活动虽然也是一种社会实践，但是这里所说的实践性，是相对于法律或者法学理论研究的人类的社会实践以及社会生产活动。因此，更准确地说，法律诊所的社会实践性是相对于传统法律教学课程的偏理论学说研习和一般性体系化的知识灌输和识记而言的，具体的是指其课程的内容更偏重于理论和知识指导下的社会行为、社会行动及其相关的方式方法和模式等。

在问题和理论的维度上，与传统理论和一般性知识传授和灌输式的法律教学课程相比较，法律诊所的社会实践性所揭示的是，其所传授的知识和能力是以现实的问题为基础，或者说是围绕现实的问题的解决来建构、看待和传授知识，而一般的理论教学往往不是从具体的现实问题出发，而是从已经解决的问题的答案以及答案所形成的一般性理论和规律出发来形成知识体系并进行传授，而且，虽然一般理论教学有时候也要结合现实或者说运用现实的案例或者工作中的问题，但是往往也都是从一般理论和既已成形的知识碎片出发，非现场真实地、有删减和忽略一些方面地来看待现实问题，或者说，这样的方式往往采用的还是用现实的素材来编制和证成一般性知识理论的视角。

由此可以看出，在实然和应然的层面上，法律诊所的社会实践性体现的是实然社会层面问题所涉及的知识，并在分析、解释和解决问题的层面上，体现的是学习者用这些知识动手操作，去实然性地解决现实的问题，并在这个过程中训练和习得能力和知识，而不是或者说不只是在一种应然性的层面上去分析和解释一些现象和问题，或者说去论证解释一些应然的理论知识并加以传授。而更为重要的、具有突出和实质性意义的体现是，在学习者主体性和对象客体性方面，实践性的法律诊所式教学和学习使学习者具有真实的、现实的主体性，这种主体性所体现的是学习者面对着客体客观的世界中的法律问题，在主体和客体世界的维度上，以主体身在局中、利益和价值相关者的身份，在探索、应用、期待、创造的基础上去学习和掌握知识，而不是在局外、于己不相关地超脱地甚至是以一种上帝的视角去分析、解释和学习掌握知识。

综上，法律诊所就是在真实的主体性和非主体性、问题和理论、实然和应然、分析解释问题和解决问题等关系维度上，进行体系化的知识的分享、交流、学习以及生产。以问题的解决为目标指向，以知识体系为主轴，侧重于解决问题的能力的训练和应用，主要是从实际操作解决问题的角度来构建学习的知识体系和能力体系。法律诊所知识内容既包括一般性的理论知识和经验，也包括具体的动手操作的方式方法以及技能，因此这里面的内容是多层次多方面的，既包含传统课堂的一般性、概念化的理论知识，也包括知识运用的各种能力训练，比如写作、表达、沟通、思维等多方面，还包括各种行为模式和经验，比如涉及谈判、ADR、职业伦理等多方面。概括地说，诊所法律教育知识提升和训练的主要内容构成包括，一般性理论知识学习的巩固和增加、实务技能和经验获得以及法治、伦理价值和职业素养等几个方面。

（三）教育和人才培养性

最后再来分析阐释一下法律诊所的教育和人才培养性。如前文所述，作为大学法学教育一门课程，法律诊所的教育和人才培养性是一种当然属性，但是对这种属性的理解并非看似"当然"那么简单。因为在对法律诊所的社会组织活动性和社会实践性进行了理解以后，可能更多的理解会倾向于认为法律诊所开展的法学知识的传授、能力的提升以及其他教育价值的发挥，与现实中的学生实习和毕业后的职业工作没有什么实质性的区别。对于这样认识的理解，事实上可以说，在教育和人才培养意义上，这些活动与法律诊所教育或多或少有相似之处，但是却不能简单地将他们等同而论。在现在的法学院的整体教学体系中，实习是学生接受法学教育和培养的必要环节。以前的实习课程或者活动往往都是统一由法学院组织，并指定到固定的职业场所，进行规定时间长度、内容等标准的实习活动，而现在与以前不同的是，实习往往都是学生和职场上接受学生进行实习的单位之间，进行双向选择或者通过市场机制建立实习关系。在这样的机制中，职场用人单位通过这样的方式，一方面可以获得临时的学生资源以补足自身的人力需要，另一方面也为正式录用法学院学生加入单位工作进行提前的候选人储备和建立过渡性、缓冲性筛选机制。如此，在这样的法学教育模式和课程活动体系设计中，无论是以前法学院统一安排学生实习的模式，还是现在学生自主选择实习的模式，实习活动的价值和功能一方面是弥补概念化、理论灌输式法学教育课程上的动手实操经验的不足和缺乏，为学生接下来进入职场和现实工作领域，做经验、能力以及心理上的准备；另一方面也是让学生初步感受、体验并适应一下职场和实务工作，以便为自己接下来的职业工作选择形成目标和依据，甚至还可以为接下来寻找和确定工作创造条件和机会，这些功能在实习机制双向选择化以后尤为突出。

由此可以看出，从更根本的属性和意义上说，现在法学教育课程体系和人才培养计划中的实习活动，与其说是一门中规中矩、典型意义上的教育课程，毋宁说是学生从校园走向社会过程中，在这个培养人才的流水作业线上的过渡环节。在这个环节上，通过以上的价值和功能定位可以看出，学生并不是接受典型意义上的、系统的、结构科学设计的知识、能力、理想和价值教育，而是进行一种相对来说完全真实的工作体验，尤其现在的学生到职业单位就是去工作或者通俗地说就是"干活"。无疑，实习课程实际上是理论课程设计模式和逻辑结构上的一个构成模块或者组成部分，这里面的内容更多的是一种真实的职业体验，而对以上所述理想、价值、伦理、知识、能力、经验等综合一体的各个方面教育元素，体现的则是微乎其微或者说是没有的，因此，这种实习模式实际上是缺乏更多必要的教育元素和人才培养考量的。

因此，在这种认识的基础上，实习与诊所教育并不是一回事，实习不能发挥出并取代法律诊所对人才进行培养的功能。同样，毕业后的执业工作也是如此，有观点认为，传统和时下模式的法学教育的课程和培养活动设计也是完全合理的，简单说就是学生先系统地学习和掌握法学理论和知识，然后通过职场工作进行实习体验，然后再进入真实的职场进行真实的职业操作，如此就对人才形成历时性地、分阶段地、因人而异地打造和逐步整合，因此这个有效的法学教育模式也已经涵盖和解决了法律诊所教育的内容和所要解决的问题。对此，本书认为，面对一个社会工作，当整个群体都运用一个统一的模式来进行工作操作的时候，在既有的体系和群体内部，当然是不容易或者无法看出这么做的功能上的不足和问题，对于这样的历时性的模式和设计是否科学合理、是否已经解决了法律诊所教育以及时下法学教育的问题，将在后文做详细论述。在此应当澄清的是，虽然现实的职业工作对于个人意义上的人才的成长是有作用的，这种作用在一定的价值标准判断上可能是正面积极的，也可能是负面消极的，但是在其属性上，绝对不能说将其作为现代社会生产意义上的群体性"教育活动的"理想范式，因为在这其中，就连当下的实习工作都已经是一种完全"现实"的知识、价值和能力上的定位，更不用说在职场的工作当中，这其中的价值基础肯定是多元的和褒贬不一的，在真正的"教育"工作中，这个教育的价值定位和价值成果输出不应该仅仅是问题解决，不应当不考虑价值基础的正当性，其一定是积极和正当的。

三、小结

综上，在属性上，法律诊所课程及其活动内容和方式既具有社会组织活动性，又具有法律学生教育和人才培养的属性和功能；在此意义上，法律诊所除了追求法律人才培养和教育的功能目标以外，还要实现另外的服务社会法律运行和法律社会生产的价值目标。同时，法律诊所不是传统课程体系意义上和分类标准上的实务性课程，而是在一种实践性的基础和条件下所进行的法学教育新模式，课程内容既包括理论知识，也包括实际工作业务操作经验积累、能力训练以及理想价值培养，是一种综合性课程形式和法律人才培养模式；另外，法律诊所的实践性和现实社会工作功能，所体现的并不是不做价值区分地让学生积累工作经验和工作技能，其核心和本质仍然是以正当法律价值基础上的人才培养和教育为根本目标，在实践的理念和实务工作操作的空间和条件中，对法律人进行理想、价值、能力以及经验的培养。

第二节　法律诊所的教育知识构成与特征

一、概说

综合法律诊所以上的社会工作性、实践性以及教育性，如果从整体画像和内部要素的结构构成来看，法律诊所是以现实实践中的工作任务完成和正当价值目标实现为基本素材、课程场景和空间载体，以其中所涉及的职业工作者的理论知识、经验技能和道德精神品质等综合能力和素养的获得和增长为核心目标，以学生为主体，并通过学生亲自动手操作完成以上工作为基本方式方法的课程和社会工作。可以说，教育性是法律诊所的本质属性，也就是说法律诊所在本质价值属性和功能上应该定位于教育和人才培养；社会工作性是法律诊所的条件属性，也就是说法律诊所的开展需要社会工作空间、场景和相关的人力物力资源，而实践性是法律诊所的基础属性，也就是说实践是法律诊所教育和人才培养的根本的、重要的理念、思想和方法。从法律教育和人才培养的角度来看，以上法律诊所的属性决定了其课程的内容构成、知识种类、知识特征、价值定位以及课程运行方法和运行机制等方面，由此也与传统法律教育课程形成较为显著的区别。本书接下来将对此分别进行深入的探讨阐述。

二、法律诊所的教育知识种类、内容与结构构成

在以上几个基本属性的界定下，诊所法律教育的知识构成是种类多样的、内容多维的，关系是结构功能化的，建构和运行方式是个性的、开放的和动态化的。

（一）知识种类解析

在知识种类方面，由于法律诊所的教学和工作素材主要是有组织的社会工作，其具体是围绕着一定种类和一定范围的业务内容展开的，虽然所面对的工作任务和现实的问题相对范围比较确定，但是每一项工作任务和问题都是现实中新发生的，因此解决相关问题所牵涉到的知识是动态的、多样的。比如，对于旨于纠纷解决以及法律援助的诊所来说，同一个课堂上每一个工作小组的案件涉及的主题和相关内容在不同的法律知识的层级上肯定最终是不同的，一个课堂上会有多种主题的知识呈现，比如，即便是民事法律纠纷，可能有的是侵权纠纷，有的是合同纠纷，等等。另外，由于法律诊所是有组织的社会工作，这种组织性决定了法律诊所的工作或者课程涉及的不仅有业务类的知识，还有管理运行

类的知识、团队合作类的知识、社会工作相关联的各种知识，等等。总之，在种类上，一定主题的法律诊所的知识范围无疑是相对固定的，但是确定地说，任何一个法律诊所所涉及的知识在业务主题和业务管理运行上，应该是没有明确边界的，这不像传统理论学习的课堂的内容，是以统一的教科书为主导和统领的，所学的在群体范围内也是完全固定和稳定的。

（二）知识内容解析

法律诊所的知识内容的维度也是多样的。维度，即思考看待事物的方面和角度，在法律诊所教育中，对于多种类的知识构成中的每一种知识都可以或者有必要从不同的维度进行认识和掌握。在人类的社会实践中，指导人的行为行动的认知都可以被称为知识，因此，在整个法律诊所的社会服务工作中，指导学生在课程中的行为行动的所有相关认识都可以称作知识。具体说来，这种知识已经不只是传统课程上的理论性的系统的法律理论、思想和体系化的知识，还包括这些知识在现实实践工作中所演化或者形成的具体的工作经验，还包括这些知识所牵涉、关联或者得以运行的或者形成的真实实际操作和需要现场体验、把握和驾驭的工作技能或者能力，包括具体技巧能力、心理素养和能力、精神品质等多方面，以及这些知识、经验以及能力所蕴藏、遵循、指向和要实现的价值和功能。另外，法律诊所知识的多维性还体现在相关知识既可以说是法律专业性知识，也会在现实应用中展现其政治、经济、文化、社会等多方面的性质或者说是牵涉这些领域的问题。如此，显而易见，法律诊所教育中的知识构成，绝不仅是相对单一维度上的概念化、体系化、相对僵死的理论知识体系，也不是既已发生的或者虚拟的、非在场的、与己无关的、想象的、碎片化的经验、价值和能力，而是由学习者能够切身感受、体验、选择和创造应用的理论知识、经验、价值、能力、感知等多维度、多领域形成的鲜活的、现实的知识构成。

（三）知识构成与结构解析

法律诊所的知识构成是结构功能化的，也是个性、开放和动态机制化的。法律诊所的知识是以问题的解决或者案件或者工作任务的完成为线索、主轴和主导进行架构设计的，因此这与体系化的法律知识教学课程不同，体系化理论知识教学注重一种法律理论和知识的理论构成、逻辑体系的系统完备性和真理性，即便是现有的所谓案例教学或者实务讲座也是验证这种理论和逻辑体系的功用和视角，而法律诊所教学更加注重知识的现实能力和功效、解决问题的有效性和知识在解决问题和完成任务上的结构功能关系。因此，以解决现实问题和完成现实工作任务为核心目的，在法律诊所教育活动任务中，在实体法与程序法、公法与私法、诉与非诉、法律与法律以外或者超越法律的不同主题的业务知识间，在业务知识与管理运行知识间，在理论知识、实际经验、工作技能以及价值定位等不同维度的知识间，实际上都是一种结构功能关系，即：这些知识因解决实际问题而呈现各自必要的功能，因为各自独特而差异性的功能形成了整体的完成任务的知识结构。

另外，与传统的法学理论知识教育课程极为不同的是，法律诊所教育的这个知识结构往往既具有共性又具有个性，即一类的案件、业务工作往往在法律的执业群体中是有基本的共识的，但是每个具体的工作团队和工作者或多或少会有差异化的认知、理解和方式路径选择；由此，这个知识结构也是既封闭又开放的，即解决一定的问题一定具有一定职业群体范围内相对内部化和封闭的知识共识，但是为了真正能够解决问题，必须要开放知识结构和要素，由此才能真正形成认知和路径上的突破口进而解决问题；进而，在客观结果上，这样的知识结构一定是既相对稳固又相对动态，表现为个性、开放和动态的机制化运行，体现的是在朝向问题的解决的目标实现过程中，不断地随着外界情况的变化，进行开放动态地调整知识的构成和组合，以发挥知识的实际功效。

三、法律诊所的教育知识特征

在以上的知识的种类、内容构成以及结构关系基础上，相对于传统以及其他各种不同的法学教育课程而言，法律诊所教育课程形成了自身鲜明的知识特征，除了以上在抽象层面阐释过的种类多、内容丰富、维度多重以及开放、动态、个性化等方面以外，以此为基础，实际上还可以总结为如下诸多具体方面。

（一）现实完整性

如前文所述，法律诊所教育的显著属性和特征是用现实真实的法律业务作为素材，通过操作真实的法律业务进行教学的，因此，在具体的教学过程中所涉及的知识虽然要应用类似传统课堂中所学的概念、原理、规则等各种体系化的抽象知识，但是，实际上这样的知识一旦应用到具体的问题和现象上，这些知识立即被激活了。所说的激活了，就比如现实中的主体自然人是多样不同的，而书本上的主体自然人却是单一抽象的，所说的概念、原理等各种抽象化的知识描述在现实中都是有不同程度上的差异。由此再推及各种法律行为和法律关系，就发现在诊所教育中，理解任何一个法律上的人都是通过活生生的、完整的、整体的、关联的信息去理解这样的人及其相关的事务、相关的问题以及解决问题的办法，这样的知识不是从书本灌输出来的破碎、割裂、僵化、虚拟的知识。

（二）时空场景性

既然法律诊所中的知识是现实鲜活的，那么其一定受自身的时空场景条件限制。正如吉尔兹所说的,法律都是跟所在地方性知识相关联的工作[①],结合与现实问题解决和工作任务完成的法律诊所中的知识,一定是与很多概念原理相关联,或者说体现着这些一般性的概念和原理,但实际上,从应用的角度来看,这个世界上没有相同的两片叶子,这些一般性的知识一定要在具体的时间和空间条件上,因地因时制宜地进行调整来加以运用,如此才能发挥出相关知识的价值和效力。在理论和经验相区分的维度上,学习知识本身的概念和原理的同时也要学习到知识如何与具体时空和场景条件相结合进行运用,即知识应用的经验以及其他经验性知识。这些概念理论与经验相结合形成知识状态也可以被称为真正有用的知识。

(三)创新发展性

真理性知识的应用实际上就是知识的创新。根据以上两个方面的特征,既然诊所教育中的知识是一定时空条件下的知识的现实应用,那么这样空间中的知识一定是既已掌握的书本中概念化知识在结合具体的问题和条件下进行的调整,从而在创新应用过程中所形成的现实的创新后的知识版本。而在知识的发展演化变迁的整个过程机制上来看,知识创新应用实际上就是知识本身的改革发展变化,而经历了碎片化的知识应用积累和沉淀之后,这些具体的应用经验在一定时间范围内便演化成了新的知识。因此,法律诊所教育中的法律知识既具有创新应用特征,也具有新知识生产的功能性特征,而绝对不是传统课堂所造成的知识搬运和知识复制的现象。

(四)职业角色性和人的主体性

在传统的法律课堂上,学生学习知识的过程往往不能真实地体验到具

---

① 参见〔美〕吉尔兹:《地方性知识:阐释人类学论文集》,王海龙等译,中央编译出版社 2000 年版,第 222—224 页。

有现场感的知识的职业角色性，即便是案例分析课程、模拟法庭或者其他模拟训练的课程①，其实际情况和效果也是非常有限的。很难说在传统的理论和知识讲授的课堂中，学生们是出于一种什么样的角色来学习知识，由于完全出于概念化、抽象化、真理化的知识体系当中，实际上进行学习的学生相对于任务场景来说是利益价值不相干的，是不在场的，因此，就职业知识而言，还不能说学习者是出于法官的视角、律师的视角、检察官的视角、当事人的视角以及其他相关职业群体或者当事者的视角，或者正如一种说法所言：这样的知识学习和知识的理解是基于一种上帝的或者中立的视角。

而在现实的知识运行中，知识的应用不可能处于上帝的、完全中立的视角，真正的知识是有职业角色性和职业立场性的，比如，同样是"谁主张、谁举证"的证据规则，作为一种知识，在原告代理律师和被告代理律师以及在法官的视角看来，它的角色和执业应用中的功能价值都是不一样的。因为同样的知识在不同的职业立场、利益和价值基础上，在应用中的状态、功效、方法、策略和价值等多方面是完全不一样的，而实际上，这些方面恰恰是现实应用的知识要考虑的，是活知识或者说是知识活性的表现，由此知识便体现出来了职业化、人性化的色彩，实际上这些方面是或者说才是真正的知识，传统课堂意义上的理论知识在这种知识体系结构中只能说是毛坯、基础素材或者半成品。

（五）社会交互性和相对合理性

法律知识的职业性在深层社会意义上体现的是社会分工条件的知识差异。围绕着整个社会的治理，法律就是一个巨大的体系化的以现实社会

① 模拟法庭或者训练或多或少会有这种知识角色性的体验，但实际上在整个传统的法学教育体系中，这种体验程度是不够的，因为模拟法庭毕竟也是虚拟的，不那么真实，效果也肯定不如真实的好。

治理为目标的社会工程①，法律工程的不同组件和模块一定会有功能上的区分或者差异，这种机制就是法律知识的职业属性和差异的根本来源。而这些方面在另外的层面上所揭示的是，法律社会治理工程虽然从整体上是法律知识和法相关规则的运行过程和结果，但是这个过程和结果体现的不是简单的"线性"机械化的流水作业，实际上整个工程功效的发挥，无论是在宏观上还是在微观上，都是通过不同职业、业务所形成的模块之间知识交互、价值互动和社会利益博弈活动实现的。因此，法律诊所教育中运行的法律知识除了具有真理性的属性特征以外，还具有社会沟通、社会交流、社会互动、社会博弈的特征，因此也具有相对的合理性，以及社会有效合理性②。由此，围绕着知识以及相关行为的交互、互动和博弈，相关行为也便对社会沟通和交流的能力以及策略运筹和博弈等方面知识提出了需求。

（六）价值考量复合性

法律知识在社会生活中涉及的是一个工作活动维度和领域，在此法律自身有着独特的理念、逻辑和价值定位，传统课堂中所讲授的法学知识和理论相对是比较纯粹的，与现实环境和条件是脱离的，或者说是比较"单纯"的，比如大多是公平、正义、平等，等等。如果不结合具体的社会现实因素和条件，这些概念往往是大而空的，而即便是结合了具体的实施进行解释和说明，如前文所述，在传统教学模式中也是碎片化的、割裂的、单向解释和单一证成的。但是，在鲜活现实的法律活动和法律工作中，法

---

① 参见［美］罗斯科·庞德：《法律史解释》，邓正来译，中央编译出版社 2002 年版，第 152 页。

② 即因有效而合理。当然，这里并不是否定知识的正当性，主要强调的是主体对于问题解决的知识、方式和结果的认同，有的时候好像并注重的真理性以及所谓的法律或者法治水平的高低问题。

律、政治、经济、商业、社会、文化等多方面的知识是交织融合在同一社会行为中的，而以上这些领域知识的划分是人的主观认识的路径、思维方式和理解方法，并不是现实存在的客观物质存在。也就是说，人类可以较为智慧而有效地从法律以及其他门类和领域的知识相区分的视角，抽象地认识和理解社会行为、活动和问题，但是在处理问题时，绝对不能仅从法律上的认识和理解以及价值考量上出发，"徒法不足以自行"，实际上无论是在内在的规定性还是在外在的内容延展上，法律工作和相关的知识都是包括法律以外领域的内容和要素的。因此，法律活动和工作一定要考虑政治、经济、商业、社会、文化等领域的问题和条件，法律的知识自然也应当包括政治条件、效果、经济社会效益、社会公正、文化心理和价值内涵以及商业成本等多方面的认知和理解。相对于传统法律教育的课程而言，诊所法律教育通过实际的社会法律工作，能够很好地将知识或者法律知识的这些方面的相关要素涵盖进来，并在学生的知识实践中进行有效的激活。

（七）价值定位的社会公益性

法律诊所教育对学生所要培训和训练的是社会现实中运行的知识，并且这种训练的模式通过真实的法律业务的操作来实现，即：支撑行为的知识和所要学习训练的知识是同一的，由此，相关知识的价值基础和价值定位在课程上是基础的、根本的。法律诊所教育中的社会法律行为的价值定位和基础是多元的、丰富的，可以区分为个人自己的、客户的、集体的、国家的、社会的，也可以区分为公共利益的和私人利益的，还可以区分为个人的荣誉、金钱、社会地位、成就感和社会效果等多方面。现实当中，任何一个法律职业人或者法律业务的局中人，所拥有的是这些方面的利益和价值诉求的复合体，而难以做出较为清晰明确的区分，或者说现实中的人的法律行为很少只追求复合体中某种价值和利益。事实上仅就法律的公共利益和私人利益维度上的界分而言，二者也并不是绝对能够区分开来的。[1] 在公益和私益的维度区分上，法律诊所教育中的行为价值定位在公益上，也就是说诊所教育中的社会实践行为是公益法律行为。

需要说明的是，这里面所说的公益行为，并不是说这里面不包括任何私人利益的考虑，比如说，这不可能把学生的优秀的成绩、个人的成就感和荣誉以及学习成长上的追求排除在外，把诊所教育定位在公益上所要强调的是，诊所是一种国家和社会法律服务工作制度上的话语和安排。简单概括地说，一国制度将法律服务等工作人员不收费的援助性的法律工作称作为公益法律工作，而将收费性的法律工作称作为社会商业法律工作，在这样的区分中，诊所法律教育的工作在制度性层面被定为公益援助性的法律工作[2]，由此，作为一种制度性的安排，其社会价值便被定位为社会公益法律活动。而与诊所法律教育的认识相关的是，社会知识的价值定位是知识本身的灵魂和基石，公益性的诊所行为属性直接界定了学生所学习知识的价值考量、行为内容和模式、职业角色功能、工作达标标准以及思想、精神和理想教育等多方面的内容特征[3]，比如说：公益律师的职业伦理要求与社会商业律师的职业伦理要求肯定在价值定位上有很大的不同。

---

[1] 参见杨晓雷、刘东华、古德丹：《实践中的公益法》，法律出版社 2012 年版，第 460—461 页。

[2] 需要解释的是，虽然有的法律诊所，比如立法诊所通常是与立法机构进行合作的，承接的是公共立法机构的项目工作，虽然不是律师事务所那般的法律服务性质的工作，但实际上也是公益性质的法律工作。

[3] 公益法律实践对于培养学生的理想、价值、情怀、工作理念和方法是非常具有独特价值的，已经成为中国、美国等很多国家的重要公益法律活动形式。参见杨欣欣：《法学教育与诊所式教学方法》，法律出版社 2002 年版，第 68—70 页。

第三节　法律诊所教育运行的基本理念

在以上的课程属性、知识内容构成和知识特征的基础上，在课程的目的、方法与路径所构成的逻辑体系脉络和结构关系中，与传统的法学教育课程比较，法律诊所肯定也有着自己相对独特的课程运行的理念，以及相关的方式方法和运行机制，具体说来可以做出如下的分解说明。

一、业务以现实为中心

诊所教育要进行真实的法律业务操作和现实问题解决，即要通过实践完成现实的工作任务、解决现在的问题。法律诊所教育根本的、基础的、核心的教育理念以及教育方法指的是什么，以一个形象的例子来说，就是把学生"投放"到现实的问题当中。诊所教育同仁们常用的一个很好的比喻就是将诊所教育课程比作游泳课程，意指再好的法律教育课程如果不能教会学生动手办理法律案件等业务，就不能称之为有效的或者好的法律课程，借用这个比喻，在方法上，把学生投放到现实当中，就和在游泳课堂上把学生直接投放到游泳池中是一样的。现实意味着真实，有任务待完成的紧迫感。如此，在现实中的学习实际上就是在真实的有生命的知识中进行学习。因为是现实，所以学到的知识是全面的；因为有紧迫感和压迫感，学习的效果是扎实的；学不会就意味着做不成，无法完成任务，是否学会以结果定。由此，所印证的就是实践出真知，实践是检验真理的唯一方法，在学习方法上，现实是最好的素材，现实是最好的方法。

二、运行模式以学生为中心

在整个运行理念和运行模式设计上，在法律诊所的教学模式中，学生是实践的主体。具体说来，虽然以教会学生相关知识为目的，但是，传统理论知识灌输的课堂模式是以教师为中心的，主要是以教师为主导的，教师进行课程的设计、课程内容的配给和准备，整个过程是教师讲，学生理解和记忆，最后由教师对学生的学习情况进行考核和评定。可以说，在整个教学关系的主体地位上，教师和学生相对于知识的学习和活动是处于不平等地位的，整个过程中学生都是处于相对被动的局面和状态，而且是缺乏参与和活力的，国内外很多法学院都是如此。[①] 毋庸置疑，这样的课程模式的确是适用于传统的教学模式的，但是对于以上所阐述的法律诊所教育课程内容来说显然是不适用的。

由于法律诊所教育是以学生亲自动手办理社会真实法律业务为条件的，因此诊所法律教育是以学生为中心的模式。在这种模式下，虽然整体上教师负责课程的主体和任务的宏观设计，但是在具体以及核心的课程活动中，学生是法律业务和课程的主体，学生是真正的社会工作者，学生不仅要积极主动地参与到具体的现实的工作中，而且应该或者说必须是整个课程活动的主导。

三、方法以创新知识为中心

与讲授灌输的理论知识的具体教学方法不同的是，法律诊所课程具体采用的是启发鼓励式的方法，即虽然整个教学过程中涉及具体的学生

---

① 参见〔美〕罗伊·斯塔基等：《完善法学教育——发展方向与实现途径》，许身健等译，知识产权出版社 2010 年版，第 266 页。

不会的法律知识时，不排除进行必要的理论疏通和讲解的可能，但是从核心和主体内容操作上，整个课程面对现实问题的解决和任务的完成，教师是鼓励启发学生进行问题的提出，并通过一系列的手段和方式启发引导学生自己找到解决问题的方法和方案。实际上，法律诊所学生和教师的这样的教与学的工作活动过程，是一个性质和意义多元复合的过程和载体，在一定的参与、启发、鼓励的方法和机制下，教师的教授行为，在某种意义上也是与学生对于知识的探讨交流和学习行为，由此体现出了上文所说的教与学的主体地位平等性，学生的学习知识的行为和过程，实际上也是学生运用知识解决问题的过程，由此便使学习的目标和方向具有了强烈的现场感，这种学习的成就感和激励感会得到及时真实的反馈，当然，挫折和失败的体验一定也能起到不同的教学功效，会收到上文所说的良好的学习效果。而如上文所述，在教师启发鼓励的机制下，师生共同探讨问题的解决和知识的适用，在现实中体现为新的知识发展和知识生产，因此，这个过程实际上又是知识适用和知识生产的结合。因此，法律诊所教育方法方式和路径实际上就是教师的讲授、启发、指导和监督一体结合，就是学生亲自动手操作业务过程中的知识学习、知识运用和知识生产创新的一体结合，如此真正体现了知识的教育和学习一体、学习与运用一体、运用与生成一体的模式，随着知识运用和创新生产，人在这个过程中也随之成长起来，诊所法律教育的方法由此也是真正能够在现实工作的实践中，实现人与知识的合体共进步、共发展、共完善、共成长。

四、现实任务驱动的运行机制

以塑造完全的法律人为中心，以学生实践现实的工作任务、项目和解决问题为行为内容，以现实工作环节和工作机制为样本，打造立体多模块的课堂运行机制，结合不同种类、维度上以及领域中的知识和相关的实践，辅以相关的多样有效的社会工作的方式方法。从根本上来说，通过学生动手实践现实业务来学习相关法律知识的课程机制与通过教师宣讲介绍来灌输知识的传统课堂的课程机制肯定是不同的，后者是我们很熟悉的，概括地说就是通过建立大而全的知识体系并进行教师讲解和学生识记并考核合格后，便完成了整个相关法律知识的学习。而法律诊所的学习机制与现实法律工作的机制则是完全吻合一致的。比如，首先要通过一定知识筛选、识别工作业务内容和问题，然后要筹措、组合、建构分析和解决问题的知识和相关人力物力资源、进行团队建设、制定完成工作任务以及解决问题的策略和计划，以及有重点有目的地对相关的能力和资源进行训练和补足，最后进行实际的任务操作，解决问题并完成任务，直至工作复盘总结。

实际上，如前所述，整个过程是一个以现实需要为动力驱动的知识选择、知识训练、知识运用、知识创新、知识生产和知识学习的过程机制，且不说构成过程的每个环节以及机制的每一个功能模块，都会以法律知识为主体或者主轴，牵动、激活运转各种各样的知识运用和学习，而实际上，整个过程和机制本身就是一个重要的学习内容和知识训练。更为重要和显著的特征是，法律诊所教育是一个塑造完全法律人的课程，对学生的培养和训练不局限于狭义上的法律知识，而是大知识的供给和输出，这种知识训练指的是把狭义或者传统上的理论知识与相关的感性认知、理性知识、经验、技能、心理、情绪、理想、价值融合在人的身上，进行人才的塑造和锤炼。由此可以看出的是，在诊所法律教育中，适用于传统理论课程的相关教学方法在能够满足整个工作量上占比相对较小的知识讲解课程以外，显然是无法也不能满足经验获得、能力训练、心理建设、理想价值构建等其他知识形式和模态的需要的，而与此相适应的是，在法律诊所课程的教育活动中，常常能够见到的是启发式、参与式、模拟式、案例式、交流探讨式甚至各种虚拟启发式"游戏"等各种各样的社会工作方式方法，由此，以适合不同维度、不同领域以及不同形态的知识理解、掌握和运用的必要，具体的方式方法本书将在后文中详细阐述介绍。

第二章　法学教育体系的问题与诊所法律教育

上文分析了法律诊所教育的性质、内容构成和特征，主要是以传统的法学教育体系中的课程内容和方式作为参照系，通过与其进行比较和对比而对法律诊所教育的相关方面进行阐述的。综合而言，通过相关内容的分析和阐释，可以看得出诊所教育有很多对比优势属性和特征，当然，这是从经验和实然层面获得的相关认知和理解，为了更加深刻地理解法律诊所教育这种属性和特征，接下来拟从法学教育和人才培养的逻辑和应然的层面来进一步探讨法律诊所教育的这些属性和特征优势。另外，为了更好地全面理解、认识和把握好法律诊所教育，下文也会从诊所法律教育的现实条件的限制性以及相对局限性来对其进行分析和讨论，以便于在现实工作中扬长避短，构建诊所法律教育价值实现的机制与工作体系，进而科学、合理、有效地发挥出法律诊所教育的价值和功能。

第一节　完整法律知识学习和完全法律人才培养的法学教育

一、关于法学教育的理解

认识和理解诊所法律教育的优势和局限，首先还得回答一个根本的问题，即：什么是法学教育？如果要从逻辑应然性来看诊所法律教育属性和特征上的科学性和正当性，本书认为有必要从什么是法学教育和法律人才培养这样的根本问题开始。关于这个根本问题的回答，无论是在历史上还是在当下，相关界定和理解不胜枚举①。本书认为，法学教育是一个国家有组织的群体性的社会活动，在这个活动中，根据现实的国家法律工程运转的需要，需要培养专门的具有法律知识的人才队伍来运行这个工程。那么，在这个空间中，法学教育可以分为广义的法学教育和狭义的法学教育，广义的法学教育包括对所有社会主体进行的法学知识的普及教育和对职业法律人才进行的专业教育，狭义的法学教育仅指对专业人才的法律专业教育。本书仅限于在狭义的法学教育中进行讨论，即：一个国家为了运行这个国家的社会法律工程，而专门培养职业的高级的法律人才的社会活动。由此可以看出，专业的法律教育和培养法律人才是一个工作的两种表述，前者侧重于这个活动的属性和方式方法，后者体现的是这个工作的输出成果。如果将两者结合起来，法学教育就是要用专门的法律知识来培养训练高水平、高标准的职业法律人才。②

如果按照福柯的理论，用专门的知识训练一些人从事专门的社会行为和社会活动实质就是一种现代性上的规训。③ 如果法学教育同样是一种社会规训的活动，那么这种规训就需要有必要合理的知识内容和有效的手段，而一个国家的法律教育课程以及相关的工作无疑就是这种内容和手段的最充分和最直接的体现。这里有必要做出说明的是，按照现代性的规训，所看到的公众性普法等社会性法律教育、专业性的法学教育、法律专业人员接受常规法学教育后所从事的职业工作、在职业工作中所接受的职

---

① 参见王晨光：《法学教育的宗旨》，北京大学出版社 2016 年版，第 3—12 页。

② 曾经有学者从职业法学教育和非职业法学教育的区分上来探讨诊所法律教育以及其他相关的法学教育问题，本书认为这是一个没有太大必要或者说是没有价值的区分，因为无论什么教育都是要考虑学习什么样的知识以及怎样学习知识来做出合理的法律相关的认知和行动。朱立恒：《法治进程中的高等法学教育改革》，法律出版社 2009 年版，第 78 页。

③ 参见王治河：《福柯》，湖南教育出版社 1999 年版，第 199—200 页。

业培训以及自我学习等，都是法律知识的社会规训活动，尤其是后三者，从最广泛的意义上来讲，都是法学教育或者法律人才成长必须要经历的三个环节，或者说是必须要面对的三种状况和形态，这其中包含着一个法律人接受教育和成长必须要摄入的知识内容、所要经历的各种能力培养以及个人自我成长、学习、训练手段和方法。

二、三种形态的法学教育及其关系

接下来，将讨论三种形态的法律教育的关系，主要侧重在高等法学教育与后两个形态的法律教育之间的关联关系。以上，从法律工程的运转和社会分工的角度来看，为了维系保证整个法律的社会工程机制的良性有效地运转，法律人不断地接受教育是一个必要的社会分工和社会活动，法律人接受教育和学习是一种常态，而这种常态就是由以上三种形态构成的。既然如此，可以得出的结论是：在最广泛的意义上以及在最基础的逻辑根底上，一个国家的法学教育和人才培养工作，在实质上就是要对高等法学教育、入职后在岗教育培训以及个人在工作过程中自我成长而学习法律的关系进行科学认知界分和关联，在相关功能上对它们进行区分并进行合理有效的协调安排。下面，本书将从整个社会工程的运行、社会分工以及人与知识和社会事业共生共长的结构、模态和进路上，对这三种形态的法律人的学习和教育进行界定，并对关联关系进行具体的阐述和说明。首先，结合理论和现实，来对高等法学教育、工作实践教育以及在岗培训教育进行界定性分析。

（一）高等法学院校的法学教育

什么是高等法学教育，本书行文上拟从教育属性、教育功能、教育对象、教育内容、教育方法、教育达标标准等几个方面对其进行深入的解析。在整个法律社会工程的运行和社会分工视角下，高等法学教育可以说是整个法学教育和人才成长体系下的基础教育。什么是基础教育，基础教育就是整个教育体系的起点、底座和根基，其奠定人才未来成长的基本结构、基本功能和价值基因、人才的基本样式以及人才的高度和强度。通俗地讲，基础教育就像一棵大树的树根和一座建筑的地基一样，法律基础教育决定着一个法律人将来能否成才、能够成为什么样的人才以及成为多大的材。

而相对于整个法律工程的建设和运行来说，基础法学教育是为国家法律工程进行招兵买马、输送和储备人才最重要的渠道和方式，实际上，其不仅是常态化下的一个国家和社会的法律工程得以持续运行的保障，更是这个工程得以新陈代谢、改革创新的重要条件和动力来源，青年法律人是法律的未来。因此实际上在最深刻的意义上来说，承担法学之研究和知识传授功能的基础教育是铸就整个法律工程的知识基础，在整个法学或者法律教育的机制体系中，担当着龙头的作用，开启一国法律工程未来的重要思想、价值和能力的逻辑起点。

（二）在岗培训与自我成长学习

那又应当如何来理解个人在职业工作过程中，为了实现成长所接受的培训等继续教育，以及个人为了自我成长和能力优化而进行的个人学习行为呢？从较为严格的意义上来说，二者并不能严丝合缝地归结为"教育"，因为教育是在知识上较为系统的、全方位的、具有普遍群体意义上的一种社会行为和行动，二者只是或者更多地是考虑现实问题的解决而进行知识的掌握和获得，尤其是职业工作过程中个人的自我学习和成长，严格说并不是通过一种社会教育的手段和方式对知识进行专门的学习，而是通过现实的工作操作和知识实践对相关的未知的知识和经验等进行积累，对思想和价值进行一种工作视角以及层面上的反思、理解和认识。因此，如果将它们理解为一种法学教育和人才培养的方式的话，那么，在上文所说法律工程运行和系统法学教育和人才成长的视角下，法律人才的学习和成长是贯穿整个职业过程的终生行为的话，那么对于二者也可以做出如下的认识和理解。

一是，二者实际上是基础法学教育的延展和知识能力的不断补充。如前所述，既然法律人的成长是贯穿整个职业生涯的事情，通过基础法学教育所获得的各种法律知识也不能一劳永逸，随着问题的不断更新和生成，知识也不断地在变化、更新和增加，因此法律人也要不断地进行"充电"，通过个人成长的独立学习和积累以及在职的继续教育培训就是这种教育意义上的补充。二是，在职业工作中的学习知识和能力上的增长，通常来说是经验上的积累和获得，相对来说所获知识主要不是素质素养方面的，而是解决眼前现实问题意义上的具有工具性质的知识，因此，相对于系统的法律知识和能力而言，内容相对狭窄有限。三是，所学知识的价值和功能基础往往主要是基于主体所在的岗位、部门以及职业，职业角色性相对突出，或者在立场上来看，学习这样的知识往往就是实现局部的利益，因此，所学的知识在价值考量上相对具体、单一和零碎，而非呈现宏观化和结构化。这里需要说明的，这种职业利益和知识的职业角色性的价值教育处理模式不应该是法学教育的视角，法学教育要从教育的性质出发，要让学生看到并接受这种知识的职业角色性，但同时也要能在教育层面上，在价值教育上超越，而不是忽略或者"置若罔闻"这种知识的职业角色性，从而教育人才形成既有正当性又有现实解决问题效力的知识观念。

（三）三者的功能区分

如果将职业法律人和法律工程作为一个共生共长的社会关联结构来看，那么，在更长的时间轴线上，在更加广阔的法律知识和人以及行为所涉及的社会空间中，相当于学术教育机构用知识塑造了一个法律工程，同时也塑造了一个知识上的人，然后社会实践上，知识在不断地进行运行法律工程，人也随之在调整，不断地成长和完善，进而生成新的法律知识和新的人，然后再回流到学校这个知识的研究和人才培养部门，从而进行新的循环往复。人和知识以及整个法律工程共生共长，互为环境和条件，同时进行新陈代谢，这就是知识的生成和应用的机制。

因此，在整个法律工程中的法学教育和人才成长系统内部，高等院校所开展的法学教育是基础、是根基，同时，高等院校还是人才的一切法律相关知识奠基和塑型的地方，当然也是人才的理想和价值生成以及向上成长的精神动力发源地，也是法学人才生成并初步养成的机制和地方。需要说明的是，这种说法与知识源于实践的逻辑并不矛盾，这里探讨阐释的是人才或者说知识在人的身上扎根并开始对人的认知产生影响的过程和逻辑，说的是人的成长和塑造人的过程和机制。而现实社会中的职场工作岗位上的知识实践和人才自我知识学习和积累、业务培训以及专项继续教育培训，实际上是人才得以成长的机制和地方，在这个环节，教育性质的功能应当是使人才能够在原来的基础上得以不断地茁壮成长，能够因时因地制宜解决自身工作岗位上的问题和完成相关的工作任务，在整个工作体系中或宏观或微观地保证自身的有用或者价值性。

因此，在二者相关联的关系上，无论是在知识认知和能力效果层面，还是在工作资格的社会认证层面，以及在社会群体的价值和文化认同层面，如果没有高等法学教育对人才的教育和培养，那么相关人才也就进入不了法律职业工作岗位进行工作，相关的后续的人才自我学习成长和继续教育因没有相关的知识根基也就无从谈起，而如果没有后续工作岗位上的人才自我学习成长和业务性质的培训所做出的必要性的补充，高等法学教育阶段所传授的知识则无法得以继续更新和迭代，由此所教育培养的人才也无法实现法学教育本身及服务社会法律工程的终极价值目标。由此可以说，高等法学教育是人才自我成长和继续教育的前提和基础，后者则是前者的价值保障，是必要的教育补充性工作和活动。

因此，在这个教育工作结构体系中，通过以上各自具体内涵和相关内容方式的分析，它们的功能和地位在相互之间是不能取代和替代的，也就是说高等法学教育的内容和功能不能用在职在岗工作性质的学习来实现，反之后者不能用、不会用也不应该用甚至是没有必要用前者的方式、投入等模式来进行，而且无论从教育工程设计逻辑上还是在现实工作机制上，也不能将前者和后者顺序颠倒过来进行运转。因为包括三者在内的整个法学教育模块之间，实际上是各有分工、相互配合、流水循环作业的关系，虽然在这个社会的法学教育机制上，它们是平面化共时性存在的，但是，在个体法律人才的教育成长过程中，它们是立体的具有先后顺序的历时性存在。

（四）三者的结构关系

以此为基础，理想的法学教育应当是在遵守以上的关系结构和逻辑机制的基础上，合理地构建各自模块的知识内容和教育方法，科学地对接处理以上三者之间的关系，从而实现各自以及整体上的任务安排。那么，什么才是科学合理的三者关系的对接和处理呢？十年树木，百年树人，具体的情况可以树木的培育和成长为例进行阐释说明。树木的成长从种子到幼苗的过程就是长出根茎叶，而从称得上树的时候开始，其就具备了根茎叶，然后之后的成长过程就是继续扎根、壮茎、繁叶，由此长成参天大树。如果仅从外表来看，根茎叶三个部分各自区分而不同，在整个树木的生长存在过程中各自作用、位置和功能也是不同的，但是，如果从内部的机理来看，这三个部分之间是相互依赖、紧密关联的，而且，不仅三个部分在树木物理空间中紧密关联，三个部分在时间轴上，从小到大都是有着关联的生成、发展、成长的脉系和脉络的。因此，如果想种活种好一棵树并最终养育成材，那么，从这棵树还是小树苗的时候，就要让其具有完整的根茎叶，缺乏任何一个都无法生成，而生成之后，一定要料理好，让根茎叶一定沿着已经形成的脉系脉络，在不断新生的环境和条件下，沿着时间轴成长壮大。按照通常的说法，一棵树需要一年扎根、二年开花、三年结果，结了果子之后就意味着一个新的生命和一个新的循环开始。这个扎根、开花和结果的整个过程，其实质上是生命体的各个组成部分按照一一以贯之的脉系和脉络成长成熟。而在这个从根、茎、叶到花、果实和种子的不同生命阶段，生根长枝叶的方向就是开花和结果，开花和结果同样是需要根茎叶的继续成长作为条件，并且是根茎叶成长上的延续和目标实现。

　　实际上，树木的生成成长与法律人的成长以及教育和人才培养系统并无二致。相比较下，高等院校的大学生法学人才的培养阶段实质上就是运用法律的知识的种子生成培养法律人才的初级阶段，相当于小树苗从种子生成到长大的阶段，而毕业后开始投入工作岗位进行社会法律工作和社会生产的阶段其实就是法律人才的实际应用，再生产出新知识新种子的阶段，也就相当于树木的开花结果阶段；而种子演化生成出来的根茎叶作为树木的基本构成就相当于法律人才各种不同种类的理论知识、能力、价值、经验等不同种类、维度和领域的知识构成，根茎叶从种子到树苗到成年大树都应该具有，而且有着一以贯之的成长脉系和脉络。那么法律人才的教育和培养也应该从开始的高等教育就要在以上的各种知识要素上进行传授和培养，并随着人才进入职业工作领域，再通过工作上的自我学习和继续教育对这些方面进行完善和打磨。这就是所要阐释和说明的，在法律教育体系中，在知识、人才成长以及服务社会过程和目标的一体维度下，不同种类和阶段的教育工作应该如何进行对接，以及法学教育和人才培养的工作应该如何设计和运转才是科学合理的。

　　显然，树木的栽培和成长不可能把根茎叶安排在不同的阶段分别生长，而法律人才的培养也不应当在不同的阶段分别就理论知识、能力、经验和价值等方面的知识分别进行教授和培养。当然，就像根茎叶在树木成长的不同阶段可能发育和显露的程度并不一样，法律人才培养以上各个方面的知识在不同的阶段可能突出的重点应当也不一样，但是理想的、科学的法学教育就应当是在每个阶段都要全方位地考虑和实施全方位全要素的知识培训。比如说，不能只注重实体方面的而不注重程序方面的专业知识，只注重法律专业的知识而忽略和不关注交叉领域的其他知识，只注重理论知识而不注重实际操作能力，只注重知识和能力的掌握而不注重思想、伦理和价值的建设和培育，等等。

为什么有这样的要求，前面已经有所探讨，这里从知识的内部结构关系角度再继续进行具体的阐述和说明。树木在成长的过程中根茎叶实际上是不能分开的，原因是一方面它们之间互为条件、相互依存、缺一不可；另一方面是它们协同形成整体树木的存在和成长。法律人才教育和成长的情况也是如此，无论是在高等法学教育阶段，还是在工作岗位的职业实践、个人自我学习以及有针对性的业务培训和继续教育阶段，以上的这些知识相对于人才的存在和成长也是一个有机的体系，试问，现实中哪一个法律问题的解决只考虑实体而不考虑程序，哪一个问题的解决不涉及法律专业以外的其他领域的知识，哪一个问题是一个单纯的理论知识问题而不与实际经验结合，以及运用实际操作的能力进行处理，而又有哪一个问题不是在一定的价值定位的基础上进行解决和处理。理论和实践、法律专业和非法律专业，专业和管理运行、经验能力和价值等多方面的知识，在一个人才的成长和现实问题的解决上构成统一不可拆分的结构性整体。因此，同样在整体知识的内部构成要素上，可以说以上任何一个知识形态构成要素都是以其他所有要素为条件的，没有其他要素的条件保障，其他要素应当是无法存在或者说是根本没有现实意义的；而在这些知识要素的外部整体协同上，同样也可以说，缺乏任何一个要素的知识体系和内容，就无法发挥培育和训练的功能，从而实现一个真正的法律人才的存在和不断成长。

第二节　实务法学教育的问题与诊所法律教育的价值功能

一、理论和实践知识的区分与隔离

传统的法学教育在人才培养模式、运行机制、相关环节关系设定以及具体操作上，都存在着较为明显和突出的错误认识、错误设计和不合理的操作运行。[①] 首先在认识上，较为主流和主体的理论和实践是，高等法学教育阶段主要是系统的理论知识体系的传授和学习，这里面包括法学理论知识本身的信息内容储备，还包括法学基本的思维的培养，以及基本的法学研究能力训练，等等[②]；而职业法律工作和继续教育阶段主要是在已经掌握的理论知识基础上，将已学到的知识应用于现实，发挥已学到的理论知识的作用，进行实际工作经验的习得以及具体工作实际操作能力的训练。简单通俗地说，这种认知就是认为：法学院式的法学教育本质上就是法学理论的研习，即理论的研究、理论的传授、理论的思维、学术理论性的气质和风格的塑造，等等；职业工作岗位上的教育元素或者知识存在的状态就是进行实际工作经验和能力上的积累和训练，主要就是通过实干获得实务上的经验知识、训练实务性思维、养成实干的气质和风格，等等。

[①]　参见汪世荣：《有效的法学实践教育》，法律出版社 2012 年版，第 5—7 页。

[②]　虽然当前有诊所教育和实务教学，并且现实中越来越多的人开始并不断地呼吁进行实务教学和诊所教育，但是从实际状况来看，当前法学教育工作主体上还是传统的内容和方式。对于实务教学和诊所教育，且不说它们在整个课程和教育体系中受重视的程度和投入，对于它们自身的属性和功能的认识和实践功能发挥的彻底性等方面，都有待加强和落实。

二、传统法学教育的课程知识构成状况

在这种认知的基础上，在具体的法学教育工作与知识生产和传授工作的设计运行上，整个法学教育和人才成长的工作系统按照理论和实践划分成了两块，接下来主要阐述与这种二分制相适应的、作为知识传授载体的课程设计和运行以及相关问题。一直以来，中国法学院全部课程主要有五类：第一类是法学专业理论知识课程，主要包括法学基本理论和部门法及其相关细分领域课程；第二类是法律应用相关的课程，主要包括法律逻辑、法律文书、法律写作、法律研究、法律伦理等；第三类是法律与其他学科交叉类课程，主要包括法律经济学、法律社会学、法律与政治等；第四类是实务类课程，包括法律实务、案例研习、模拟法庭、法律诊所；第五类是公共基础类课程，包括政治、英语、计算机等。如果从法学院的课程的名称和分类上看，这样的课程种类和结构关系已经是非常合理的了，这其中不仅有理论层面的，也有实操层面的，不仅有法律领域的，也有其他交叉领域的，等等。当然，以上的内容只是所设计的课程方案，课程真实成果输出和效果的情况还取决于现实的实践和操作，或者说是实际的投入。这具体包括：课程学分在整个学生学习计划中的占比以及在整个知识体系中的知识"地位"情况，学生和教师的时间精力投入分配情况，学校的人力物力投入的方向和重点设定情况，对学生学习与教师工作考核的指标和内容情况，师资的知识或者职业身份构成情况，各个学校的具体操作的条件和落实情况，等等。

毫无疑问，在中国法学教育的现实情况中，在具体的操作层面，属于第一类的理论知识的课程内容和相关方式的知识传授和人才培养工作占据学生和教师的绝大部分时间精力投入，对于绝大多数学校的人力物力投入，学生与教师考核的指标和内容等方面，这个占比应该在九成以上。当然不同院校的情况可能不一样，但是，通常说来，这个占比是只多不少，也就是说，从总体上来说，法学院的教育和人才培养工作主体上还是理论

知识的传授。对于第二类课程在中国法学院的实际情况，可以说有些学校设置了这样的课程，但是还有很多学校根本就没有这样的设计，一般来说综合性大学的法学院就没有这样的课程，而专业性的政法院校常常会有这样的课程。当然即使有这类的课程安排，课程的内容设计和方式方法，往往也不能充分发挥出与法学教育和人才培养紧密相关的相应成果输出，往往都是一些知识的灌输而不是实际具体的应用。与此情况正好相反的是，应该是与学校大环境下知识资源供给和学术氛围以及环境条件紧密相关，对于第三类课程，往往是综合性大学，但也是极少的大学法学院，才有能力开设讲授法律与其他领域交叉知识的课程。当然，这类的课程也多侧重于理论知识的讲授而不是具体的实际应用和操作的视角。从课程内容设计以及实际操作来说，大学法学教育没有体现出培养学生实务能力的情况已经成为国内外广泛的一种现象。①

三、法学院校中的实务课状况

（一）实务课的问题概况

与本书主题紧密相关，接下来重点探讨一下第四类课程，当然也就是现在大学法学院中的实务类课程了。从多方面来说，按照真正意义上的实务标准来判断，这里面仍然有很多问题存在，本书在其他章节中会有较为详尽的论述，这里做大致解析：其一是案例教学和案例研习不是真正的或者说是彻底的实务教学，诚如前文所言，这是用案例而不是现实中的案子的经验性事实对理论知识进行验证或者说是解释；其二是法律实务讲座系列课程也不是真正的实务教学，这些课程基本上就是实务类或者实务视

---

① 参见［美］布莱恩·Z.塔玛纳哈：《走下神坛：美国法学院现状观察》，秦洁译，法律出版社 2017 年版，第 69 页。

角下的经验和相关知识的介绍；其三是模拟法庭课程也不是真正的实务教学，而只是模拟类课程，并不是实操性课程；其四是法律诊所课程，法律诊所课程应当是真正的实务类课程，但是在现实的操作当中，很多诊所课程已经上成了前三类课程，具有"挂着羊头卖狗肉"之嫌，实际上已经不体现诊所教育的核心的理念、内容和方法了。①

（二）问题的成因

以上这些现象的产生有着重要的现实条件和因素，一是理念的因素，概括为"不知"，即：不知道什么是"实务"，就是说很多从业者认为所谓的实务就是常说的"理论联系实际"，而这里联系的实际往往是静止的、孤立的、片面的、碎片化的实际，不是真正的实际。简单地认为只要把现有的理论知识结合一下实际情况就是实务课程内容了。二是条件性因素，概括为"不能"，就是说很多院校也想把这些课程做成真正的实务课程，但是实际上没有相关的师资条件，实务课程很多情况下仍然是由或者说主要是由搞理论研究而不是搞实践职业工作的教师来主导的，或者说教师即便是实际工作的职业法律人，但是内容、方法和路径往往是理论灌输式的，由此，这类课程很大程度上已经不是实务课程了。当然，必须认可的是，这些课程在现有的中国法学院的教育中，对于实务教育价值的实现已经产生了良好积极的效果和意义，但是从根本属性定位来说，这些课程无论在理论还是在现实实践层面上看，只能说是具有实务色彩、实务元素、

---

① 对于知识的状态而言，案例研究、实务讲座与真实案件的情况是不同的。在价值理念、能力和情怀等人才素养的培养方面，在前两者空间中知识往往呈现出不同程度的割裂、单一、不关联，而现实真实的案件业务相关的信息是多可能的，是需要职业互动进行确认的，是有创造性空间的。知识的角色性、利益性、职业性是知识非常重要的方面，是诊所教育一以贯之的知识理念，大学案例教学、法学讲座式教学在方法上不同程度上忽略和回避了知识的以上三种特性。

实务价值和功能的课程，而非真正、彻底意义上的实务课程。而且，更为值得注意的是，这些课程实际上在整个中国法学院的整体课程内容和工作功能上，并没有彰显出其重要价值和相关地位，当然，这也与其需要大量的精力和投入，而现在的法学教育工作的整体资源投入和分配的能力是有限等因素相关。资源和能力有限不只是与既有的理念认识有关，也不只是个别人以及个别学校学院的原因，可能也与群体文化氛围和相关事业的发展阶段性的资源条件有关，甚至可能与整个法律知识的生产与运行工程的结构设计，以及法学教育、人才培养在整个工程中的地位和角色功能设计有关，后文将对此进行详细阐述。

（三）实务法学教育的功能承担

如此，中国的学院式法学教育实际上并没有承担实务法学教育的功能，[①] 如果按照上文的理论，现实中正在运行的中国法学教育并不是一个完整的、科学的、完美的法学教育设计。如上所述，在一种二分的理念和意识上，理论和认知倾向上是把这种实务法学教育的功能推交给了现实中的法律职业场景中的执业工作。那么，就有必要具体地分析和查看一下，现实中的执业工作是否以及如何承担起这个法学实务教育功能的。

本书行文到这里，有必要详细分析探讨一下，什么是实务，这里的教育和人才培养的价值和功能到底指的是什么？实务，在人、行为、知识与社会价值的维度上，就是个体或者群体运用自己的认知知识与行为来进行社会生产而创造价值这一事实和现象。知识在这其中的呈现点是，人要运用一定的知识去认识和行动，同时人的认识和行动的结果也完善或生产知识，如此，这样的知识也会回馈给人自己或者惠及更多的人，使所有人

---

① 参见许中缘：《法学实践教学模式存在问题与对策》，载于《中国法学教育年刊（2019·第七卷）》，法律出版社 2020 年版，第 142—153 页。

的知识能够得到积累和扩增。如此，在实务法律职业工作中，就看到了其与高等院校法学教育业务工作在成果输出上的交集，就是都能给其中的社会主体带来知识上的增长，当然，也正是这个原因，更多的观念也认为实务工作是有教育价值和功能的。而这里有必要澄清的是，现实实务法律工作应然上"有"这样的功能，但不等于实然上就"是"或者已经发挥出这样的功能。如前文所述，教育是一种社会规训，是以一定的社会价值定位和目标为基础的，不同教育阶段的规训价值目标和形式是有着根本的差别的，这应当是法学院的知识传授与职业实务工作的知识增长在教育的根本上最突出的区分。虽然通常说社会是真正意义上的大学，但是社会永远不能取代大学，社会之所以能被称为大学，一定是以非社会样式的大学的存在为前提的。在此种意义上，完全可以说，现实中的职业法律工作本身并不是真正社会意义上的法学教育，当然更不具有基础性法学教育的功能，但可以说是一种知识增长的手段和方式。可以说在三种教育形式构成的整个法律人才教育和培养的体系中，职业法律实务工作是一种补充迭代式的法学教育，而学院的教育是一种基础法学教育，这样的区分也说明职业法律工作的教育不能取代基础法学院教育中的实务教育。

本书认为，真正意义上的法学教育应该是一种相对比较广泛的、比较泛在的法律价值定位教育，不需要也不应当只是局限于某个部门、某个工作、某个事项而进行的价值定位①，应该是从整体上认识和把握法律的价值和定位的一种教育及其相关知识的增长和完善机制②。而职业法律实务

---

① 这里需要注意的是，这么说不等于否定学生在学习的时候要有知识角色性、实务性的理解和认识。这个并不矛盾，只是要超越某个部门、某项工作和事项的价值定位，而不要在整体观念和认知上被局限。

② 这里可能还有所谓的"不正当"的方面，在大学的法学教育中，这种不"不正当"的价值定位是通过一定的教育机制和教育方法进行消化处理的，但是在职业的实务工作能力需求培训中，这些能不能作为知识以及如何作为知识却不是一个教育上的问题，而是实际的利益选择和制度上的问题。

工作中的知识认知、生产和增长的价值定位基本上都是定位于某个事项、某个领域的工作或者某个部门的，虽然视角上可能也会顾及整体而并不受局限，但是在价值定位上一定是有限的。因此，在这种意义上，即便是不管或者不争论职业实务工作中的知识增长到底是不是一种教育，也完全可以看出，在价值定位方面，现实职业实务工作中的知识增长是没有当然也是无法承担法学院校阶段实务法学教育工作的，因为这种实操性的工作更多地是及于某个部门、工作和事项实现的价值定位的知识。当然，反过来说，学院阶段的知识和价值教育如果没有真的实际工作的场景和条件进行渲染烘托和"刺激"，也是达不到实务教育效果或者说是无法训练出实务工作能力来的。也正因为如此，在职业实务工作中，除了内部小规模的职业能力培训以外，也有大规模的非针对性的、比较理论化的理论知识教育，来对这样的知识增长模式进行补充，但是即便如此，从群体和整体意义上来说，也很难改变职业实务工作知识增加价值定位的"局限"性。

由此，从实然的角度来看，可以总结为，现实中的中国法学院的法学教育往往是没有"实务"，而实际职业法律工作中的知识增长则往往没有"教育"。前者的"没有"在理论上表现为"不应该"，后者的"没有"在理论上则表现为的确是很难或者"没必要"①。如此，中国的法学院教育是在没有"实务"，或者说并不是完全、相对即时地、在"实务"的环境和条件下进行知识的生产并进行相关知识的传授，根据上文的相关树木生成成长的理论，如果实务相关的知识和教育也是这个阶段不可缺少的要素，那么可以说，这个阶段的法学院校式的教育是不完整的法学教育。而如果按照成长的脉系脉络发展以及两个阶段的关联关系的认识，

---

① 因为在既有的人类社会法律运行模式下，法律的职业实务工作就是这样，可能没有必要对所有的人在这个阶段进行普适性泛在的价值教育，实务工作就是要讲究局部的努力或者利益考量，然后通过局部的努力实现整体的工作合作，达到整体的工程效果。

如此基础上的、职业实务中的、法律人的知识增加增长式的"教育"基础也不是牢固和完整的。所以，中国的院校阶段的法学教育和职业实务工作阶段的知识增长的功能要么是知识灌输，要么就是干活，中间实际上缺乏教育元素的有效关联，或者一以贯之的教育定位和功能处于缺失的状态。

四、法律工程中的法学教育的理想状态

（一）传统法学教育中的问题综述

如前文所述，法学教育与人才成长、法律工程运行以及法律知识生产实际上是统一社会法律体的三个方面。在这"一体三面"的结构关系和存在状态中，其中任何一面所涉及的价值、理念、实现路径等，实际上是三面共同的体现，所出现的问题以及相关解决问题的方法往往是紧密关联在一起的，现实的状态往往是一个方面出现问题，其他方面也会出现问题，一个方面的问题要得以解决，往往也要仰赖于其他方面的问题解决，或者依靠其他方面的问题的解决或者相关条件的具备以及提供。就以上的法学教育在学院阶段和职业工作阶段以及整体上所出现的问题，实际上在知识生产层面，造成了或者揭示了中国法律知识存在两个关联不够紧密的知识体系，一个是院校式的法学理论知识体系，一个是实务工作领域知识体系，有观点将这种现象称为"脱节现象"[1]。虽然近些年来，随着法律工

---

[1] 参见何跃军：《脱节论与职业论：当下法学院改革的逻辑反思》，载于《中国法学教育年刊（2019·第七卷）》，法律出版社2020年版，第19—20页。或许可以说存在理论和实务两种知识体系，但是本书并不认为划分所谓的理论的法律知识和实务的法律知识就是绝对合理的、科学的。认真推敲起来，在法律的知识中，在知识指导人的行为和行动方面，很难说什么是理论知识，也很难说什么是纯粹的实务知识，这种划分方法和理念本身就是有一定问题的。

程的运行和法学教育①以及法学研究的持续深入发展，这样的两个知识体系之间的交流和互动和合理关联得到了一定的加强，但是法律专业知识上理论和实践的知识区分而不是有效关联的问题依然存在并亟待解决。实际上，这就是很多学生和老师常常提及的一种现象：学生在学校学习的是一种知识，走到工作岗位上学习的完全是另外一种知识，学生把老师教给的知识在走出校门时就全部还给老师了。

为什么会有这样的效果和局面，主要的原因是，校园里教师所教的很大一部分在校门外的工作岗位上是相对"没有用的"。而实际上，这里所说的"没有用的"，并不是说反向证明这两种知识应该是相同的或者说是不应该有差异的，而是说两种知识不应该没有关联或者关联程度上不够。如前所述，知识也是发展演化的，如树木生长的过程，后面的理念和方法应当建立在前面的认知基础之上，而以上出现的没有关联或者关联不够的情况，首先在知识的自身发展和生产上就会导致知识难以不断地升级壮大。

如此，在知识的生成和成长方面，就形成了一定程度上的知识断裂的结果和效果，实际上也是培养工作成本上的巨大浪费。而知识生成和成长断裂的效果在人才培养上不但会造成类似的效果，更主要的是很难产出合格有效迭代的人才。如上所述，不应该将以上各方面的知识培训分阶段地进行实现，比如说高等教育阶段承包了理论知识学习，而职业岗位阶段则承包了实际技能和实践经验的学习，等等。如此造成了能力、知识、价值、经验等在不同部门、不同维度、不同领域的知识隔离或者分开，而且

---

①　不管怎么样，虽然现实中理论和实践的知识仍然相对隔离，但是，由于多年的人才培养工作，现在法律实务领域工作的大多数是接受过统一系统专业教育的大学毕业生了，所以，在这个群体中，基本的知识体系和价值共享是有的，而不像历史上实务工作领域有很多根本就没有学过法律的工作人员，这样的知识背景大差异一定程度上导致了理论和实务工作在知识体系上更严重的分化和隔离。

即使有些具备条件的学院能够将法学知识跟其他学科的知识进行交叉知识生产、研习和传授，但是，由于缺乏实际的工作作为场景和条件，非隔离性的这些交叉知识以及知识间关系的处理能力也是没有的，在观念上，要么觉得可以把这些能力交给下一个环节，即职业工作阶段去完成，要么觉得院校阶段这样的知识研究和学习对于现在院校和未来职业工作阶段在知识和能力上的习得都已经足够。

实际上，教育工作应该在任何一个环节都要考虑人才的实际有用性问题，不应该到了职场才考虑和解决这个问题。因此，在所要学习的内容和能力的训练上，两个阶段的功能是不能相互取代的，也是不能分段承包的，它们之间应该进行脉络上的对接，而不是取代。另外，这不仅是两个不能相互替代的问题，还是机制上是否科学的问题，就像根茎叶各自的功能一样，实际上这些要素在任何一个培养阶段都是缺一不可的，是通过相互作用才能发挥出最好的效果，对于这些要素的相互关系，要在基础教育的环节就进行很好的关联，否则会出现以上这种知识和人才方面发生的断裂、成长阵痛、知识和价值二元结构现象，等等。

而实际上，以上的两种知识体系以及由此形成的两种知识人群，在整个国家和社会的法律运行工程上形成的知识隔离的效果，更多的情况下往往是一种知识的二元结构状态，这种状态表现为两个阶段或者两种空间中的人才互动交流不足，相对无法做到法律人才分阶段的迭代和培养，无法为法学院的教育阶段输入有效的实务教学人财物的资源，也无法做到理论实践的良性沟通①，从而形成知识生产的较好状态。从根本上来说，由此

---

① 本书认为，在一个社会法律发展过程当中，多元知识的交流和互动对于社会面向未来的发展是必要的，但是这些知识必须是科学的、全面的以及理性的。本书在这里所说的不属于这种情况，因为两种知识的构成并不科学完整，一种要么是"纯粹的学术的"，而另一种要么就是"纯粹社会功利性"或者经验化、碎片化的，还不具备良性交流互动的知识状态，实际上这种冲突也是盲目非理性的，是不可取的一种状态。

形成的相对恶性的二元的知识结构和价值认识，会导致良性的多元知识互动、互补和交流的无法形成，显然，这不利于法律工程的运转，会严重影响法治知识的社会效力和效果，当然，这些效果也会反作用于人才的培养和知识的生产。

（二）包含诊所法律教育的理想法学教育模式

那么，在一个国家的法学教育工作中，理想的、完全的、完美的法律人才培养的知识结构体系构成以及法学教育模式应当是怎样的呢？显而易见，这个问题的答案在上文论述中已经具有了逻辑上的线索和相关结论，即：一个科学、合理、好的法学教育模式，实际上不应当仅仅考虑到人才培养的功能和相关的模式设计，其在具体的理念选择、模式设计以及具体的实践操作上，应该能够很好地将不同阶段的人才培养和成长、社会不同的法律知识群体、法学知识的生产和运行以及整个国家和社会的法律工程的运行，在人财物等更多方面有效协同和良性互动起来，做到多方共赢，形成法律人、法律知识和法律社会事业协同共进，而不是以上各个方面的隔离甚至是负面的矛盾和冲突。① 以上这些方面应该是这种法学教育模式外围宏观结构关系、实施效果和价值功能上的特征表现，而在具体的微观实施的具体内容、功能价值、实施方法和效果层面，这种教育模式应该体现为不仅是理性的、理论化的知识、思想和思维模式以及相关经验和能力教育，还应当是在现实中学生作为主体通过真实的法律业务实践所进行的主体教育、创新教育、感性因素教育、情感因素教育、实操能力教育，等等。

根据上文对于法律诊所的属性和相关特征的阐述，可以得出的结论

---

① 参见付子堂主编:《当代中国转型期的法学教育发展之路》，法律出版社 2010 年版，第 288—291 页。

是，无论是在理论上还是在具体的实践上，法律诊所教育课程应当可以实现以上功能，并由此可以解决以上诸多问题。通过上文的阐述可以看出，传统法学教育无论是在整体的二阶段二分法的机构设计上，还是在具体环节上的课程等活动内容的设计和实施上，形成的教育和人才培养的模式和运行效果输出，是无法解决以上问题的，反而往往是以上问题的产生原因、条件或者制造者。当然，法律诊所教育在体量和功能性质定位上毕竟还只是一种课程和人才成长的训练活动形式，但是，教育模式的核心构建和功能体现无疑就是这些课程和活动的内容与形式。如上文所阐述指出的，传统法学教育和人才培养模式问题的出现，主要或者从根本上来说，问题也是出现在具体的法学院的课程和活动内容上的，即：由于这些课程不能涵盖学生在这个阶段所有应该得到的知识、能力、情感、思想、经验、伦理道德的体验和训练，无法为接下来的人才的成长形成完整的根茎叶的成长结构，而在整体法学教育和人才成长模式上无法达到有效的、价值最大化的人才培养状态和效果。所以说，在这个传统的模式中，以上各种体验和训练的残缺，实际上指向的是这个模式的课程上的内容、方法甚至是设计的认识理念等各方面的残缺，因此，本书认为，认真创设并合理有效地开展诊所法律教育，重视这种课程的开展并加大投入，可以在传统法学教育和人才成长模式的基础上，对法学教育模式的理念进行必要的改变和完善，对法学教育课程内容和方法方面的不足进行必要的补充和改造。

第三章 法学教育体系中诊所法律教育的价值实现

第一节 诊所法律教育的价值有限性

一、法学教育体系中诊所法律教育价值定位

接续上文的阐述，应该看到的是，创设开展诊所法律教育，在功能定位上并不是意欲把诊所法律教育作为一种宏观层面上的教育模式，来替代掉传统的教育模式，而是把法律诊所教育作为必要的课程构成以及教育理念、内容和方法嵌入到既有的教育工作基础和教育模式当中。当然，毫无疑问，把法律诊所教育课程引入和融入到传统的课程模式当中的价值应该是巨大的，在属性上，引入开展诊所教育并不是对传统教育模式和相关内容以及方法的"打补丁"，而是对其科学性、合理性、功能、价值等方面进行根本性和实质性甚至是体系化的改造和改革。也就是说，相对于既有法学教育模式和教育工作体系而言，引进法律诊所教育的价值属性是改革性的，而路径和方法是嵌入、融入和补充性的。

为什么说是模式上的改造而不是替代，因为替代并不是科学合理的认识和方案选择。从综合性的条件和资源来看待法学教育和人才培养的模式具体模块功能任务的实现，无论是在整体上还是在局部上，传统的模式和课程仍然具备其特有的也是不可以替代的价值和功能；从另外的角度来说，在这样的标准和体系中，法律诊所教育也有其自身功能的有限性和不

足。因此，如果想真正实现上文所界定的诊所法律教育在法学教育模式中的价值和功能，那么一定要看清其自身的不足或者说是能力有限的方面，并以此处理好其与整个教育模式和体系中其他课程或者活动的相互关系。

二、诊所法律教育的功能和运行条件的有限性

首先来综合分析一下法律诊所教育的有限性和不足。需要说明的是，这里所说的有限性和不足，是从整个教育体系的结构和功能的关系来界定的，就是说，从综合性的条件来看，比如诊所的成本和效益性、科学和合理性、逻辑上的基础和衍生性等多方面来看待诊所课程相对于其他课程在整体结构上的功能状态，另外，这些有限和不足也是相对的、有时间和发展阶段性等条件的，而不是绝对和永恒的。具体主要包括如下诸多方面。

（一）实践上的不彻底

诊所实践是一种独特的业务操作，实践上具有不彻底性。可以说，法律诊所课程相对于传统课程本质性的区别就是它的实践性，即：学生是在真实的法律业务的操作中进行学习的。然而，我们老师作为课程的操作者一定要看到这种实践的有限性和独特性。有限性指的是，虽然课程的内容和方法完全是社会真实的实际法律工作，但是在学生的观念中，仍然或多或少地受学校课程属性和印象的限制和影响，使学生无论是在认知上还是在行动的投入上，对于这种实践的彻底性都会或多或少地打折扣，如此，逻辑上肯定会影响这种实践相对于纯粹社会意义上实践的感受性和知识收获效果。独特性指的是，如果从整个社会工作的种类来看，诊所法律教育中的社会实践和社会工作本身就是社会工作的一个种类，在此意义上，不能说诊所法律教育的实践是一种假的社会实践，比如说，社会法律援助律

师提供的是法律援助，而诊所法律教育的学生提供的也是真实的法律援助。而这里需要考虑和关注的不是真与假的问题，而是在学生以准律师的身份从事法律援助的实践学习后，能不能学到在社会上以社会律师的身份从事法律援助应该具有的知识、能力和经验。本书认为，这一定会造成感受等方面的不同，但是在基本教育和知识的基本构成和结构上应该是相同的，至少诊所教育实现了这样一些必要的基本的功能。

（二）学生的主体参与程度和业务压力的相对有限

诊所法律教育另外的一个显著的属性和特征是学生的主导性和积极参与性。虽然这种主导和参与的程度相对于传统课堂来说，可以说有了实质属性上的改变，但是相对于校外社会职业场景中的工作而言，学生方面上主导和参与性在程度上也会有所减损。这一方面的因素在于学生对以上所说的"实践的不彻底性"的感受，即学生在学校的学习氛围下，因为各种综合因素的影响，并不能像在职业工作中一样完全进入状态；另一方面来源于学生与教师在诊所工作中的结构关系，由于毕竟是一种课堂式的社会法律服务工作，在通用的风险管理制度上，由于学生的特殊身份性，很难在制度规则上直接去承担相关工作不利所带来的风险，由此，教师在指导的过程中一定要做最后的把关和批准，学生的主体性在此是不能彻底体现的。而实际上，实践教育的宝贵价值当然也包括真正的业务风险压力所带来的心理意志的磨炼，包括在这种压力的情况下对知识的理解，对技能策略等方面的设计和选择，以及对业务和相关事务的态度，等等。简单地说，有压力和没有压力、有风险和没有风险情况下的教育和学习定会有很大的不同，然而，由于多少有老师"庇护伞"和学校"防火墙"的效应，诊所教育这方面的条件和环境，相对于真实的社会职业环境来说的确是比较温和了。当然，这种环境和老师的保障，也许倒是可以鼓励年轻的学生大胆创新和放手一搏。

（三）价值定位和利益导引存在差异

如上所述，诊所法律教育的确是基于真实的社会法律服务工作，但是这种工作在整个社会工作分类体系中是独特的，这种独特在根本上体现在其价值定位上的差异。学生在诊所中所从事这份工作的价值定位和利益追求也是一个结构综合体，比如，其基本的社会价值定位是公益的法律服务工作，不同于社会法律服务工作人员所具有的私益性质；除了社会价值定位以外，在个人利益上，学生的相关价值定位在于取得一个好的工作成果，也在于取得一个好的课程成绩，而社会法律工作者可能主要的目的是获得一个很好的工作成果，由此带来较好的经济收入、社会评价等。当然，必须承认的是，无论是学生工作上的价值定位还是社会人员工作上的价值定位，这个价值的实现都是要以实现优秀的工作成果和工作业绩为条件的，在这个基本点上二者是没有什么矛盾和差异的。但是，从现实的情况来讲，作为一种经验性的现实，不能否认的是，为了公益还是私益、为了成绩还是收入以及为了不同的价值和利益的目标去工作，即便不能说何者能够带来更强的工作动力和工作投入，但是从教育和知识的增长角度来看，这些业务所需要的知识、经验以及相关的能力、策略方案都会有很大的不同，在学习上，这些差异无法做到一劳永逸地掌握，特别是在处理具体的伦理价值冲突问题上要引起注意，这方面问题的处理所基于的原则和处理方式上会有很多不同。

（四）业务场景和种类相对有限

法律诊所教育虽然要通过开展实务工作进行知识的传授和人才的培养，但是现实法律职业中的实务工作种类繁多，在不同的标准下可以区分出不同种类的法律业务。显而易见，无论是在科学合理性上，还是在时空的有限性上，诊所法律教育不可能也没有必要将所有的实务工作开设成法律诊所教育课程。因此，诊所法律教育就要基于教育和人才培养的属性和以上条件的限制，结合现实工作业务分类的标准和方式，选择适当种类和位阶标准上的工作业务类型、知识类型、能力类型等作为法律诊所教育的主题，以此科学合理地设置和设计诊所课程，获得诊所教育种类和现实工作业务种类的最大公约数，达到诊所教育层面上工作量、工作价值的实现与社会层面上的工作量、工作价值的实现的平衡。① 但是，这些考量所揭示的是，无论如何，法律诊所教育的课程也只能做相对大类知识范围的设计和运行，它的业务场景和业务种类一定是有限的，不可能当然也没有必要把所有的法律业务活动都做成法律诊所，对此后文会继续深入探讨。这里主要是想避免一种认知上的误解，以为开展诊所教育在逻辑上得把所有的场景和任务种类都做完才能实现这种教育的价值和功能。当然，因为场景和工作种类有限，诊所教育中所学到的知识和能力的确需要在未来未触及的场景工作中能够进行切换或者转换。

（五）对其他课程和专业知识存在依赖

诊所法律教育一定是要以相关数量和程度上的其他法律专业和非法律专业知识储备为基础进行认知和实施的。如前文所述，虽然法律诊所中可以学习包括法律专业知识在内的业务相关的所有知识，但是，对于任何一项或者一类法律业务来说，在其知识构成主体上，一定存在着大量的识记性或者说需要初步理解和掌握的理论和技术性知识。实际上，这类知识或者说处于这种状态的知识通过传统的讲解和识记的方式要比诊所教育的效率高、成本低，诊所更重要的价值、功能或者说是优势，是通过一种实务性的教育内容和操作方法的设计，能够进一步加深以及完整地理解这些

---

① 比如说，如果诊所设计的主题太细太小，涵盖的能力和知识相对狭窄，就会导致社会现实工作做得非常具体，教育方面的价值和能力就体现得不是很充分，反之社会方面的工作可能由于太宽泛而主题显得很不接地气和具体，但是教育方面的价值触及的范围可能就会很广泛。

知识，以使这些知识真正获得理解并能够获得价值功能。但是，任何一个诊所课程，没有这些基本的、初步的、毛坯的知识和相关思维，实际上相关的诊所工作是无法起步和操作的。这个因素也就决定了诊所法律教育在整个法学院的教育体系中不是基础课，诊所课程的开设时间、年级和选课学生应该具备一定条件，等等，相关情况将在后文相关章节进行阐述。当然，不可否认的是，通过诊所法律教育的实务操作，可以检验出以前初步学习的法律专业知识是否牢固、完备以及是否还需要对专业以外的知识以及相关的能力等方面进行弥补。

（六）成本和资源要求相对较高

诊所法律教育在师资构成、运行条件、学生容纳量、师生需要投入的时间精力和费用成本等方面的要求高，开设和运转相对困难。相较于传统的理论知识讲授式课程，首先诊所法律教育的师资构成是非常复杂的，传统的课程通常是一课一师，而由于诊所法律教育课程涉及多种类、多领域、多维的知识，尤其是明显存在着理论和实务上的师资差别，因此，任何诊所法律教育课程应当是理论师资和实务师资兼备。而实际上，由于高校法学院天然实务师资不足，通常来说，这样的课程很难找到理论和实务兼备的一名教师来担任[1]，通常来说是由两名以上教师担任授课教师，实务教师很多情况下都是或者说应当需要外请的。而且由于要指导学生做实务，工作量远比一般的课堂讲授大得多，而且诊所教育一定是小班授课模式，学生容纳率比较低，在这种情况下，一个 20 人左右规模的诊所课就需要 3—5 名的老师来授课指导。另外，在其他方面的运行条件上，比如在授课空间和设备设施条件上，诊所课程的需求也要比传

---

[1]　即便是有的学院内的教师有实务的工作经验，但是当下，往往因为其主要的工作精力还是投放到校内的教学和理论研究，实务经验也相对不是那么充分，这种情况下，理想的状态还是需要真正在校外做实务工作的力量来补充。

统的课程复杂得多，诊所课程对于学生来说一定需要一个大的统一授课的教室，也一定需要一个平时工作办理业务的办公室或者咨询室，还需要分散的较小的开会讨论空间。另外，诊所课堂除了基本设备设施要比传统的大课堂复杂多样以外，还需要一些模拟、实践相关的课程条件和设施。除了这些，诊所教育还要有必要的管理和行政运行工作，这些工作往往都需要增加人财物的成本。当然另外也需要指出的是，在现有的法学教育和法律工程运行机制中，开展诊所教育很大程度上存在难以协调的矛盾，比如社会法律职业工作中，没有对职业工作者的公益服务的要求和制度安排等相关传统，以此能让正在职业中的人腾出时间和精力来为诊所教育投入人力资源和条件，而法学院的老师在业务上无法理论和实务兼顾，通常为了自身的学术发展和科研任务而难以为诊所付出更多的时间和精力①。

由此可以说，仅仅以上的几个方面就给诊所法律教育在人力、物力和财力方面的投入带来了复合性的困难。在传统的法学教育模式下，相关的人财物的分配和投入已经形成了相对固定的模式和机制，实际上不对其做出较大的调整或者找到新的资源条件，诊所教育很难在高校法学院真正地开办或者持续地运营起来。当前，很多高校的法学院也名义上开设了诊所课程，但是因为以上的条件和资源的限制，这样的诊所课程往往也是很难保证实现标准意义上的品质质量，有一些高校的确是开设了标准意义上的法律诊所，也的确是投入了较多的人力、物力和财力，但即使在这些学校，诊所相对于学生的需求和合理的配给量来说也是不够的②。

---

① 当然，这主要涉及的是对诊所教育工作的评价和认定的问题。当然在更深层上也涉及了诊所法律教育在整个传统的教育界、学术界的理念认同、价值认同以及文化认同的问题。

② 当然，这一方面状况要改善，需要在中国法学教育和社会法律运行工程的整体上进行人财物的规划和分配。这体现的应该是发展的阶段性的问题。

第二节 诊所法律教育的价值实现

以上认识诊所教育的不足或者有限性或者受限制状态，目的是以此为基础和依据来处理好诊所法律教育与法学教育体系中其他课程的关系，即：合理认识诊所教育的不足和受限性，通过整个法学教育课程体系的建设，处理好诊所教育课程与其他法学教育课程和活动的关系，各展所长，相互补短，形成一个有效良好的中国法学教育和人才培养模式。

一、有限性问题的认知和处理

（一）对"实践上的不彻底"的认知处理

那么如何来认识法律诊所教育的局限性或者受限性呢？以及如何建立与其他课程活动的相互关系呢？本书认为，对于所谓的"实践的不彻底性或者不完全性"而言，从根本上或者说在基本的方面上，其不应影响诊所教育的价值和功能的发挥实现。如前文树木成长的例子所揭示的，诊所教育要完成的根本使命是使学生在校园法学教育阶段体会感受到实践，并能在实践中通过亲自动手实现对理论知识、经验、价值、伦理、技能、策略、管理等多方面、多维度、多领域知识的统领和贯穿理解，其根本目的和主体目标不是要体验到所有的业务实践的种类，而是通过实践的过程体会到这样的知识学习过程，以及在这个过程中对各种知识进行认识的思维习惯和能力状况，如此就基本达到了这种教学和学习的目的。实际上，在任何有限的时空活动中不可能体会到所有实践业务类别，从基础的教育和学习的角度和阶段来说，应当来说也没有这个必要。而法律诊所教育的这种有限性恰恰为整个教育过程中学生的实习实践活动提供了功能空间，也为进入社会职业领域进行社会法律工作奠定了必要的脉系脉络基础，而它们则是通过这样的一种相互关联关系构成了法学教育体系中的实践或者实务性教学的课程体系和机制。

（二）对"学生的主体参与和业务压力的相对有限"的认知处理

对于学生的主体化、课程参与以及社会风险压力等方面因为学校和教师的"干预"以及"实践的不彻底"而形成的有限性而言，相关认识和理解逻辑与以上的情况基本相同。处于基本的法律教育阶段和过程中的诊所教育，其根本的目标和使命是通过真实的业务实践，使学生能够在主体化、参与课程的设计和实施以及承担社会风险压力的真实的工作状态下，认知到各种法律知识的面貌和状态，并能够在以后的真实社会工作中完善升级这种状态。简言之，学生一定要找到以上相关条件下处理业务的真实感觉，一定要在这种真实感觉中进行学习和成长。如此，在这样的教育过程中，能获得这样的感觉和体验，形成基本的认知、习惯和本能，就达到了目的，而不是要求学生在这个阶段一定达到当然也不可能达到一个成熟的工作人员的程度。①

另外，需要认真考虑与合理对待的是，法律诊所教育自身的功能价值平衡问题，即：由于法律诊所自身的教育和社会工作的双重属性，其运行过程中一定要兼顾两个方面的价值平衡，在此表现为不能为了彻底实现学生的主体化、高度参与性以及全面体验风险压力，学校和教师完全放手由学生去做，如此会给其所服务的对象和业务带来极大的价值和利益上的风险。而实际上，诊所教育的课程活动应当是在最大程度地确保没有风险的情况下，来尽量满足学生所需要的以上体验。同样，这样的体验实际上也是在为未来的职业工作建立行为模式的基础和行为维度的铺垫，在未来

---

① 事实上，刚刚开始工作的初级年轻的律师也是在资深成熟的律师指导把关下进行通过的，这是人才成长的规律。

的职业中，一个职业人也要考虑个人主导与多方参与和业务风险的平衡关系，等等。诊所教育关于行为模式的训练和体验与未来的职业工作对接后，可以使学生在未来的职业发展和工作中实现自我完善并成长成熟。其实，诊所课程关于这方面内容的学习和训练与未来职业真实社会工作的对接形成的是，个人与上司以及单位之间在面对业务风险压力的情况下，如何进行合作，发挥多方主体的效应以完成工作目标的行为模式教育体系。

（三）对"价值定位和利益导引存在差异"的认知处理

对于价值和利益定位方向导引的差异而言，如上所述，法律诊所教育的价值定位是相对独特的一种，即通过公益的社会工作过程体验来实现学生的学习和教育，而不是囊括所有价值和利益定位的工作。同样的道理和逻辑认知，法律诊所的教育理念、机制和目标是让学生在基于一种真实的价值和利益考量下，来进行知识的认识、学习和掌握，而不是在价值和利益无涉的状态下片面扭曲地理解和学习知识，也不是站在一种所谓的、现实根本不存在的上帝视角和超脱的利益立场来看待问题，比如说要知道和体会到知识的角色性，并认识掌握知识在具体角色下的内容、思维模式和能力构成，等等。同样，学生有了这样的意识、思维和基本的操作体验，就已经完成了基本法学教育和人才成长的目标和任务，在此基础上，通过与其他社会实践和实习相结合，以及后续社会职业工作的继续学习和完善，就能够比较完整地实现对一个法律人价值、知识、经验和能力等多方面的融合，并实现相互促进发展。如此，诊所法律教育与其他教育工作的教学过程和运行机制，就构成了法学教育人才的价值培养和发展的课程和活动体系。

（四）对"业务场景和种类相对有限"的认知处理

对于法律诊所的业务场景和业务种类构成的有限性而言，本书认为这虽然是诊所法律教育的有限性，但并不能构成诊所教育根本教育价值、目标和能力方面实现不能的状况和问题。可能有观点认为，既然诊所法律教育要结合真实的场景和业务种类去学习，那么现实社会工作的场景和工作那么多，诊所有限的时空中怎么能够学得到和学得完，既然如此，可能在学校法学教育过程中开展法律诊所教育只能是一种点缀，因为无法达到其所要实现的目标；或者说这样的设计和实施也没有太大必要性，一个人全面的工作体验或者最终的工作体验要等到工作岗位定了之后再获得和学习才能落定，因此到了这个阶段去学习才合理。

毫无疑问，这样的理解是片面、不够深入或者说就是错误的，前文对此已经有所讨论，这里不再赘述。这里需要说明的是，诊所教育的目标同样也不是在有限的时空中，实现对所有的场景和工作种类的知识进行掌握和学习。实际上，这在任何课堂上或者有限的时空中都是不可能的，因为这些种类和场景会随着时空发展而变化，这样的理解和目标本身就是错误的。无论是什么样的课堂，诊所也好，传统课程也罢，教育的基本理念之一恰恰是要通过有限的经验和素材实现对根本的、稳定的、模式化的、可复制的知识的理解和掌握。诊所教育的基本目标也就是在有限的场景下实现对学生相关基本知识、思维和能力、经验等方面的教育，在课程内容上实现场景和基本通用能力的结合和平衡，比如说纠纷解决的场景和相关能力、非诉的场景和相关能力、规范制定的场景和相关能力、非司法途径纠纷解决的场景和相关能力，等等。结合上面的质疑、问题和疑惑，如果没有对以上这些场景的基本知识的认识、掌握和训练，学生如何认识未来的工作场景、在未来走向什么样的工作场景以及在未来的工作场景下如何工作的诸多问题可能都得不到解决，而结果上恰恰相反的是，一个法律人可能只有通过这样的学习和训练，在自己职业生涯中虽然不可能掌握所有的场景的知识和能力，但是如此才可能在所有的场景和工作中进行相对自由的选择。由此可以看出，诊所教育结合不同的社会实习实践以及未来的职业法律工作，在整个法学教育和人才培养模式中，构建形成了一个法律人场景工作中的知识和能力训练机制和体系。

总结以上几个方面诊所教育存在的问题和有限性的共同特点，就是说诊所教育在相关的知识学习和能力训练方面虽然有不足之处，但是从教育和人才培养的角度来说，诊所教育的价值在于能够认识、提出和认同这些问题，并在自身的设计和运行模式上能够结合其他的教育活动和资源进行一种有益的尝试和实践解决。另外，诊所教育的价值体现在相关的方面虽然是有限的，但是相关的实践性知识学习和能力训练可以做到触类旁通和举一反三的功效，并与其他课程和活动形成完整的知识体系结构和人才成长生态，由此，诊所教育虽然不是最完美的，但一定是在现有教育机制和资源等条件下的相对科学合理的设计和安排。

（五）对"对其他课程和专业知识存在依赖"的认知处理

具体来说，对于法律诊所教育要以其他传统的法学教育课程、非法学教育课程以及法律交叉学科的课程为基础方能开展和运行而言，其所揭示的也不是诊所教育的不足、劣势和不能，而是展现出诊所教育以及其他传统法学教育课程各自的优势和特点，以及在整个法学院的教育体系中，诊所教育与传统课程所形成的天然的结构功能关系。这种基本关系可以描述为，传统法学教育课程中的理论知识课程包括案例研习、模拟法庭、实务讲座、法律交叉知识、法律应用能力知识课程等，是诊所法律教育中学生的业务工作认知的初步基础，而诊所法律教育课程则是对这些知识理解的检验、纠偏、加深、完善，并具有增加知识的认知维度、丰富知识关联领域、体验知识的角色感、价值感、目标感、真实感和现实感的功能。如此，在这种结构关系中，诊所教育的植入，可以说不但体现的是自身价值和功能的必要性，实际上也激活、彰显和升级了传统课堂教育的价值和必要性，而且更为重要的是，其实现了整体法学院式的法学教育以及整个法学教育和人才成长培养体系模式的科学合理性。如此，在整个法学教育模式中，这些课程和活动形成了法律人才教育和成长的知识体系和知识增长的机制和模式。

（六）对"成本和资源要求比较高"的认知处理

对于法律诊所的师资构成、运行条件、学生容纳量、教学工作需要投入的精力和单位费用成本等方面的高要求造成的现行法学教育主体开始和运行困难的问题而言，实际上这涉及的是法律诊所开办的人财物条件的当下有限状态。言内言外之意就是，在现有法律人、知识、行为应用的法律运行大体系下，开设一个法律诊所课程所需要的各种成本要比其他课程和活动的成本高得多，甚至也并不是费用和时间成本上的问题，在以上所说的现有体系下，相关的师资和教育的理念、方法和知识技能也不充分或者不具备，而对于一个庞大的、一刻不能停止的社会法律工程来说，需要有大量的人不断被培养出来补充力量以维系其运转和功能的正常发挥，而如果现在开始大量的或者按照合理的规模和数量来开办和发展诊所教育，无论是在整个教育体系或者法律工程体系上，还是对具体的法学教育主办单位而言，都意味着额外地创造条件，投入额外的人力、物力和财力，以实现这样的目的。

二、资源合理运用下的诊所法律教育

总而言之，开办诊所教育课程就是要在既有的教育人财物体系里甚至是整个法律工程体系里"抢钱"或者"分羹"，在既有的人财物与业务发展严丝合缝、一个萝卜一个坑的机制和状态下，这种愿望和努力应当是非常困难的。因此，这个主题实际上说的是诊所法律教育发展与整个大体系中其他事业发展上的人财物的关系认识及其协调问题。当然，在分析和理解的认知逻辑上,前提是要不要在这个体系上开展诊所法律教育,只有确定了要发展诊所教育课程以及如何发展诊所教育的课程的前提后,才会涉及人财物以及相关方面与其他事业的关系以及协调问题。关于要不要发展诊所教育以及发展诊所教育的科学性和必要性,本书已经从法律诊所课程自身的方法、能力和理性价值的角度,以及在整个法律工程体系下,法律人才需要具有的知识和能力,以及现有的课程活动和相关的模块和阶段区分以及模式设计的不合理等方面充分论证了法律诊所教育工作的价值和应然性。下面,本书拟从包括法学教育和人才成长在内整个法律运行体系内的人财物分配的角度即生产上的成本效益的角度出发,来进一步分析和查看这种应然性的状况,以及如何与其他相关事业处理人财物的分配关系。

(一)优势产能考量下的诊所法律教育

本书认为,诊所法律教育具有这种应然性,除了以上理性上的价值功能分析,在社会生产领域,如果把整个法律的运行以及法学教育看作一个整体的社会知识生产行为[1],诊所法律教育的应然性和优势一定要达到"具有优势的生产能力"这一标准。也就是说,是否发展诊所教育不要只是在一个学校的学院、一个单位、一个地区来考量,而还要在整个的法律生产运行领域来看这种应然和必要性,要把人财物这些生产条件性要素摊布到整个法律生产领域来看。即不只是在法学教育领域而是在整个法律生产领域的人财物的分配上,来看诊所法律教育的投入和产出相对于整个法律生产事业来说,是否降低了整体的成本、增加了产出并形成了强大的生产力上的优势。本书认为,从成本效益的关系来说,这是一个不可缺少的考察标准,简单地说,如果法律诊所教育能够产生这样的效果,从长远和整体

---

[1] 参见李建华:《知识生产论:知识生产的经济分析框架》,中国社会科学出版社2008年版,第1—5、78—87页。

上来说，就应该发展诊所法律教育。

完成这样的成本收益上的分析，通常需要在具体领域和工作节点上人财物投入和分配领域的数据考察和计算，如此一定需要大量的工作，并需要构建科学合理的计算模型和分析方法才能准确得出相关的结论。本书认为，除此之外，还可以通过对人才接受教育和成长过程中所投入的人财物的分配模式以及收益和效果状况，来查看这些成本分配的合理性，以及诊所法律教育的生产能力状况，虽然这种分析可能缺乏数学基础上的演绎逻辑下的科学信赖性，但从经验的层面仍然可以从归纳思维上获得合理信赖性，接下来就在这样的进路下对此尝试进行分析探讨。

（二）成本效益分析模式下的传统法学教育的问题

首先，本书认为，一定时长规划下的既有的法学教育的知识传授的质量、密度和有效性是有水分的，简单地说，仅就基础性的法学理论体系性知识的传授、理解、记忆和储备而言，如果能够做好相关的规划和实施工作，在现有的法学教育学制、学历安排上，至少还可以节省出两年的时间。具体的算法是，现在的本科教育是 4 年，硕士研究生教育一般是 2 至 3 年，博士研究生教育是 4 年，从现有的教育课程设计和授课内容来看，硕士阶段甚至是博士阶段，教师所教与学生所学的可能没有太大的知识品质和内容上的差别；不但如此，由于缺乏现实的问题和类似于诊所式的实践教育的作用，从理解和现实应用层面上看，知识学习的整体效果没有达到应该有以及能够有的程度和状态。如此下来，如果以时间来作为计算单位，就算以每年全国硕士研究生的数量作为标准，无论是在具体的办学单位，还是在整个体系中，相信都可以初步算出 2 年的时间单位中会节省出多少的人财物的成本。当然，还可以这样来进行 2 年时间的成本的计算，如果 2 年时间中的这些人力不是白白耗费在这里学习，而是投入社会生产领域当中，那么，可想而知如此会产生多大的生产成果和生产效益。实际上 2 年的时间是低龄阶段的 2 年，在整个职业中的生产力会更大一些，相关成本会更低一些。关于这个时间的成本和产出会在后文结合开展诊所教育的情况再进行计算。

另外，如前文所述，因为诊所教育等实践教育因素和条件的缺乏，实际上学生在投入岗位之前没有准备好必备的实务工作经验、能力等各种知识上的条件，来更好地进行岗位上的法律相关工作，即法律社会生产。当然，不能说没有经过诊所等实践法律教育的人进入工作领域的初期阶段所从事的不是法律生产工作，只是可以确定地判断经历了诊所教育的人上手一定更快、效果一定更好、生产能力一定更强，或者说，从正反两方面来看，如果有了诊所的作用，这些知识的生产能力和品质会为未来节省大量的成本，提高生产能力。实际上，无论是在律师事务所，还是在立法、司法、执法等各种法律工作机构，不该省的、无法省的知识和能力肯定是省不掉的，实际上，没有经过诊所教育的人才在进入工作岗位后，或者在学校和岗位之间，在世界上很多国家，都是要经历大量的人财物上的投入进行岗前或者岗上培训的[1]。而在中国，虽然近年来形式上也有官方或者行业协会组织的培训[2]，但实际上在量上和质上还是远远没有达到要求，多数中国的学生进入岗位后都要在单位或者通过个人或者通过群体有组织地进行相关的"补课式"培训，简言之，应该在上游环节完成的人才培养工作无法回避地移到了下游。同样的算法是，且不说这样的培训工作免不了需要人财务上的大量的成本的投入，按照一种理念和算法，无论是在成本上还是在质量上，现代化专业分工的机构集约化从事的工作成果一定比非专业零散的机构从事的工作成果都要优化，这毕竟还是法学教育的专业性工作，应当由专业的法学教育机构来做，这在价值和成本方面都是合理

---

① 参见田文昌：《律师制度》，中国政法大学出版社 2007 年版，第 34—38 页。
② 参见田文昌：《律师制度》，中国政法大学出版社 2007 年版，第 65—67 页。

的，而且，实际上如果这些新人带着一定必备的知识和能力较早较好地投入工作，可能不但减少了以上的投入，还会加大成果上的产出。另外，从科学性和合理性上来说，岗位上的专业的工作培训只是人才能力上的打补丁或者是补充，毕竟不是系统的教育，从长远和深层来看，这种模式不利于人才的后劲和长劲等知识增长和个体成长的潜力发挥。

（三）成本效益考量下的诊所法律教育的价值和实现路径

如此，仅综合以上两个方面的情况，虽然没有具体的数据作为基础，但是在不考虑其他相关社会因素的情况下①，可以保守地设想，如果不考虑学历学位等相关因素，仅从学生和人才的真实知识和能力来判断，以上节省出来的 2 年的时间和相应的成本作为投入来开展法律诊所教育的话，起码在现实的成本上应该是可行的。就算保守地粗算，如果这个成本投入还不够，在总体上，将职员入职后不可省去的培训成本拿出一部分再投入到这个法学教育阶段的诊所教育上应该是够用的了。如果这样的话，按照上文的分析，实际上就算整个成本上不会节省，但一定是提高了人才的生产力和产值输出，一定会更加优化整个法律工程的社会生产价值和效果。

通过以上成本和效益的计算模式分析，在这个维度上也能看出现实中发展诊所教育的必要性价值，由此，也可以看出，应当如何理解诊所教育在中国整个法学教育以及法律工程体系上的师资、容纳量，时间精力投入等条件成本方面的局限性。如此可以得出的结论是：不合理的模式设计导致投入多而产出低可能是中国法学教育模式的核心和根本问题，这就像有的汽车发动机在设计上所出现的现象一样，好的设计和模式结构使机器又省油又动力十足，相反的情况就是高能耗而低产出。由此可以说，在更大

---

　　①　比如，法学研究本身就是一个以职业人为中心的生态体系，一定的生态模式不可能瞬间改变，否则在教师的工作岗位安排和学生的产出数量上或许会产生负面的影响，这就是价值对体系或者体制路径的依赖现象。

的价值视野中，以上所说的局限性也不是诊所教育的根本性或者深层次上的问题，因此，如果在中国的法律工程和法学教育模式中合理有效地开展法律诊所教育，那么不只是要在整体的业务结构关系上，也要在整体的人财物结构关系上进行整体设计和安排，在模式结构中实现业务结构关系与人财物条件结构关系的有机统一。

需要说明的是，在以上的成本和产出维度上的计算所得出的发展诊所法律教育的应然性和必要性，是在整体法律工程和法学教育的空间中考虑生产力和效益的，这也是判定这项事业是否具有发展基础的重要准则，也是更大更长远的利益考量。当然，需要说明的是，这样的结论的得出是没有考虑到经费投入的具体部门，比如没有考虑经费是来自国家财政还是社会资源投入还是用人单位的支出等相关经费来源和机制上的问题，简单明确地说，就是没有考虑诊所的经费支出具体由谁来买单的问题。因此，为了考虑以上所说的更大更长远更根本的价值和利益，就要在整体和具体的职能机构间设计诊所法学教育的人财物投入模式和分工机制，来为诊所法律教育提供相关方面的条件保障，也就是围绕着人财物的资源获得和使用，来建构诊所法律教育相关业务活动所关联的机构和部分之间的结构关系。

总结前文所述，在传统的中国法学教育和人才成长模式中，传统课程体系中的法律实务、案例教学、模拟法庭等所要投入的人财物，实际上主要是由用人单位来投入和完成的，而在后来陆续开办诊所法律教育课程的学校中，实际上主要的财力也是由社会机构来投入的，要么是商业性质的用人单位，比如律师事务所，要么是业务关联的政府公共机构，要么是社会公益基金，而人力资源也相应地与以上部门或者组织机构相关。而本书认为，若想从整体上和根本上发展中国的诊所法律教育，除了以上在社会和高校间的自发性项目合作基础上的人财物配置模式以外，主要还要加大国家的公共属性的人财物在高校中的投入来进行效果上的保障。根据上文分析的情况，如果国家财政认为原来由用人单位承担的业务活动成本如此转由国家承担不合理，那么可以考虑将原来给予公共属性的用人单位的部分培训方面的投入转拨付给高等院校，对于社会属性的非财政拨付经费的或者可以通过市场或者税收机制来实现人才成本经费的收取，然后再二次分配给高等法律人才培养机构。具体来说，有如下几点理由。

其一，纯粹的社会市场机制下的法律诊所项目的建设，往往使人财物资源集中在项目合作双方都具有较强竞争力的法学院校与用人单位之间，如此一方面本身诊所课程的数量就很难获得大量的发展，造成人才培养和发展在不同院校间的不平衡；另一方面是相关的主题和内容往往在价值定位上具有更多的功利性和实用性的色彩，主题内容往往比较偏狭，或者有为了用人单位的业务量身定制的感觉，教育的价值和因素往往考虑得不充分；还有就是由于课程随着项目走，市场和社会的波动性较大，往往造成课程存在的不稳定，缺乏持续性。而通过国家和政府财政的支持，就可以相对有保障地解决以上的问题，保障诊所教育培养人才的价值能够在更大人群中获得共享，具有普惠性，另外也能够保障整个诊所教育的持续稳定性，还可以保障诊所项目内容设计上的充分性和科学性，保障诊所教育定位价值的平衡性。

其二，是否有国家财政和相关政策进行人财物方面的投入和保障决定着诊所法律教育的工作属性和效果。在中国的社会事业发展模式和文化上，可以说由国家政策和财政保障的事业工作才算是正式的工作，才能够获得意识、态度以及各种条件的关照和重视。如此，可以说，在国家正式的工作属性定位基础上，诊所法律教育才会有更多的校内师资发展起来，成为重要的一支法学教育师资力量，同时也会有更多的校外师资在获得认同和保障下，投入相关的工作当中，来一同发展诊所式人才培养工作；当然，在校内财政资金的保障下，伴随着整个诊所成果和效果的输出，也会有更多的社会资金力量以锦上添花或者人才资源"占坑"的模式投入诊所教育工作中来，如此可以在资源和条件保障上全方位带来诊所教育的大发展和功能价值的有效发挥。

综上所述，在传统的法学教育模式中，与法律诊所教育活动和工作相关的人财物投入，可以说是社会和市场承担了主要的功能和角色，即：由用人单位和社会机构来演奏着主旋律，国家和政府在这种关系中基本上承担的是高姿态的政策允许或者说是政策上的态度投入。显然，如上所述，这样做是不够的，教育从根本的属性上是国家的公共事业，类似于一定范围内的普惠的公共福利，实际上无论是在人财物的投入上，还是在主要的内容和基调的把握上，国家和政府都应该来唱主旋律，尤其是在中国，如此才能保障这项事业科学合理有效果地持续稳定发展。这样的诊所教育才能在整个法律工程和法学教育体系中真正实现理论和实务、校内和校外资源上的互补，人力上的充分交流，知识理论思想上的有效互动，才能实现教育和社会法律工程在法律知识生产和运行上的良性发展循环。

第 二 篇

建设运行

第四章　法学教育模式下的法律
诊所课程的基本种类

本章主要是依据法律诊所建设构成的基本标准，以其为线索和进路来解剖分析法律诊所的构成和运行，从而在微观层面，从法律诊所的内部构造来更加具体地认识和理解法律诊所，以利于法律诊所建设和运行工作的开展。法律诊所内部构造涉及法律诊所的种类、基本模式、内容、形式、结构构成、主体以及其他的运行机制和保障条件。法律诊所的内部构造与其整体上的外部价值定位有着紧密的关系，法律诊所的外部价值定位与内部构造链接的通道和桥梁集中体现在诊所课程建设分类的基本理念上，下面首先就先分析探讨法律诊所课程建设的分类理念。

第一节　法律诊所课程的分类理念和原则

一、课程建设分类的基本理念

法律诊所建设分类的基本理念指的是通过什么样类别的主题和相关价值目标的界定和区分、考虑什么样的因素和条件，才能够建成并运行一个法律诊所课程，从而实现其课程的相关功能。以传统的法学理论知识课堂为例，课程的设计和分类通常是以一定独立的知识内容为主要考量的，比如说以部门法知识内容为主要区分建设的课程：刑法、民法、民事诉讼法、证据法、侵权法等；以不同维度上的与法律的交叉内容区分建设的课程：法律经济学、法律社会学、法律与文学等；以法律知识体系中知识在体系和结构构造中的位置和功能区分构成的课程：法学基础理论、法哲学、法理学、法律史学等；以法学知识应用基本能力的内容为区分的课程：法律文书写作、法律检索研究、法律实务、法律案例研究等。总体而言，传统的法学课程的内容是以系统地学习掌握法律基本理论和基本知识为目标的，核心的功能和价值定位是通过部分和整体的结构关联，理解和消化掉整个系统性的法律理论知识。如前文所述，这其中虽然也包含从名称上看类似于实务能力方面的课程，但是其主要的功能不是实操性的能力定位，而是辅助系统性知识的理解和掌握，或者说其本身就是一种系统性知识的一部分，而不是从应用能力出发的。

法律诊所教育课程的建设分类理念肯定不能只是从系统地掌握以上知识体系中的一种理论知识出发来构建的。从整体和核心的特征来说，法律诊所建设分类的理念一定是基于实践中经验意义上的业务操作，不是基于理论知识体系的逻辑结构关系。

二、课程建设分类的原则

简单概括地说，诊所法律教育建设分类核心的价值定位的落脚点，在于以上各种知识在现实中应用的状态，即各种业务，而不是以上所说的体系化的各种法律以及法律相关知识在观念中的状态，即知识本身。具体来说，法律诊所建设分类考虑的因素和依据的原则主要包括如下几个方面。

其一，课程的分类设计一定是以现实中一项或者几项完整的业务为基础的。因为诊所教育课程核心的属性和功能之一就是要完成现实中的工作，如此，诊所的课程一定是以现实的业务工作为载体。一方面，这能够保障学生获得一个真实操作的课程业务素材，体验到价值、能力、经验、目标、方法等所彰显的知识上的现实感和真实感；另一方面，实操性的师资以及其他相关资源也是以现实工作业务进行配置的；还有现实的工作业务可以给诊所的主体行为提供一个合法的制度空间和条件，以及如此才能跟未来的职业工作和自身的持续成长状态进行对接。

其二，课程的分类设计一定要以体现多种实操工作能力为目标。任何一种诊所课程的设计都要充分体现出一定领域的工作业务所关联的各种知识和能力的训练，尤其是以知识的应用能力训练为目标。如上所述，知识本身也是实践工作本身的条件和能力，但是，这里强调的角度包括知识本身的认知理解和掌握，并包括围绕着知识的运用所建构的各种能力体系，比如说与法律相关的法律研究、法律写作、法律上的沟通交流、价值设计与定位、团队建设与合作、组织运行与管理、策略安排和战略规划、计划、执行与实施、伦理冲突与处理，等等。在这方面，法律诊所的分类设计一般不会只顾及单方面的能力构成，通常说来涉及的能力越综合，效果和收益会越好。

其三，一个法律诊所本身肯定是一个由多种形式构成的知识体系。相对于部门法标准和意义上的法学理论知识体系来说，一个法律诊所课程肯定是包含多种部门法意义上的法律知识的，虽然可能是以某个部分法律知识为主，但实际上应当是以多种法律知识为基础的。有的法律诊所虽然从名称上看可能只是涉及某个部门法知识的一种，但实际上其所涉及的知识就在法律知识的角度也会超过这个范围，更不用说其业务所涉及的法律交叉以及非法律交叉领域了。

其四，价值目标的复合性与平衡性。在一个学院或者说群体学生范围内，从法律诊所课程体系的建构来说，法律诊所的种类和形式上的构成最好能够兼顾到教育与人才成长的价值目标与业务种类完整多样性的目标，或者说能够实现两种价值目标定位上的平衡。这个问题在第三章关于诊所的业务种类部分已经讨论过，这里再从课程设计的角度具体深入阐述。从课程设计上，从接触的业务种类的角度出发，可以说在一个法学院中，对于一批成长的学生来说，是不是设计的业务内容种类越多就越好呢？如前文所述，诊所教育课程本身的核心目标也不是要接触学习掉所有的业务种类，这一是不可能，二是没有必要，因为诊所主要实现的是学生需要掌握的通用的知识应用能力，实现思维等多种形式的知识能力训练。也就是说，只要一个学院有足够业务内容的诊所能够训练到相关的知识应用能力，整体上这个学院诊所的种类和数量也就达到了要求，而不是越多越好，因为达到了一定数量以后，诊所课程的价值也是呈边际效益递减的，而且还会增加没有必要的成本投入。

这里所说的诊所教育的价值和目标就是以上说明的所要传授给学生的真实业务中知识应用的各种综合能力，这种能力有很多，但也是有相对固定的种类、边界和数量的，本书后面会对诊所要学习训练的知识能力进行总结和体系性划分。而现实中的法律职业中的业务的种类则是相对繁多的，在不同的分类标准和位阶上，能够划分出不同数量级的法律业务类型。比较法律诊所教育所要传授给学生的能力类型和现实中的业务类型，前者肯定要比后者的数量少，因此，在实现二者关系上的平衡以设计一个学院的法律诊所课程的种类时，一定要考虑到一定位阶上的业务种类的差异化，成本和条件资源较少的可以按照大类业务区分来设计，而资源较多有条件的在实现大类设置的前提下还可以细分设置得更多。

第二节　法律诊所课程的种类、形式和工作模式

在业务、知识、能力以及资源条件等因素和条件的考量上，以上的原则揭示出现实工作的业务类型和所能训练的知识、能力以及资源条件构成了诊所课程种类的经纬度和坐标系。结合以上的理论逻辑分析和现实的操作经验，本书尝试将中外教育界诊所法律课程的种类和形式进行如下的总结，以供工作上交流和参考使用。

一、基于法律职业工作的分类

通常来说，这种分类考虑的是让学生充分体验的整体法律运行环节上，立法、司法、执法、法律服务等不同场景下的工作知识的形态以及知识的应用。

（一）立法与公共政策制定诊所

立法诊所通常也将公共法律政策制定包含其中，因为其中涉及的价值定位、对学生的知识、能力等运行和训练模式以及资源条件等都比较相似。立法与公共政策制定的诊所的主要工作内容和工作模式是这样的：通常由法学院校与具有立法权限或者政策制定权限的国家机构进行日常工作或者定期项目上的合作，根据现实立法工作的需要确定立法项目主题，由学校专家、教师和权力机构的专家官员共同指导学生进行操作，来完成相关立法和政策文件出台的调研、起草、征求意见、论证和推动发布等相关流程和工作。当然，同样的主题也可以开设成为立法与公共政策倡议类的法律诊所，这种情况下诊所的价值定位和操作模式与前一种有很大的不同，通常来说，这种诊所往往是基于一定的公共利益追求和保护，由法学院校自己独立设立，或者与具有相关社会工作业务主题的社会民间事业组织、非盈利、非政府组织而不是立法和政策制定机构进行项目工作上的合作，就社会政治、经济、文化等生产生活领域中较大的共性社会问题，发现了通过立法或者政策制定进行解决和治理的必要，由此开始策划，有组织地进行立法和政策制定式的调研、论证、起草，然后向相关立法政策制定部门提出立法动议或者立法建议，并通过相关的游说工作来推动立法和政策的颁布实施，以及后期相关法律政策文件的宣传和适用推动的工作内容和工作模式。就现实状况来看，前一种模式在中国比较常见，后一种模式在国外的法学院诊所课程设置中比较常见，这与一国的立法和政策制定的体制和文化有很大的关系。

（二）法律服务诊所

法律服务诊所，就是以提供法律咨询、案件代理、诉讼出庭、文书起草、合同起草和审查等一系列法律服务工作为主题业务的诊所课程。准确来说，通过以上内容的不完全列举，就可以看出法律服务诊所一个大概念、业务内容最丰富的诊所课程形式，实际上，凡是与职业律师、各种法律服务工作人员以及公民法律服务活动相关的主题业务为内容的法律诊所，都可以被称为法律服务诊所。因此，高等院校中的法律诊所课程的种类以法律服务诊所为最。但是，在现实中，很少有类似主题的诊所以"法律服务诊所"的名字来称呼，一般来说都会细分为各种具体业务类型与业务领域的法律服务诊所。在业务开展模式上，多数法律服务诊所就像律师事务所一样，基于高校的法学院的课程教育工作，通过开放式地向社会招揽业务来开展工作，但是也有不少的法律服务诊所往往是基于一定社会组织机构所联系和负责的特定领域、特定人群的相关社会保障工作，而通过学院的法律诊所与相关社会组织机构合作进行的。但是，不管是哪种情况和模式，类似于律师和法律服务工作者的服务业务在一个国家往往都是有准入权和制度基础的，这类诊所的开设和业务运行一定是要有现实业务准入制度保障的，这也是这类诊所在开办上往往不需要以相关机构的合作为必要条件，类似于自由市场上招揽业务的行为模式。相关的具体内容将在后面相关论述中展开。

（三）司法诊所和执法诊所

接下来再介绍一下司法诊所和执法诊所。在法律诊所工作领域，可以说司法诊所和执法诊所是一个新概念，或者说是相对很少听说过的一种诊所形式。无论是在历史发展过程中还是在现实中，情况也的确是如此。如前文所介绍，诊所法律教育产生之初主要是从律师业务范围内的法律服务诊所开始的，至今也是以其为主要构成的。这其中的主要原因存在于其业务属性和制度基础上，在传统看来，立法、司法和执法工作不能等同于法律服务工作，简单地说，立法权、司法权和执法权是不能也是无法让法学院的学生替代进行操作和实施的，"不能"是因为这种权力的操作是有职权的工作人员的职责，即：法官、检察官以及执法官员专属的，而交由其他人操作是不合法的，另外，由于这种权力和工作的专属性，业务上有很多的决策、判断和考量交由学生代替来做，可能会同时丧失其业务的权威和公信力，等等。但是，一切都在发展变化，近些年来，在美国以外的国家包括中国在内，如上文所述，已经探索出立法和公共政策制定的法律诊所模式，因为智慧技术等方面的赋能，原来立法官员的一些亲力亲为的工作可以转由学生来进行操作，如此通过合理的立法程序和工作分工合作机制上的设计，既实现了工作和教育上的价值目标，也没有减少立法工作的权威性。类似的，在司法工作方面也有很多新的情况在出现，虽然到目前为止还少有真正意义上的审判类、仲裁类、执法类的法律诊所，或者说由学生直接担任法官或者仲裁员来进行判案的情况，但是，已经有通过模拟审判和模拟仲裁的形式产生准司法类的结果，然后通过这样的结果的运用、或者说是与 ADR（Alternative Dispute Resolution）式的纠纷解决方式进行结合运用来解决纠纷。这在某种意义上，也可以说是已经形成司法诊所的一种可能形式，另外，结合立法诊所的产生现象和逻辑，并且随着诊所法律教育建设理念的发展和解放①，相信司法、执法类的法律诊所也会很快随着需要在条件成熟的情况下出现，相信这无论是对学生教育业务场景的充实还是对增加社会服务都会非常有价值。

---

①　这里所说的理念的发展和解放，指的是传统上的诊所的建设和发展的理念受美国的诊所理念影响很大，即：诊所的业务主要是来源于律师的法律服务或者社会公益法律工作，如此可以使社会民众通过这种法律服务的支持对公权力进行有效监督和制约，弥补社会法律服务资源不足，这才是诊所教育的核心公益性精神。其中有不少观点把这种标准的理念作为诊所教育的本质性规定和原则，其实，在不同的国家、制度和文化下，这种理念和标准是应该发展调整的。

（四）社区法律诊所

在法律工程运行分类的体系下，这个诊所核心的主题内容是促进社区主体法律意识、能力、文化、社区整体法治环境等法律运行条件的提升、完善和发展①。通常来说这类诊所的内容和业务是综合的，实际上可以包括整个法律运行的场景和类似的相关事务，比如社区法治宣传、法治教育、法律援助、参与法律纠纷的解决、社区规范性法律文件制定等一系列社会法律治理活动。根据以上的介绍，这样的诊所看似主题不突出、杂而不乱，但实际上这些活动都不是独立分散的，而是围绕着一定区域的法治发展和一定群体的法律应用能力和水平提高为主题的。从相互关系来说，多种活动要么体现的是具体问题和手段，要么体现的是根本目标。这样的诊所所提供和训练的内容，实际上对于学生从整体上来把握法律的运行、价值实现以及法治发展是有独特意义的。

二、基于法律服务工作的分类

（一）概说

上文从整体上概括地阐述了法律服务诊所的基本内容和模式，实际上现实中从可操作的角度来说，往往没有一个全部包揽的综合性的法律服务诊所，相关情况其实跟律师事务所的业务设定情况很相像，通常它们的业务都是固定在一定范围内的主题上。这样一方面能够保证把业务做精做深，提高业务的社会市场竞争力；另一方面兼顾更多的业务实际上会提高各种成本，在成本和价值产出方面应该不是一个最优的性价比节点，通常而言，在高水准上，业内都不看好所谓的"万金油"律师和律师事务

---

① 参见王立民、牟逍媛：《诊所法律教育研究》，上海交通大学出版社 2004 年版，第 293—294 页。

所①。法律诊所所考虑的情况和逻辑与此类似，泛泛的法律服务的主题也不利于学生对业务的良好把握和驾驭，由此就难以对相关的业务能力等相关知识进行更精更深的训练；另一方面，师资和业务平台在主题上也是相对区分明确的，多主题无疑也会增加诊所运行的成本，等等。因此，法律服务诊所的基本分类依据和逻辑与现实中的律师事务所提供的法律服务业务分类往往是一致的，通常来说可以区分为纠纷解决与公司企业法律服务或者诉与非诉类诊所。

（二）诉类诊所

通常说来，在法律服务领域中，诉的法律业务指的是纠纷和争议解决的律师服务业务，就是通常所说的"打官司"。在中国的法律诊所课程中，以打官司为业务主题构建的法律诊所是最常见和最具有典型代表意义的类别，由于主要依托于国家和社会层面的法律援助业务，这类诊所往往又会被通俗地称为法律援助诊所、诉讼诊所等。依据传统的诉讼法律知识的业务分类，现实中常见的诉讼诊所主要有民事诉讼与纠纷解决法律诊所、行政诉讼与纠纷解决法律诊所、刑事诉讼或者刑事辩护法律诊所，这些诊所常常是由现有的法学院相关专业领域的教师与社会相关领域的职业律师联合指导的，有时也是律师事务所或者法律服务机构、司法机构与法学院合作举办的。在中国，由于受法律制度准入程度、相关工作的风险性以及业务量的充足程度等多方面因素的影响，常见的法律诊所是前两类，第三类在美国较为常见。

---

① 当然要合理看待近些年来出现的律师事务所为了抢生意和占业务的"地盘"而扩大规模以及各种类别的业务都开展的情况。而实际情况是，这是律师事务所的发展模式，而不是律师个体什么类别的业务都能从事的情况。律师事务所这样发展的目的是扩大品牌影响，形成不同业务种类间的本所律师互相协作以帮助"抢生意"和实现"肥水不流外人田""把蛋糕做大"的策略安排，但是这样做的结果是扩大了律师事务所的规模，实际上没有改变律师的专业应该更精深的标准和要求。

另外，因为刑事诉讼的两造一方是公诉人，如上文诊所教育起始的公益性基因和检察权的不可替代性的影响，刑事诉讼法律诊所通常的业务主题是围绕着如何为犯罪嫌疑人辩护、提供刑事法律援助的内容展开的，因此常常被称为刑事辩护诊所。当然，在诊所法律教育的课程设置中，诉讼与纠纷解决的业务常常也会在其他类别的诊所中体现，但这个时候主要不是作为主题，而是作为方法和手段体现的，后文还会有具体阐述。

在整个纠纷解决的法律服务业务的知识和能力上，因为从大类上三类诉可涵盖整个法律诉的业务种类，因此对于一个法学院来说，如果有能力和条件，可以考虑尽可能设立以上三类诉的法律诊所，以此可以在较全面的业务种类上对学生进行诉的纠纷解决的知识能力训练，当然，条件不足或者不成熟的，可以设置其中一种，如此可以使学生从整体来体验和训练诉的相关知识和能力。

（三）非诉类诊所

在大类上，律师的法律服务业务除了诉的业务以外，还有非诉类别的，比如公司企业的法律顾问服务、投融资、并购、知识产权以及各种商业交易服务等非诉类法律服务业务。在现实的律师执业中，无论是从这类业务所占据的市场份额还是所投入的社会工作量来看，这种业务是总体法律服务业务的重要部分，这意味着其是较多法律人才重要的职业场所。因此，在有条件的法学院，在律师法律服务业务知识能力的训练上，除了能让学生从诉的角度来体验学习律师法律服务的知识能力以外，较理想的诊所课程结构是能够设立非诉类的公司企业法律服务诊所。公司企业法律服务诊所是一个知识能力综合性的诊所课程①，与这种业务的内容和知识、

① 参见北京大学法学院小微（创）企业诊所网站，https://www.legalclinic.pku.edu.cn/jyjx/sfzs/kcjs_sf/index.htm，最后访问时间 2023 年 1 月 30 日。

能力等相关结构构成紧密相关，涉及企业的投融资、产权架构、风控、合规、合同、法律治理、风险管理、知识产权、并购等多种系列业务，实际上在另外的分类标准体系中，其还涉及企业法律顾问以及纠纷解决类的工作，但是由于要与其他主题诊所的业务相区分，在非诉类诊所中，纠纷解决等业务一般不涉及。另外在现实的工作中，往往一个学习周期内，学生也不可能操作以上所有环节的业务，通常是通过其中几项业务的操作而尽可能实现全方位知识能力的理解、体验和掌握。因此，在这类诊所的开设过程中，会有多方面多领域的教师专家和社会执业律师作为指导老师来进行学生的训练和学习指导，基本的业务来源可以是通过与固定的企业建立合作，也可以是开放式地通过日常接待企业的咨询和其他种类的服务需求。这里需要特别说明的是，根据诊所教育课程的价值定位以及社会法律服务市场的基本规则，为了不破坏既有法律服务市场的生态结构关系，体现此类诊所法律服务的社会价值必要性，公司企业类法律服务诊所的工作服务对象通常是小微小创企业，而不是没有条件限制地面向社会所有企业提供类似的法律服务。这基本的理由是小微小创企业一般是刚刚进入商业市场，或者从根本上来说，在市场竞争关系中处于弱势地位，缺乏相关法律服务工作的辅助和支持，不利于这类市场主体的发展壮大，如此也不符合整体和社会发展的价值利益追求，因此，小微小创企业的法律服务工作是有社会公益价值基础的，是一种必要的社会法律服务工作。

三、基于纠纷解决途径和方式的分类

（一）概述

上文介绍了法律服务中诉类的和非诉类的诊所，而随着法律服务业务的发展和非诉类纠纷解决方式的诞生和发展，这种传统的律师法律业务的分类话语又出现了新的状况，即：原有的诉的业务扩展成为争议解决服务

业务，这类业务又细分为诉的和非诉的，这里非诉的业务指的是纠纷解决中不通过诉讼司法途径解决的争议解决业务。这类非诉的业务指的就是法律谈判、调解协商、仲裁、模拟解决等 ADR 等类别的业务。与此同步，近些年来法律诊所课程设置在现实实践探索中，也出现了很多非诉讼类方式的争议解决诊所课程，下面就分别进行阐述介绍。

（二）法律谈判诊所

在诊所的发展历程上，实际上法律谈判类诊所虽然是非诉类解决纠纷的方式，但不是随着 ADR 方式新近产生的，而是有着相对长久的历史。因为从业务生态结构上来看，法律谈判准确地说往往是与各种法律业务伴生的一种业务或者工作方式，纠纷处理中会涉及到，合同缔约过程中也会涉及到，有纠纷的主体之间会运用，没有纠纷的合作主体间也会涉及到。所以说，究其实质来说，只要在不同的主体间涉及法律属性的利益的划分，或者说是法律上的权利和义务的分担，而相互间在没有对具体的划分方案形成一致意见的情况下，都可以通过法律谈判的方式来进行解决。因此，谈判作为业务和工作方式是超出法律纠纷解决业务范围的，当然，这也不妨碍我们在诊所分类上将其放到这里来进行分析和讨论。

谈判的种类有很多，除了涉及法律问题和法律领域以外，主要是交叉到商业、政治、军事等各种社会生产生活领域，法律的谈判大概有这样几个方面的含义或者说可以做出如下几种角度上的理解：其一是指围绕着法律上的问题相关方协商出一致的解决方案；其二是指利益等各种纠纷事务和问题涉及法律，但是没有通过司法裁决途径而是通过相关当事方通过自力的协商谈判的形式获得解决；其三是指法律谈判解决的利益纠纷问题广泛涉及社会生产生活各个领域，而不只是法律的生产生活领域，无论是什么样的领域，只要涉及法律规则上的争议和纠纷都可以通过法律谈判来进行解决。

因此，在这种意义上，在法学院校中，谈判法律诊所的创设理念与其他法律专业导向的诊所相比，比如民事诉讼、行政诉讼、行政诉讼等诊所，在创设分类标准上有所不同。相比之下，这些诊所的创设主要考虑的是同种救济途径即诉讼方式下的法律专业内容上的区分，而法律谈判诊所，以及下面的其他 ADR 形式的诊所，主要定位在这种解决争议的方式或者途径本身的功效，因此，这类诊所可以统一归类为"纠纷或者争议解决方法类诊所"，这类诊所的功能可以解决民事领域问题，也可以解决行政、刑事等法律领域的问题，当然也可以解决政治、经济、商业、军事等各种领域的问题。

在中国现有的法学院的专业资源条件中，开设法律谈判诊所的比较少，因为谈判作为一种专业知识在传统上不属于法学院，因此开设这样的课程一般是在一定的专业法学师资基础上，再外请谈判方面的专业师资对学生进行合作指导，也可以考虑与专业的社会机构进行合作，并且在有条件的综合型大学可以联合商学院和国际关系学院为学生开设相关的诊所课程。另外，谈判也常常在诉讼类等法律诊所中作为工作的一个环节或者方式方法进行使用，以此使学生获得一定的学习训练机会。

（三）法律调解协商诊所

调解协商实质上是具有法律等知识的专业调解工作人员在纠纷或者争议相关方的邀请下，通过自身的专业知识和职业技能，协调双方的利益冲突和争议分歧，争取形成双方满意的解决方案的非司法诉讼途径的纠纷争议解决方式，需要特别注意的是，这种调解主要是基于专业人士的知识权威，虽然常常是以法律专业知识为主，但不是基于司法权、行政权等国家权力所进行的权力职责上的调解，是所谓的民间社会调解。①

---

① 参见强世功：《调解、法制与现代性：中国调解制度研究》，中国法制出版社2001年版，第25—26页。

这种解决方式是非诉 ADR 解决纠纷的一种最为常见和重要的方式，常常与其他纠纷解决方式，包括诉与非诉的方式进行结合使用。另外，这种纠纷争议解决方式的优势是时间和经费上的成本较低，另外争议解决的氛围比较和谐，有利于执行协商结果，容易形成共赢的效果，劣势是方案结果缺乏法律上的权威，没有法律效力和法律保障，易变不稳定。但是从整个社会效益上来看，调解协商应当是很多纠纷争议解决的方式方法，社会效益显著。①

当然，由此，无论是在国内还是在国外，调解协商诊所是诊所教育中常见的一种课程形式，在这样的课程空间中，学生在教师的指导下参与各种社会争议纠纷中法律问题的调解，形成了一种显著的社会工作力量，学生在接受教育和学习过程中创造了一定的社会价值，基本的诊所的设置模式是由法学院面向社会开放设置课程式服务平台，运行中会结合相关的社区或者一定群体内的纠纷争议业务开展工作，当然，与谈判方式相类似，通常调解协商也是诉讼等诊所的工作环节和手段。在国内外，这种法律调解和协商的工作常常与社会社区的秩序治理和建设工作紧密结合在一起，尤其是在中国，以调解协商的方式处理社会纠纷不伤和气，有着深厚的文化基础和社会运行条件，一直以来是中国民间社会解决纠纷争议的主要方式。但是中国民间的调解协商活动没有经历现代化专业化的知识加工改造，与现代的价值标准结合得不够紧密，往往都是"和稀泥"和压事的方式，往往不会有效解决社会矛盾而最终收到很好的效果。

近些年来，随着社会主体权益保护意识和法律意识的提高，纠纷和争议愈发需要更多更专业的法律资源和条件来进行解决，而事多、案多、

---

① 《最高法：人民法院调解平台已调解案件超 1360 万件》，https://sdxw.iqilu.com/share/YS0yMS03NTM4MDI2.html，最后访问时间 2023 年 1 月 30 日。

工作人员少是我们国家法律工程上的最大困难，因此包括司法在内的各种法律组织机构、社会法律服务组织都开始倡导并使用专业化的法律调解协商的模式来解决现实中大量的社会纠纷。① 因此，可以说，对于未来的法律人才来说，法律调解和协商解决纠纷的知识和相关应用是一种相对普遍有用的能力，适用领域和空间广泛，大有作为，在这种需求和政策条件下，应当在法学教育中积极深入地开设调解协商法律诊所，一方面提供显著有效的力量，参与到现有社会纠纷争议的解决中；另一方面可以通过这样的课程实现传统中国调解方式的法律专业化，实现这种争议解决方式的现代化转型，与此同时为国家社会未来相关工作培养和储备人才。

（四）模拟裁判法律诊所

接下来介绍一下模拟裁判法律诊所。模拟裁判法律诊所理论上可以包括模拟法庭法律诊所与模拟仲裁法律诊所，需要说明的是，这不是上文所阐述的司法类的法律诊所，即让学生在诊所上真正操办法官或者仲裁员的业务甚至是履行相关的职责进行社会工作的模式，而是依据 ADR 非诉讼或者非司法裁判途径解决纠纷机制中，通过模拟裁判的过程和结果来促成纠纷和争议双方来达成和解方案的业务模式建设实施的法律诊所。这种 ADR 的业务操作模式和机制是，纠纷争议相关方协商好共同请来信赖的有权威的专业人士组建成裁判组织，在相关方分别作为两造出席的情况下组建成模拟法庭或者模拟仲裁庭，完全按照真实的法庭或者仲裁庭的程序和模式依法对争议案件进行审理，最后由裁判组织作出结论；然后，相关方会根据裁判的结论对自己未来在纠纷争议中的利益得

---

① 2021 年，最高人民法院颁布了《关于人民法院民事调解工作若干问题的规定》，以保证人民法院正确调解民事案件，及时解决纠纷，保障和方便当事人依法行使诉讼权利，节约司法资源。

失情况作出分析判断，最终有可能会接受模拟裁判的结果形成双方的和解协议，也有可能在此基础上进行协商和谈判，也有可能在此基础上继续进行协商调解等。

在中国的诊所法律教育工作中，这类形式的模拟法律诊所在实际中尚未广泛发展，通常模拟裁判是诉讼或者争议解决诊所课程的一个能力训练环节。近些年来发展出了模拟法庭法律诊所，但是据了解这些新生的模拟诊所更侧重于传统模拟法庭对案件裁判的模拟功能，而通过对案件的模拟裁判所得出的结论来影响和促成真实案件中争议和纠纷得以解决的努力还不够或者没有。总之，中国的法学院相对来说有较好的模拟法庭和仲裁的文化、传统和条件，学生完全可以在教师的指导下以这种内容和形式开展诊所课堂活动，这种模拟裁判的诊所形式从可开设的条件资源和社会价值上来看，都可以考虑在中国的法学教育工作中大力发展。

（五）专家磋商解决纠纷争议法律诊所

专家磋商解决纠纷争议法律诊所通常是争议相关方邀请独立中立的律师、法学专家或者其他法律专业人士居中听取双方纠纷争议的问题与双方的认识和相关意见，然后由中间的专业人士完全根据自己的专业认知和经验对双方的观点和争议解决的结果做出判断，相关的认识和意见仅供双方了解和参考的一种争议处理模式。需要说明的是，显而易见，调解与协商这种模式的基础性或者重要的工作与 ADR 中中立性的律师、法学专家或者其他法律专业人士的联合磋商解决纠纷和争议的模式有共同之处或者交叉混同。显然，这种磋商的模式又与调解协商的模式有很大的不同，磋商的模式更大程度和属性上倾向于咨询的性质，居中的专家没有更加明显的倾向性或者通过其他的法律观点以外的方式来解决争议和纠纷，主要是通过法律专业意见和观点进行影响，而调解协商除了专业性的观点影响之外，还会通过其他方面的调解协商的方式方法来更加积极主动促进调解协商的结果达成，即专业知识的运用是有着明显的调解人员的角色功能和结果导向的。当然，可以看出，这种专家居中磋商模式中的专家中立意见影响方式，应当也是上文所介绍的模拟审判和仲裁模式的基础，或者说与这种模拟司法模式也有方式方法以及工作上的交叉混同，但是具体的工作模式、考虑问题的知识角度、价值判断的定位以及期望达到的效果又有很多的不同，简单地说，专家居中的磋商模式主要是通过专家对于案件提出综合性意见，供争议相关方参考使用，而模拟审判和仲裁的目标是要相对真实地呈现出案件在司法上的可能结果，这种结果不仅是一种头脑中思考过程得出的意见结论，而是经过相对严格的庭审程序和过程，经过参加庭审的主体通过庭审的方式呈现出来的事实和意见交互互动碰撞后形成的意见结论，而且不只是庭审的意见的结论，还能展现纠纷案件在庭审过程中可能存在的走向，是对司法过程和司法结果的综合判断，相对于专家磋商意见而言，对于相关方纠纷的解决意义显然有着实质上的不同。专家磋商纠纷与争议解决模式在中国的诊所教育至今尚未有广泛的发展，但是实质上类似的事务和活动对于很多诊所中的学生应该并不陌生，比如法律援助调解过程中经常有学生会比较中立地同时向争议双方发表观点和认识，其实如上文所述，这实质上就是专家磋商的模式。本书认为，专家磋商法律诊所在中国诊所法律教育工作中有条件也有必要开设起来。

综上所述，非诉形式的 ADR 纠纷解决的各种方式在基本理念与很多具体的事实方式是相同、相通或者相关联的，当然，扩展开来分析，其实非诉的纠纷解决理念和方式虽然从根本上与诉的解决理念和方式完全不同，但是它们之间也往往是相通和互为条件的，比如非诉的方式的选择恰恰是以诉的方式上的劣势和不利为条件的，另外非诉的很多解决问题的方式方法往往又是诉的过程中的一个方式和环节，当然非诉有的时候也通过诉的预演和模拟等方式来促进非诉方式的使用等，如此相关联的根本原因应当存在于诉与非诉解决纠纷方式的关系原理当中。① 可以看到的是，它们之间这样紧密有机的关联关系说明完全可以依托这种关系关联中建立体系化的诉和非诉纠纷解决的诊所课程，也许各种诊所之间交叉运行起来，还会在很大的程度上共享资源、降低成本，一定会给学生的学习和训练带来更好的效益。

四、基于权益保护所涉的群体和价值定位的分类

（一）法律援助与法律诊所

如前文第一章所介绍，诊所法律教育产生之初，天然地与公益法律援助活动结合在一起，因此诊所法律教育有个重要的价值功能或者重要的基因就是公益法律维权。因此，从社会工作的功能和角度来看，法律援助以及法律维权在一定的时间范围内是诊所教育的本质属性②，也是诊所教育课程创设的重要类别划分标准。因此，到现在为止，在全世界范围内进行统计和计算，如果从最广意义上来看，绝大多数的法律诊所课程都可以归类为法律援助诊所，至少有大量的诊所的基本社会工作属性和活动内容都

---

① 这个原理可以做出这样的解释：诉与非诉都是依据法律对纠纷进行解决，目标也都是尽量获得最大的价值和最好的结果。对于前者，无论诉讼还是非诉，都得要把法律问题说清楚讲明白，都要考虑清楚通过司法和不通过司法解决的基本情况和结果；对于后者而言，就是在前者考虑清楚确认的情况下，看哪种方式能够实现最大价值和最好的结果，如果通过诉讼和司法裁判，就要把不诉讼和司法裁判的情况和结果考虑进来，相反，如果通过非诉，也要把诉讼和裁判的结果考虑进来，二者谁也绕不开谁，在基础、手段方式、目标等方面互相关联和支撑，比如，诉也要先调解、调解也要先模拟诉讼就是很好的说明。

② 参见甄贞：《诊所法律教育在中国》，法律出版社 2005 年版，第 4—5 页。当下，本书认为这样的观点应该发展和改变，虽然法律援助和维权仍然是诊所社会属性的一个重要价值，但是诊所教育的根本价值应该是基于公共利益的价值实现和实践中的知识能力训练，这种公共利益的价值包括但不一定就只能是弱者的权利保护。

是一种法律援助。

　　法律援助类的法律服务是法律工程体系结构中的一种必要社会工作构成。简单概括地说，在整个法律工程的运行中，法律援助工作是法律服务工作的一个组成部分。在现代化的法律工作运行当中，商业化的法律服务运行模式一定会导致社会一部分群体和成员因为财务、知识等多方面的条件不足而得不到法律服务，从而在能力上成为法律上的弱势群体而得不到公正的社会待遇，因此，如果现代化的法律工程运行机制离不开法律服务这一工作模块，那么法律援助显而易见是整个法律工程得以运转并实现社会治理的必要构成条件。由此，在实际工作中，世界范围内发展法治的国家大多发展建设、设置法律援助工作业务、工作制度、工作机制以及相关的人财物等多方面的条件，中国从 20 世纪 90 年代开始建立和大力发展法律援助工作。

（二）法律援助诊所概况

　　在法律援助发展的历程中，无论是从发生的起点、动力和机制上来看，还是从现实的资源、条件和力量上来看，国家方面的相关因素虽然很重要，但是必须承认民间属性的法律工作力量实质上起到了重要的、关键的作用，高校学生从事的法律援助和法律诊所工作实际上是整个国家和社会法律援助天然的、必要的组成部分①，也可以说，法律诊所和学生法律援助恰恰也是在这种社会精神、价值、资源、条件下和整体的社会运动氛围中产生和发展起来的。而从法学教育的改革和发展的需求角度来说，社

---

　　①　2021 年 8 月 20 日，十三届全国人大常委会第三十次会议表决通过《中华人民共和国法律援助法》规定：国家鼓励和规范法律援助志愿服务；支持符合条件的个人作为法律援助志愿者，依法提供法律援助。高等院校、科研机构可以组织从事法学教育、研究工作的人员和法学专业学生作为法律援助志愿者，在司法行政部门指导下，为当事人提供法律咨询、代拟法律文书等法律援助。

会法律援助和其他公益性质的法律活动恰恰为诊所教育课程的建设提供了场景工作、具体业务、人力、财力以及物力等必要条件。

到目前为止，高校法学院的学生在法律诊所平台上从事的法律援助工作仍然是国家和社会法律援助工作的重要构成，很多高等法律院校都建立了学生法律援助协会类型的社团组织，以此开展面向社会的公益性法律援助工作，也有很多高校以此为基础设置了各种内容和形式的法律诊所课程，或者以独立开放的方式面向社会非特定范围内的公众提供公益法律服务，或者与特定社区或者各种民间团体合作面向特定范围的群体开展特定种类的法律援助。因此，法律援助诊所是一个大类的划分，在现实中也很少有什么业务都做的援助诊所，如前面谈到的法律服务的分类逻辑一样，现实中法律援助诊所基本上都是分为具体的业务类别进行操作的，以法律业务类别分类的法律诊所前文已经做了介绍说明，本书下文主要介绍针对特定群体特定业务范围的法律援助诊所的基本情况。

（三）法律援助诊所的种类和模式

根据上文对历史过程和理论上的基本逻辑的介绍，可知法律援助诊所服务主要是面向弱势社会群体的，由此，通常来说此种类别的法律诊所主要有妇女权益保护诊所、老年人权益保护诊所、未成年人权益保护诊所、残障人士权益保护诊所、消费者权益保护诊所、进城务工人员或者农民工权益保护诊所、移民法律诊所，等等。对于妇女、老年人、未成年人以及残障人士而言，在社会运行和发展的客观现实中，因为年龄、身体能力、财力条件等各种因素，他们在综合方面往往会成为社会弱势群体，可以将这部分人称为"先天法律弱势群体"，他们无论是在制度的制定上，还是在具体法律制度的运行和实施上，都需要包括法律在内的社会各个方面给予特别的关注和保护，否则不利于社会整体上的健康发展。对于这类社会弱势群体而言，他们法律权益被侵犯或者说受保护的方面也有很多，可以从家庭到社会的维度来进行梳理说明，比如对于妇女而言，主要涉及的权益保护业务包括家庭中的财产权、继承权、人身权、婚姻方面的权益等，社会层面的选举权、就业权、参政权、平等而不被歧视的权利等；对于老年人而言，现实中主要涉及老年人在家庭中被抚养的权益、财产权、婚姻方面的权益，社会层面的权益包括国家社会的各种福利保障和特殊照顾的权益等；对于未成年人而言，在家庭层面包括被抚养的权益、教育受保障的权益，在社会层面包括国家社会对未成年人成长方面的特殊关照、支持和保护的权益；对于残障人士而言，相关权益的侵害来源主要是在社会层面，因此权益保护主要包括就业权益、受教育权益、婚姻生育的权益、各种社会活动不被歧视的权益以及在社会生产生活方面给予的特殊的关照和条件上的保障，等等。

对于消费者、进城务工人员以及农民工、外来移民这些群体而言，他们是在一定的社会发展阶段，由于社会地位差异、特殊的时空条件以及社会环境的变化，在既有的社会制度和生产生活条件下，一部分人在法律上成为了弱势群体，需要法律给予特殊的保护，可以将这部分群体称为"后天的法律弱势群体"。它们各自的弱势情况复杂而各自有所不同，比如说，对于消费者而言，在法律上，其所相对的利益主体方往往是厂家和销售商家，在具体的消费业务中，无论是从综合社会地位和实力来说，还是从整个消费所涉及的法律环节和过程来说，往往厂家和商家都处于主导和优势地位，实际上因为消费活动有了纠纷，维权上对于消费者是非常困难的；对于进城务工人员和农民工而言，在环境变迁下自身的知识能力、自身的财力、城市中的社会行为资源和条件以及其利益所相对的厂家和老板，都使他们在法律上处于弱势地位，他们在法律上常常需要被帮助维护的权益就是获取薪资报酬，当然不限于此，还包括其他很多方面；对于跨国和地区的外来移民而言，因为他们是从一个国家和地区来到了另一个国家和地区，在社会地位、文化、语言、财力、行为的社会环境和条件等方面都是处于弱势的地位，因此要从法律和人权的角度给予法律上的帮助，他们需要保护的权益非常多，比如受教育、就业、选举、参政、安全等许多方面。这类群体权益受损在中国目前没有成为显性突出的社会现象，中国也没有这个主题的诊所教育，但是这种诊所的建设理念和方法如对于进城务工人员的权益保护诊所的建设和运行，就很有借鉴和启发意义。

（四）法律援助诊所的理念和运行方式

如此，这类诊所的建立和发展模式有着如下理念和方式上的特征。其一，这类诊所的基本业务内容构成往往是以特定的人群而不是以法律业务类型划分的，也就是一般说来，无论是刑事的、民事的还是行政的，无论是家庭还是社会层面上的，也不论是立法、司法、执法还是用法上的，无论是经济上的还是政治上的以及其他领域中的，只要是与这几类群体权益相关的法律上的事务，都会成为相关主题法律诊所的业务。其二，这类诊所的设置往往都是与这些特定群体的社会机构、律师事务所和管理服务组织的业务进行合作，在中国，各级社会组织主要是与各级政府平行设置的妇联、共青团、工会、老年人协会、残疾人协会、消费者权益保护协会等，一方面他们获得国家的政策支持，有权力和职责从事相关群体的权利保护工作；另一方面他们往往具备一定的业务经费支持，具有比较丰富的业务需求，同时又缺乏合适的人力来从事相关的工作。另外，中国的律师事务所和律师以及一些社会相关主题的非盈利非政府组织，或者是因为自身的社会使命设定或者价值定位，或者是因为国家的制度要求，都有一定的或者专门的涉及相关弱势群体的公益法律工作，如果学校法学院能够与这样的组织机构进行合作，可以实现教育价值和社会价值互利共赢，如此可以使法学院获得构建相关主题诊所课程的人力、物力和财力上的资源条件。

（五）法律援助诊所的业务构成

通常来说，在法律诊所的工作中，学生常常会有如下几种主要的法律业务构成，一是立法和政策上的倡导建议和游说，就是在涉及相关群体利益保护的立法阶段，法律诊所通过提出立法和政策建议的形式对相关群体的权益进行一般性的制度上的保护安排；二是执法上的监督和法律实施运行阶段的服务，就是在法律执行和实施阶段，通过给特性的群体提供具体的制度和规则内容的知识信息宣传、讲解和能力培训，以利于他们掌握和运用相关政策，并在可能必要的情况提供具体的顾问性质的咨询服务，同时监督相关规则和政策的施行效果；三是在争议纠纷发生以及司法阶段提供必要的法律援助和其他法律服务，依法为特定群体的相关事项进行法律维权。通常来说，法律援助和法律服务是这些诊所最主要、核心和常态化的业务构成，但是立法和政策制定的参与和推动以及法律实施阶段的知识信息的提供、能力培训和在这些特殊群体的服务工作中有着独特的地位和价值，也是这种诊所区别于典型的法律援助诊所的业务特征，因此这类诊所常常被称为公益法律诊所，即：这几项业务依据法律工程中生成和运行的机制和逻辑，互相支撑和互相促进，在具体的工作环节和整体的策略上对这个群体的权益形成了全方位的保护，是具有综合意义上的学生学习知识内容和训练性素材，无疑是诊所法律教育的一种很好的平台和机制。

五、基于社会法律工作业务主题的分类

近些年来，随着诊所法律教育在全球范围内的发展，诊所法律教育课程的设置理念也有很大的发展变化，尤其是法学教育改革推动下，为了使传统的各种部门法体系下的课程都能够与诊所教育结合起来获得诊所式的实践性知识能力的训练，出现了一些新的主题和运行方式下的法律诊所课程。从总体数量上来看，比较成规模的是以法律工作领域核心的法律专业知识为主题的诊所法律教育课程。

（一）环境资源保护法律诊所

常见的有环境资源保护法律诊所，其是以环境法的专业知识为主要的知识支撑并以学生掌握该种知识的实践能力为主要教学训练目标。当然，其一定是有着深刻扎实的社会问题和社会工作基础的，就是环境资源保护近些年成为了全球范围内的综合性社会问题，涉及社会领域广泛，包括政治、经济、文化、商业贸易、国际关系等，涉及的法律问题也全面深入，包括立法、执法、司法和用法等全方位，涉及的法律知识也不只是环境资源保护法这一个方面，专业法律知识的内容非常综合，包括刑事、民事、行政等多种领域。

（二）人权保护法律诊所

以"人权诊所"的名义来命名的法律诊所在国外比较常见。顾名思义，人权保护法律诊所是以依法保护人权为目标和内容的诊所课程。毫无疑问，法律是人权的基础，是保障人权的最重要手段，人权事业的发展是与法律的发展和保护紧密相关的。其实与环境问题相似，人权的保护、保障与人权事业的发展很长时间以来一直是人类全球性的主题和社会任务，其所涉及的领域同样非常广泛，产生的问题同样非常综合，以法律事业的完善和发展为路径，以法律为方法和手段解决人权问题形成了一个良好的人才知识体系和相关知识实践能力训练体系。

（三）劳动法律诊所

劳动法是经济法、社会法领域中一门重要的法律规则体系，调整着社会生产领域的各种劳动关系以及与劳动相关的其他多种社会关系，劳动法的范围要远远大于劳动合同法以及劳动用工关系的范围，其涉及社会主体的劳动就业、劳动合同、工作时间和休息时间制度、劳动报酬、劳动安全与卫生、女工与未成年工的特殊保护制度、劳动纪律与奖惩制度、社会保险与劳动保险制度、职工培训制度、工会和职工参加民主管理制度、劳动争议处理程序以及对执行劳动法的监督和检查制度等多种方面。因此，这种诊所与特定群体的劳动权益保护诊所的价值定位和业务内容虽然有交叉，但是并不完全相同。正如通常所说的，劳动是社会主体的一项重要权利，也是一项重要义务，这种权利和义务法律保障和规制同样是一个宽泛的综合的知识和行为能力领域，在现实中常常会暴露出多种问题需要解决，相关的规范和制度也需要随着经济社会的发展而不断完善，所以，以劳动法为主题内容开设的法律诊所课程是非常有价值和现实可行性的。

（四）知识产权保护法律诊所

知识产权保护法律诊所是以知识产权法知识的学习和训练应用为主题构建的法律诊所。近些年来，随着经济、商业和社会的快速发展，知识产权的保护问题成为了较为广泛、深入、普遍性的国际国内社会问题，其不仅会涉及企业的商业风险，也是决定经济命脉的问题，也体现了社会文明的发展程度，为了更好地保护知识产权，实现良性商业竞争，鼓励和保护科技创新，优化社会经济发展环境，知识产权的保护成为了法律领域具有时代性的热门话题，也是学生就业和工作的主要业务方向，这方面的问题研究和人才培养也集聚了较多的国家与社会资源，因此也是开办诊所教育的比较恰当的主题。

（五）婚姻家庭法律诊所

婚姻家庭法律诊所，或者家事法法律诊所，是法律诊所课程中较为常见的一种，产生运行既有传统的基础，又有现实的社会因素，主要包括：一是婚姻家庭法是一个较为传统的法律部门和法律学科分支，在法学院中也是一门学生都要上的基础性课程，是法律人在工作和生活中常用的知识和常需解决的问题，需要将理论知识与实践经验和能力进行结合学习；二是婚姻家庭法中的问题主要包括结婚离婚、抚养、扶养、赡养、继承、收养等相对封闭、业务边界比较清晰和相对体系化的一些知识和问题，相对其他法律问题来说，简单、容易把握并容易操作，以法律诊所的形式由学生进行操作比较合适，能够收到很好的教育价值和社会服务价值；三是近些年来，在整个社会生活中，婚姻家事方面的纠纷和问题，在复杂性和量的方面对相关的法律工作都产生了更大的需求，在整个法律工作领域，相关主题的知识和知识应用愈发重要，更多人才需要进行这方面的知识和应用能力的培训，由此，开设婚姻家事法的法律诊所就兼备了相应的教育和社会服务的价值和条件。

以上，本书结合国内外诊所教育的发展情况介绍这四种典型的领域法律专业知识类诊所，实际上，诊所肯定不限于以上几类主题，在社会现实生活中，随着经济和社会的发展，经常会出现一些比较热门、量大、急需法律人才的法律工作，由此在法学院和社会间会促生出一些类似的法律诊所课程，比如近些年，我们较常见的有房屋买卖和租赁法律诊所、民间借贷纠纷法律诊所、电子商务纠纷法律诊所，等等。这些诊所设置的业务主题或大或小、或宽或窄、或单一或综合，但一定跟某一个领域的法律主题紧密相关，其中主要是受社会和市场的发展需求导引和影响，但这种诊所法律教育的设置和运行说明了诊所已经开始灵活地在传统的法学知识分类上对法律知识的学习和应用能力的训练产生有效的积极的作用。

（六）几种诊所的共性

综上所述，从共性上来说，这类课程的产生主要是有如下几个因素、条件和价值定位的。一是某种特定领域的社会法律问题的解决和考量，或者说，法律在这种诊所中是一种重要的工作方式和手段，但是与其他纠纷与争议法律援助类法律诊所不同的是，这种解决问题的方式和手段往往是综合的，与前文弱势群体中的情况类似，可能是立法的手段，也可能是司法上的援助以及执法上的辅助和知识信息上的赋能，这里不再赘述。二是与特殊群体的权利保护诊所设立理念思路和逻辑很相似，这种诊所主要是考虑解决某个特定领域中的法律问题，这种问题在法律上可能是立法的问题，也可能是司法、执法以及法律知识和能力上的问题；这些问题可能会涉及到政治、经济、文化、国际关系等多领域；在法律上可能会涉及到刑事上的业务，也可能是民事、行政法律领域中相关业务问题。三是在现实中，这样的诊所课程常常与非盈利非政府组织、国家政府管理机构以及相关主题的研究和社会发展项目进行内容和人财物方面的合作，这类诊所的法律工作内容设计和运行模式，非常类似于社会公益组织的工作模式，是非常具有代表性的公益性的诊所法律课程。四是以这些传统法律专业知识为主题设定的法律诊所的具体内容常常与上文所介绍的各类法律诊所的业务内容和操作方法有很多交叉融合之处，比如说，人权诊所就常常包涵刑事辩护、各种弱势群体权益保障诊所的内容，环境保护的公益诊所也常常会用到诉和非诉的诊所的方式方法，等等，可以说，以部门法律专业知识构建的这类诊所的业务内容往往是最丰富、最综合的。当然，从实践的操作上来看，有时这类诊所实际操作的更多的业务也是前面介绍的其他诊所的，这也揭示了这类诊所的劣势就是业务内容相对比较散，不利于现实的操作，运行效果往往不佳。

第五章　法律诊所课程的空间结构与主体构成

　　不同性质的事物有其自身存在的基础和模式，对于法律诊所来说，这种基础和模式体现为诊所具有一定价值目标的追求的主体构成与相互关系及其在一定保障条件下的运行机制，建设和发展好法律诊所并做好相关的工作，有必要对这些构成、关系和运行保障条件和机制进行准确认识和理解。如此，在前提上一定要认识法律诊所的性质。如前文所述，法律诊所在基本性质上一方面是法学教育中的一种教学项目或者说是一种课程，另一方面法律诊所又是立足于大学法学院，由大学所开办的一种从事社会法律工作的组织，因为只有具备了课程的属性才符合教育和人才培养的功能，只有具备了法律工作组织和机构的属性，才能面向社会提供法律服务的工作。由此，与传统法学教育课程相比，法律诊所中的业务构成与相互关系、主体构成以及主体间的相互关系、课程空间结构、法律诊所开设及建设和运行的基础、法律诊所运行方式和保障条件以及诊所的管理和评估等方面都会有很大不同，业务构成与相互关系前文已经阐述说明，本章主要介绍法律诊所的课程空间结构、任务内容构成、方式方法以及主体人员构成及其相互关系，下一章再就其他几个方面进行具体详细的阐述。

第一节　法律诊所的工作内容、形式与空间结构

　　如前文所述，通常来说，诊所法律教育是由课堂、工作交流和指导与社会实践工作三种活动或者三个方面形成的结合体，在整体结构关系上，

每一种活动或者方面都有着其独特的价值和功能，有着其独特的内容、行为方式、方法、模式和场景空间属性，这些相关联的因素形成了法律诊所业务的结构构成和运行机制，形成了法律诊所兼具法学教育、知识研究和生产以及服务社会的复合性价值功能。

一、法律诊所课堂

（一）法律诊所大课及其功能

通常来说，法律诊所有一个大课堂的环节，其表现形式就是所有诊所的学生和教师全员共同在校内进行的一种课程活动。其主要功能有如下几个方面，其一是相关基础知识的整理和提出，根据不同情况对涉及的基础知识进行介绍讲解，了解学生对知识的掌握情况，并根据相关情况进行查漏补强；其二是整体训练和传授知识应用的基本经验和基本能力，以使学生能够初步了解实务操作的基本流程和工作方式；其三是整体任务的设立，工作价值定位和目标的制定，计划和工作方案的交流探讨和制定；其四是整体上的团队建设和工作分组；其五是计划执行情况整体性反馈和总结；其六是诊所课程的初次介绍和期末总结；其七是诊所的行政管理工作的要求、介绍与事务安排；等等。

（二）运行模式和方法

法律诊所课程中接近于传统课堂模式的部分就是法律诊所大课堂，通常来说，诊所大课堂每周都是固定的时间和固定的地点，由全体学生和老师共同参加的课程，课程的内容相对来说也有固定的课程大纲和计划。但这只是其运行形式的表面现象。其一，这种课堂主要是以实际任务的完成和实际问题的解决为导向，来牵动和推动学生对整个问题和任务进行理解和认知，提出解决问题需要的能力方法，确定解决问题的价值定位和策略方案，并设计出解决问题和完成任务的具体工作内容、计划和步骤安排，等等。其二，诊所大课堂不是系统地讲授相关知识的场所和功能，其主要是通过启发式、参与式的方式让学生构建自己完成现实工作任务的知识内容、知识体系和技能训练内容和体系，必要的时候介绍解释漏缺的知识内容，但是即便如此用的方法和方式也不是直接告知答案的方式，主要还是鼓励学生提出问题，并自己悟出问题的答案。这种不讲授、启发式的教学方法在知识传授层面与传统课程上的根本不同，这种问题目标导向的传授知识方式能够鼓励学生积极思考和创新，是一种知识共享的知识建构和生产模式，学习者可以根据自己的情况进行学习时间和精力上的投入，效率高、效果好。其三，诊所大课堂实际上不只是知识从所谓的权威的一方向不权威的另一方进行传输的模式，也不只是已有的知识的复制使用的模式，而是在要完成一定的问题和任务的前提下，围绕着相关的问题和任务，在教与学的多维互动中，教师和学生共同进行的知识交流与知识创新的模式。①

综合来说，诊所教育的大课堂不是讲授式灌输式的传统意义上的大课堂，而往往是在教师的设计和提出引导性、启发性问题的前提下，由学生积极参与，头脑风暴式地提出问题和问题的答案，最后自己总结和悟出解决问题答案的模式以进行知识上的理解和掌握，因此，诊所教育的大课堂的运行模式体现的是教师引、学生推的知识碰撞、知识竞争、知识交流与知识分享的知识双向运行模式，而不是教师讲、学生听的知识讲解、知识灌输、知识被动接受的知识的单向信息流动的模式。当然，这个大课的环节在运行和形式上主要体现的是学生积极参与而不具有很强的主导的方式，但是学生的参与式和主导式都是体现以学生为中心的理念。启发式、参与式、头脑风暴式，是主要核心的教学方法方式。可以结合各种小活

---

① 诊所课程处理现实问题的知识理念是：办理法律案件和事务没有完全一样有效或者永远有效的真理性知识和方案，每个人都可能会提出有效的方法和方案。参见李敖：《互动式教学法——诊所式法律教育》，法律出版社 2004 年版，第 1—4 页。

动、小游戏来增加对问题理解和能力强化的效果。

二、法律诊所小课

（一）概述

小课堂的功能是运行课后小组团队沟通协商和辅导交流的活动。课后的小组辅导工作也可以称为"小课"，是诊所法律教育必要的工作环节，也是法律诊所课程重要表现形式之一，其是在学生上完大课接受完知识构建、能力训练和确定了相关工作任务后，在对具体的法律工作任务进行实际操作和社会服务前，由教师和学生共同交流探讨与业务操作相关的一系列问题，并做好业务操作前的一切相关具体准备的活动。法律诊所的小组辅导环节工作与其他传统课程的课后辅导的位置和功能不全相同，它不是补充的课程环节而可有可无，它的内容与诊所其他环节的内容不可相互替代，是必要的"授课"形式和"授课"内容组成。

（二）主要功能

具体来说，课后小课的主要功能有以下几个方面：一是继续消化大课的知识内容和能力训练的补强；二是对具体实操的业务进行研究，确认问题的内容和结构；三是勾画业务操作的具体方案和计划；四是小组的团队建设和任务分工；五是具体业务的价值和伦理问题处理；六是实操前的演练和模拟；七是答疑和解决具体的问题。小组辅导课程的功能在教育上就是让学生学习到如何为实战工作准备，在工作上的功能就是为实战工作奠定工作基础。

（三）运行模式和方法

小组辅导的小课的运行模式和方法与大课有很大不同，相对来说，虽然课程活动是不可或缺的，但是因为活动涉及的人比较少，一般来说，最多不应该超过 8 人，相对来说时间和地点可以灵活些，另外，小课的次数不受限制，每次大课后至少一次，根据需要确定次数。课程运行和核心的模式是，首先根据任务进展的阶段和情况，由教师主导开始，先与学生共同确定交流的课程主题和任务，接下来的整个过程是由学生主导，教师的主要工作和职责是从整体业务上来对以上所介绍的具体任务进行把关。把关的关注点在于，一是在业务内容研究上学生整体上课程任务的结构是否完整，提出的问题和考虑的工作点是否充分，如果不充分，那么要以恰当的方法来提醒告知学生进行必要的充实和注意。二是学生在具体业务内容的任务和问题解决的考虑上是否到位、准确或者合理，如果存在否定性的状态或者情况，就同样要用恰当的方式来提醒告知学生进行调整，必要的情况下予以纠正和制止。三是学生具体的团队构建和任务分工方面情况的认识和把握，主要是看团队建设和任务分工的思想、理念以及价值出发点，学生团队架构和机制是否科学合理，还有结合人员分工的情况看这样的架构和机制的运行效率和效果的情况；在具体的任务分工方面要关注相关任务是否落实到人到位，另外要看任务与人的结合的效果和效率的合理性，等等，教师可以根据具体的情况与学生沟通基于工作上肯定和调整的建议。四是特别在任务完成和问题解决的方案、方法以及策略的价值和伦理定位上，要看学生的定位是否合适，遇到价值冲突的问题，处理得是否合适和正当，根据具体的情况，教师在做了了解后可以合理地进行指导、调整和纠正。五是其他相关困难的帮助解决和问题的答疑。

综上，小组辅导的小课的任务内容和工作量要远远丰富和重于大课，小课运行的具体方式方法更加充分地体现了学生的主导性与教师的辅助性、推动性、监控性，整个过程中不存在教师单方面的课程宣讲和灌输的模式，教师回答和解决学生的问题还是通过"上下游问题的问题进行"引导后者通过类似情况情节的启发方式来进行的，同时，教师对于学生问题的解决和任务完成方案的设计方面，要思想和理念相对开放式地鼓励学生积极进行大胆设想和尝试多种可能性，在充分考虑问题和目标的基本点的情况下，促成学生形成最佳的解决问题方案。因此，这样的课程活动更加体现的是启发探讨式基础上的积极鼓励促进方式的有效运用，由此诊所教育的方式又具有了鼓励性和积极促进性。另外，当然也是非常重要的方面，由于诊所课程的教育属性，学生并不是职业的法律工作者，为了保证诊所工作社会价值的实现和品质保障，当然也是出于学生学习上的要求教育价值的保障，在学生的相关工作方面出现了错误和不正当的考虑和安排时，教师是必须要进行指正和纠正的，由此诊所法律教育课程在这个环节体现出了其模式和方法上教师的监督性和监控性。

三、实战工作

（一）概述

什么是法律诊所教育的实战工作？如果从法律事务工作人员的身份角度出发来看和界定，其所从事的所有与法律业务办理相关的工作都可以说是实战工作，包括为了业务操作，学生在大课堂中的知识的梳理和能力的准备，以及在小课堂中案件的研究和分析以及其他相关准备工作，对于律师等法律实务工作人员来说都可以说是实务或者实战工作。当然，这是从最广义的范围来理解和认知实战工作了，本书从诊所教育课程构成体系和课程构成的介绍说明出发，在这里所要说明与介绍的实战工作指的是学生完全脱离开教师的指导，自己完全独立直接地去职业领域办理诊所的法律业务的活动，既包括主体核心的法律业务的处理，如代理出庭等，也包括出庭前与案件业务操作相关的所有与职业领域打交道进行的各种准备工作和活动。因此，诊所教育工作环节上的实战主要是以学生的实操工作的业务种类和业务空间来确定的，这里的实战与实务和实操不完全相同。

（二）主要功能

学生实战课程活动的主要功能可以从两个大的方面来理解：一是社会服务业务方面的功能，即学生通过相对独立的业务操作，通过与业务管理和运行的法律实务工作部门和人员的对接、沟通、交流、来往、配合与合作等形式，最终完成法律工作的任务和处理相关问题，实现对社会的有效服务；二是法学教育和知识学习上的功能，即学生在这样的操作中，检验准备工作阶段的工作效果，增加临场实战的工作经验，积累相关职业实务工作上的经验，实践所学的法律专业知识，体验和训练法律知识应用的相关技能，从感性、理性、知识、经验、技能等多方面全身心地体验和感受知识应用的过程和成果，实现诊所教育的终极教育价值。可以说，有如养兵和用兵的关系，养兵和用兵都是为了打胜仗，实战过程对于学生来说相当于用兵打仗阶段，没有这个环节，养兵就没有意义或者说是无法体现出意义。实战阶段对法律诊所教育是本质性的内容构成，诊所课程没有这个阶段就无法达到诊所教育的目的，如上所述，实战阶段即是所检验准备的知识的效力，检验过后也就完成有效知识的认定并实现了主体的知识增长，实战阶段相当于诊所课程构造的最后一道工序，没有这一道工序，等于法律诊所课程没有完成而没有实现其存在的价值。学生实战课程和活动不是诊所教育课程的全部，但的确是课程的关键环节和内容。

（三）运行模式和方法

实战活动的运行模式和方法主要体现为学生的独立自主性、教师的监控性和帮助性。学生的独立自主性就是学生作为绝对的实践主体，是以学生为中心理念的完全和彻底的体现，各种知识、能力和资源条件都要以办理业务的学生的认知和行为中心进行社会行为和行动模式上的构建，当然，这个阶段和状态下，学生就是彻底体现为法律业务的承担者和责任人，学生能切身感受到业务的结果不仅是与自己有关，而自己就是决定者，学生没有任何依靠，自己必须承担起责任，以全身心的努力和投入来办理相关的法律业务。当然，如学生行为的教育实践属性和不单纯意义上的社会工作属性，整个工作过程中的教师的监控性和帮助性是非常必要的。这个场景的状态与教学游泳的情况极为相似，学生在学习游泳下水后的阶段中，一定是学生在没有任何辅助的情况下自己游才能最后学会，不可能是教练替代来完成，但是这个阶段学生并不是熟手，工作过程中或多或少是存在不确定的风险的，这是需要教师适当地对学生的业务操作进行监督和过程把控来降低或者避免风险。当然，监控并不能变为替代，教师的监控通常是通过合理的机制来实现的，比如，在实战前，对常见的错误和风险的提醒与交代；教授学生对实践中具有风险的问题如何进行识别和审慎的处理，以及在实战中通过法律制度和行业规范允许的办法和方式及时纠正和制止学生的错误和不合理的行为。

另外，从整个现实情况来看，学生并不是正式成熟的职业法律工作者，并不具备知识和能力以外的其他业务社会性的资源和条件，学生的这种业务活动仍然是教育属性，学生进行实际业务操作的条件肯定有很多方面是不具备的，因此在必要合理的情况下，尤其是在不是实质性替代学生的角色功能的前提下，在相关的规则制度和行业领域规则允许的情况下，教师可以向学生提供必要的条件上的帮助，以保障业务能够具备真实的操作条件，完成教育的工作任务和目标。通常来说，这种帮助是工作资源、条件的辅助性的创造和提供，以及方式方法的提醒和启发，由此，诊所教育在这个环节体现出了帮助性或者辅助性。

四、小结：三者关联中的诊所教育课程的运行模式和机制

综上，公共大课堂、分组小课堂以及实战工作作为诊所法律教育课程

三种课程任务内容、三种课程活动形式以及三种运行空间，相互独立又彼此紧密结合，围绕着真实的实务法律工作任务的完成，并在这个过程中进行法律知识的学习和接受法律知识应用能力的训练，形成了一个科学、合理、有效的诊所法律课程运行模式和运行机制。这个模式机制有如下几个关键要点需要重点理解和把握。

一是在各个内容、形式和运行空间之间的关系上，可以说公共大课堂是基础和基地，是总兵营，是司令部，是知识和能力的训练场所，也是任务和价值的主要来源；分组小课堂是作战小分队，是作战目标、作战队伍、作战力量以及战术战略形成的地方和环节，也是作战任务实现的根本保障；实战工作就是战场，是作战任务完成和作战目标实现的地方和环节。从法学教育和人才培养的角度来看，公共大课堂是课程开始目标确定和结束后目标实现程度评估的地方和环节，分组小课堂和实战工作是实务操作进行学习和训练的重要关键环节，几个环节的相互支撑和配合形成了对学生有目标的培养和训练。

二是在理念和方法上的运用上，理念和方法是模式机制的效用实现的保障，诊所法律教育通常的三个空间中活动的运行和任务的实现是以一整套、理念一致的关联的方式方法来保障实现的。第一套方式方法是，学生参与式、学生主导式和学生独立式。具体操作过程是，首先学生是以积极主动参与式而不是被动接受的方式来参加公共大课堂的知识学习和能力训练以及价值建构的过程；接下来学生完全以团队自我主导的方式进行小组辅导过程的研究和业务方案设计；最后学生基本上完全脱离教师和对外界的条件以独立进行案件的实务操作，而从参与式开始，经过学生主导式，再到学生的独立式的这个过程是一个循序渐进的过程，整个过程体现的完全是以学生为中心的学习和实际操作的理念。

第二套方式方法包含启发式、监控式以及辅助或帮助式，主要是供教师掌握使用的。启发式和下文的交流探讨式相对的就是灌输式和告知教导

式的 ①，通过一系列相关问题的提问，如此方法的运用：一是可以激发学生学习的积极性；二是结合头脑风暴等方法，形成多人参与的集体学习效应；三是能够通过问题帮助学生打开知识上的思路，激活知识、开放知识的构成结构而不限制，使知识能够活学活用，如此便能够每个头脑开动思路，鼓励知识创新；四是通过学生对问题的回答而确立问题的结局路径和出口，如此可以逐步建立学生的自信，增强学生的信心，培养学生多种宝贵的品格，等等，如此才真正能够实现教育的以学生为中心，保证学生能够在学习上参与、自主和独立。其实，在这种意义上，这种方法不只是方法，应该是教育的根本。当然，启发式而非教导灌输式也不会避免掉实务操作上的错误和风险，因此，如前文所述，这种实务操作的学习的复合性一定需要教师监督控制、管理以及必要的辅助和帮助来进行保障，这些方法与第一套方法形成了有机的结构，伴随着课程的始终，体现的是以教师为辅助的教育和训练的理念。

第三套方式方法包含交流式、互动式、共享式、创新式几种，这些方法是从诊所教育课程整体运行的过程和结构来看的，体现的是诊所课程的参与主体进行课程运行的理念和文化，并不是教师和学生以及其他参与者单独方面适用的方式方法，而是存在于主体之间。即，整个诊所课程和相关活动在学生和教师主体之间体现为一种知识和能力上的交流、互动、共享，在某种程度上是一种实践任务导向下的相对平等的业务操作模式上的分工与合作，如此共同形成完成任务和解决问题的方案并实施相关方案，教学相长，合力创新，体现的是教育与知识生产、人的成长与法律问题解决相结合的发展理念。

三是整个模式和机制的设计和运行体现的是法学教育和人才培养的价

---

① 启发式和交流探讨式基于的是知识的相对合理性而非真理性的理念，基于的是每个操作的知识和智慧可能都存在它的合理性和有用性。

值与社会服务工作价值兼顾原则。如果分开来相对独立地看，公共大课堂的内容和运行更多地体现了法学教育和人才培养的目标和功能色彩，分组小课程的方法上更多地是教育价值的实现，内容上需要完全符合现实实际工作业务模式的操作要求，而实战工作上除了辅以教师必要的监控和帮助外，基本上是完全以实际工作业务模式的操作要求进行设计和操作的。如此模式的设计和操作体现的是效果和效率兼顾的原则，只是一方面主要考虑的是保证学生学习和接受训练的效果，与实际工作的情况对比，这在工作效率上会牺牲掉一些时间和效率上的价值，因此，在另一方面要尽量保障不过多地影响实际工作的效率。这就是业内常说的诊所法律教育是慢工出细活的体现。

第二节　法律诊所中的主体构成与相互关系

无论是在种类和数量上，法律诊所的人员构成状况要比传统课程的人员构成状况复杂得多。法律诊所中主体的人员构成是指导教师、管理教师和学生，除此之外，诊所中的人员还涉及客户、合作伙伴、国家职能部门工作人员、行业对手、业务领域所涉及的人员，比如证人等，严格说来，除了诊所教师和学生，其他人员不应该属于诊所组织意义上的人员构成，但是，对这些人员与诊所以及诊所教师和学生之间的关联关系的认识和处理在诊所建设和运行中需要给予充分的注意，这也是学生学习的重要方面，因此这里突出加以介绍和说明，在法律诊所人员方面要处理好的几组关系。

一、指导教师与学生的工作关系

在法律诊所工作中要处理好指导教师与学生的工作关系。这个关系是诊所教育工作核心主体之间的关系，体现的是诊所教育课程的内部关系。与传统课堂有很大不同的是，诊所的教师构成就有多种类，数量也相对多于传统课程。诊所的教师在分类上往往有实务教师和理论知识课教师、校内教师和校外教师、指导教师和管理教师、法律专业教师和交叉专业教师等多种构成。

当前，在诊所开设和运行的现实条件下，与现实的工作类别相关，学校法学院的教师在工作上往往更加具有理论研究和体系化知识教学的优势，而校外在职场上的执业法律工作人员肯定更加具有实务操作的教学上的条件和优势，因此，在诊所教育中，最佳的师资构成结构是校内外双类别的师资构成，通常校内的教师同时担任的就是理论知识教师，侧重于诊所教育的价值定位和相关理念方法的把握，而校外教师同时担任的就是实务操作指导教师，侧重于实务工作经验、理念和技能以及社会服务工作成果的保障。在知识维度上，法律诊所的活动作为一种社会实务工作，根据不同的业务主题需要、各种实际操作能力和素养的训练等，往往会涉及各种交叉领域的知识对于学生的知识和能力的补强，因此会涉及不同领域和不同专题的知识，因此诊所教学过程中经常会穿插集中专题讲座或者训练的小课程，固定主题的诊所相关联的教师类别也比较固定，因此诊所还有业务交叉和相关专业的教师进行课程指导。当然，诊所教师不只是种类多，相比较来说，法律诊所课程的数量也多，这在下文师生比的方面将具体介绍。

下面再重点综合介绍一下诊所教师与学生的关系，这首先要从认识教师和学生在诊所工作空间中的性质和功能开始。如前文所述，由于诊所复合性的工作性质，诊所的学生不只是学习者，还是亲自办理实际工作业务的工作人员，相应的，诊所的教师不只是知识的传授者，还是学生工作上的指导者、监督者和帮助者。具体说来，现实中虽然具体的业务操作完全是由学生负责，让学生在责任压力的真实体验中进行学习，但是，实际上，风险责任真正出现时，无论学生不是真正的律师等职业工作者的身份的现实状况，还是学生自身的现实能力和条件，都无法来承担相关责任，所以往往是由学院和学校来承担的，而教师是学校的工作人员，因此常常由教师来负责监控和把握并承担一定的工作责任。在这种情况下，业界常常将这种关系比作律师事务所场景关系，学生就是类似于团队中的实习律师，指导教师就是团队业务负责的案件主办律师，管理教师相当于律所行政管理工作人员，法学院校就相当于律师事务所。

以上只是教师和学生关系在工作层面上的体现，而在教育和学习层面，诊所教师与学生的关系也不同于传统课程上的关系，传统课堂上师生关系表现为教师是知识的传授者、知识的输出方，学生是知识的接受者、知识的输入方，如前所述，方法体现为灌输式，教师在整个工作关系中始终处于中心和主导地位，学生处于被动地位，这种知识是从教师到学生单向流动的，更多地体现的是知识的理解、记忆、复制和遵守，而诊所课堂上的师生关系是对以上关系的发展，除了有以上的形式以外，更主要表现为教师是问题的提出者、知识的质疑方，学生是问题的回答者、知识的建构方，方法体现为启发式和参与式，学生在整个工作关系中处于中心、主动和主导地位，或者说学生与教师地位相对平等，教师功能体现为推动和引导，这种知识是在学生和教师之间循环的，更多地体现为知识的交流、共享、互动和创新应用。毫无疑问，法律诊所中教师和学生之间的这种关系是诊所课程属性和特征的主要表现和根本保障。

二、诊所、学生与客户的关系

在诊所工作中，同时要处理好诊所、学生与客户和服务对象的关系。这个关系体现的是诊所工作的外部工作关系。与传统法学院讲授型课堂关系不同的是，法律诊所课程中因办理实际法律工作业务形成了诊所与服务工作的业务客户或者服务对象的关系，这种关系体现为两个层面，一是诊所与他们的合作关系，这种关系主要通过客户或者服务对象与诊所依据协议或者法律规定建立服务合作关系，诊所要为相关的服务工作的完成情况尽到责任以及其他双方围绕业务的开展和完成设定的权利义务关系；二是诊所中的学生代表诊所与客户或者服务对象在业务的具体开展中形成的业务合作上的关系。二者关系上，前者是后者的基础和保障，后者是前者的具体目标和落实。在课程的教育意义上，具体学生知识和知识应用能力的学习上主要是要处理学生与客户和服务对象间的业务合作关系，现实中，学生在课程活动中，这方面关系的处理往往会带来很大的困扰，而处理这个关系对整个诊所业务服务目标和课程目标的实现影响都非常大，而且，这也是学生在未来职业发展中必须要学会处理的一种维度上的人际关系，下面对此具体详述。

现实中较为常见的现象和问题是，在认知和意识上，学生并不是非常清楚自己与客户和服务对象的关系属性，因而在具体合作业务的处理中，常常因为双方的自然年龄、社会地位、职业身份、人生经历、社会阅历、情感状态、心理情况、个人性格、行为风格、知识经验等多方面的因素，发挥不出来解决问题的能力，导致业务工作无法达到预期的效果或者根本无法完成。举例来说，在笔者工作的民事与行政纠纷与争议解决的法律诊所中，常常见到刚刚进入诊所的学生在给客户提供咨询的过程中，经历几个小时的沟通交流后，不但业务上没有理出任何清晰头绪，反而整个过程都是客户在给学生讲课或者教导学生，学生完全处于被动被压制的局面，往往还伴随着双方情绪都很激动和气愤的氛围，最后导致咨询失败，双方都不满意；还有另外一种极端的情况，就是整个半天，学生在提供咨询服务过程中只是与客户进行聊天和共情，气氛倒是非常和谐，但是最终同样没有通过法律来发现问题、分析交流探讨问题和解决问题。

以上情况出现有着共同因素和共同的效果。共同的因素就是学生往往因为自己的天然身份、自然年龄、社会地位、职业身份、人生经历、社会阅历、情感状态、心理情况、个人性格、行为风格、知识经验等多方面相比较于客户和当事人而言在社会文化上所表现出来的话语和观点的权威性方面常常处于劣势的状态，比如，以上的落差常常造成学生对客户和服务对象保持尊敬礼貌的心理，有的是害怕的心理，有的是内心不够自信的心理，当然认知上也不知道这种局面应该怎样处理是合理的或者是正确的，等等，各种因素缠绕在一起形成了"场面失控"的共同效果。当然，现实中因为没有认清与客户和服务对象的关系所导致的不仅是这些会见客户咨询上的问题，善良的、热心帮助的、稚嫩的学生经常会出现好心不被买账、好心无法买账以及好心办坏事的情况，在整个业务工作的流程环节上常常会出现各种问题。

以上的诸多问题可以用一种现象来描述，就是学生没有真正进入职业人的角色，用职业人的方法和风格、像一个职业法律人一样来处理双方的关系和问题，就是通常所说的不够"职业"。虽然，有时候"职业"这个词并不是那么受欢迎，常常也被理解为冷漠无爱心、僵硬死板、套路油滑，等等，但是，行善也要有路径和方式方法，爱心帮助也要有专业和理性的认识，对于我们这些正在成长过程中的学生来说，首先应该先学会用这些理性的、专业的、职业化的方式方法来进行工作和解决问题。

因此，清楚地认识并牢牢地把握住学生与客户和服务对象的关系实质来开展工作，在诊所课程业务的开展过程中非常重要，因为这种关系的实质在深层次上决定着双方的地位、角色功能价值、解决问题的方法和方式，处理双方关系的原则、工作任务完成的质量标准，以及合作机制和程序，等等。这种关系的实质是双方合作，以职业法律人为主导，通过职业法律人专业的知识和能力来解决客户或者服务对象问题的关系。具体来说，在合作业务关系上，双方的地位是平等的，在业务工作过程中应该是以学生为主导的；在角色功能上，学生是以职业法律人的身份来解决法律问题，法律问题的认识判断和解决以学生为主，客户和服务对象负责提出问题和任务；解决问题的方式和方法是以学生具有和提供的法律知识和职业形式和属性的方式方法来解决，工作任务完成的标准是运用法律知识和方式来帮助客户和服务对象解决问题，处理双方的关系依据和原则的社会法律制度和行业规则对职业从业者与客户和服务对象的关系的规定，双方合作的工作过程也要严格依据行业的社会工作运行机制和程序来进行，等等。

以上情况特别类似于医生给病人看病的场景，这个过程一定是医生主导，依据自己的专业知识和能力，根据病人介绍的情况来诊断病人的问题，并出具解决相关疾病的诊治方案和方法。在这个过程中是医生而不是病人来解决问题，是医生通过已经确定好的行业多年科学建构的机制和程序来给病人解决问题，而不是没有章法的个人任意行为。因此，这些工作关系和行为是理性的、专业性质的、有社会分工意义上的规程和机制的，虽然自然年龄、社会地位、职业身份、人生经历、社会阅历、情感状态、心理情况、个人性格、行为风格、知识经验等因素在这个工作过程中都具有一定的价值和功能，但是，这些因素一定不能打乱以上的"工作秩序"和"工作规则"，一定是要在以上的基本关系和机制基础上合理有效地发挥作用，否则就会适得其反，带来工作上的负面效应。

另外，在学生与客户的关系上，还有一种常见的问题就是学生作为代理人，因为价值观、案件本身的客户可能不在理或者就是一个"坏人"等多种因素，并不愿意给当事人做代理人提供相关服务等问题。这类问题与以上问题的认识思路有很大的共同之处，就是要让学生认识到自己是职业的法律人，价值定位上是用专业和理性来解决法律问题，并不一定只是帮助具体的人。另外，再坏的人法律也要维护他的权利，再坏的人医生也要给看病，医生看的是病，法律解决的是公平正义的问题，这其中主要涉及职业伦理方面的内容，后文再详细介绍说明。

三、学生与学生之间的关系

诊所教育中学生之间的关系处理也是诊所课程运行中一个重要工作内容。与传统课程相比，诊所课程中的学生关系在学习伙伴的基础上又加了一层工作伙伴的关系。传统的学习伙伴关系很简单，主要就是在学习生活中，学生各学各的，相对独立，相互的关系对于学习成绩和课程成果没有实质性的影响；而在诊所教育中，还是因为学生行为属性的工作加学习的复合性，学生之间的关系一方面会影响工作上各自独立的任务和整体的工作效果，另一方面会影响学习成果和学习成绩的评定，学生之间关系的处理实际上与诊所教育中学生的学习工作运行模式、团队建设工作以及学生评估评价工作和制度等方面形成了紧密的关联。

诊所学生都是要通过相互合作来完成工作任务的，学生学习工作的运行模式就是团队模式，因此诊所教育工作机制的设计和运行，必须要考虑学生合作关系的处理，也就是要做好团队建设工作。实际上这也是诊所课程对于学生知识学习和能力训练上的一个重要组成部分，因为在未来的职业中，团队合作也是知识发挥能力的基本场景和机制。通常来说，团队合作对一个成员的考察主要有这样一些基本点，包括个人综合素质和能力、合作精神、责任担当、工作投入和付出、组织能力、角色执行能力、奉献精神、价值利益定位以及智商、情商、人际关系等多方面。因此，在诊所教育工作中，也要求学生在工作中从这些方面来审视和强化自己，养成相关的团队合作意识和素养，培养团队合作的工作经验和相关能力。

法律诊所教育过程中，常常出现的困难和问题是学生学习成绩的评定与工作成果的评定难以一致，往往会造成工作效果不佳、学生学习效果也不理想以及学生对成绩的评定结果不满意不认同等情况，这其中最主要的原因往往是出现在团队合作关系处理以及团队合作情况的评定上。比如，常常出现的问题是，A 学生非常聪明和有能力，但是在整个团队的工作中，只是把自己分内的工作做好，其他人的工作不给予太多的关注，而其他人无论从效率还是质量上无法与其匹配，因为部分和整体的工作结构关系，如此情况下，整体工作往往不能很好得到完成或者说达不到 A 同学认为的质量和状态。正常情况下，这个因素也会导致 A 的学习成果成绩评定处于不利的状况，这种情况下，往往会出现 A 和团队其他成员之间关系的不和谐，或许存在 A 认为自己在期末应该获得一个好成绩的情况，因为整体工作没有做好是别人的原因，或许团队成员认为 A 不应该获得一个好的成绩，因为 A 有能力就应该在团队当中多付出，应当以团队的利益为重，不应该只考虑和完成自己的工作就完事。通常这种情况出现后，在课程运行和工作的过程中往往造成学生之间的不和谐和不团结，致使整个团队在工作上没有激情和战斗力，如果不及时进行处理就会最终影响整个团队的学习和工作成果。

建立合理科学的团队合作制度和评价办法与机制是建立和处理学生之间的合作关系的根本保障，也是整个诊所工作任务和教学目标实现的重要条件。一个完备的诊所教育课程应当具备一个团队合作视角和维度上的评价标准、办法和相关机制，比如将以上个人综合素质和能力、合作精神、责任担当、工作投入和付出、组织能力、角色执行能力、奉献精神、价值利益定位以及智商、情商、人际关系等多方面的因素分别设为不同位阶上的原则，赋予不同的分值和权重，同时配以其他方面的综合因素和考虑，公正合理地对学生的团队合作情况进行成绩上的评定，如此来促进学生之间有一个符合职业习惯、职业水准的团队合作关系，使学生获得职业性的团队合作能力和素养。

四、学生与业务同行之间的关系

在诊所法律教育中，传统课程所不具有的另一个重要的人际关系就是学生与业务同行、对方客户或者相对人以及业务管理服务职能机构之间的关系。这些关系从整体上看不是学生在课程上所涉及的核心人际关系，但是从现实的工作的完成和问题的解决上来看，这些关系的有效合理处理也是条件和保障，另外，从教育学生学习和成才的角度来说，在未来整个职业的成长中，这其中的内容涉及一个人的职业素养养成、职业价值定位构建、职业声誉保护、职业风险的防范以及职业发展的潜力培养，相关的知识和能力同样具有非常重要的价值。

诊所学生在工作中与业务同行的关系常常指的是学生在法律援助、诉讼、非诉、纠纷解决等法律服务性质的诊所工作中，与代理另一方客户的律师或者志愿者形成的关系，这种关系往往不是双方在法庭或者正式工作场合情境下的关系，而是在此之外遭遇的关系和相关问题的处理。常常说："同行是冤家"。没有更多的社会和职业工作经验的学生在与对方出现场外的遭遇时，往往不知道如何处理这样的关系，这种关系有大事也有小事，小事比如在庭审结束时，双方律师之间互相借笔签字的现象，大事比如对方私下问你是不是可以让双方当事人和解，等等。如何看待和处理这些问题呢？

这些场景与律师法律服务行业处理的理念和思路相类似，小事其实也不一定小，大事也未必就很大，这要看具体关系中相关人的利益和价值方面的反映，因为这类事情所涉及的关系不外乎双方代理与客户以及同行之间对此事的认识和理解。比如说，如果 A 代理人将笔借给了 B 代理人，那么 B 和其他人，包括法官和对方客户可能会觉得 A 人很好，职业素养很高，好的方面想，这可能非常利于双方的沟通和交流，当然，不管 B 怎样想，A 肯定是表现出了良好的素养和形象。但是有时情况也并非绝对如此，如果 A 的客户对 B 或者 B 的客户满是愤恨，A 这样的行为可能会导致自己客户的不满，因此在职业上可能会在自己的客户方面获得负面的评价，严重的情况可能会遭到投诉。如此，小事可能就变成了大事。而对于另外一种情况，如果对方代理人 B 私下问 A 是否可以将双方客户聚到一起，劝促双方客户进行和解，通常来说这不是借用一支笔那样简单，应该是一件大事，一是可能会涉及代理案件的策略问题；二是可能会涉及律师收费的问题；三是不管如何，这都是要征求自身客户的意见并获得同意后才能做的事情。但是，如果 A 代理人合理认清了现实情况，在出于客户利益的考量下，也完全可以与对方进行合作，"帮忙"将此事做成。自己的客户也不能说自己是"叛徒"以及出现以上类似的情况和后果，由此，大事也不是大事或者难事。

因此，学生在法律诊所教育工作业务中到底该如何认识和处理与对方当事人的代理人的关系，于此应该做出什么样的行为才算合理、合规、合适，这关键是要看清学生与业务同行的这些关系的实质并在这些关系中做好自身结构上的定位和价值取向。本书认为，这种关系的实质是竞争关系，也是合作关系。所说的竞争关系，在本案相关业务的具体场景中指的是谁在法庭或者解决问题的场景中能够表现出综合的素质，能够很好地处理业务问题，当然最终、最重要的黄金标准是为自己的客户争取到最大的利益，谁就能在与自己的客户之间的关系上获得积极回馈。这无论是在声誉还是在服务费用的价值上都能获得很好的收益，当然，这种竞争关系在这种局部场景中的利益上是间接性的，双方之间不直接抢利益，而是争取到各自客户的认可和肯定，但是在整个以及长远的职业利益关系中，双方形成的是潜在的利益竞争关系，这直接涉及的是代理人在社会和市场的知名度和认可度等。

所说的合作关系是指双方互相支撑成局，在一定的方面实际上互为工作条件，无论是在具体的案件中，还是在整个大的法治环境和社会工程中都是如此，诚所谓台上是对手、台下是朋友，这句话说明了从事这种职业的社会工作同行之间的真正逻辑关系。法庭和争议解决的场景和机制有时候也并不一定表现为针锋相对的关系，常常表现为各自按照法定程序和机制"你做你的，我做我的"的状况。另外，法庭上的输和赢并不完全是以胜诉和败诉来确定的，或者说输和赢的界分也并不是绝对，常常也不是以输和赢来判断代理人工作的好与坏，好的纠纷解决常常表现为双方代理人共赢的结果，这其中揭示的是争议解决中双方代理人存在着很大的合作空间和属性。同样，最大的共同利益与合作的基础是，同样作为职业法律人共同的价值标准、伦理基础和行业共同利益，双方应该合作坚持法律服务人员或者法律人的基本职业利益和职业价值考量，共同合作创造良好的法律工作条件、工作氛围，共同做大法律人的价值和功能。因此，学生作为法律工作者在与同行的关系处理上，在以上的合作和竞争的结构关系中，最重要的是要根据实际情况，掌握处理好代理人自己的职业素养、社会声誉、职业发展资源与法律职业人的整体利益以及自己客户利益的平衡问题，到底以何者为重，除了相关的法律规范和职业伦理规范有着明确的界定和约束外，很多情况下都需要代理人在整体结构的弹性空间中根据自己的价值、利益、认知等方面独立进行处理和承担相应的后果。相关内容在后文法律职业伦理部分详细阐述。

五、学生与对方客户或者工作利益相对方之间的关系

法律诊所的学生在实际工作中，尤其是在法律援助和纠纷解决的法律服务工作中最为常见的棘手问题，是来自对方客户或者工作的利益相对方或者冲突方带来的价值上的质疑和工作上的各种困扰。比如说，在各诉讼或者刑事辩护活动中，学生在从事工作过程中就常会遭到对方客户和利益相关人的困扰，比如有的就直接联系学生来说服学生不要做这样的工作，有的通过找法学院来进行劝阻。还有常见的是，学生按照正常法律工作的程序和自身合理的价值定位在为自己的当事人发表意见后，会当庭或者庭后遭到对方利益相关人的辱骂、人身威胁以及"教育"等，这种情况学生

往往不知道如何处理。还有的情况是，学生在实际工作中，经常发现对方当事人或者利益冲突相对方的某些主张是正当的，是值得同情甚至是需要帮助的，觉得自己从事这样的工作实际上是在做坏事和不正当的事情，因此心中的天平已经在情感上向对方客户或者利益相对方开始倾斜，尤其是在做完代理或者相关的工作后，心理上一直有压力和困扰，不知道该如何消除心中的这种愧疚感。

在诊所教育工作中，教会学生合规合理恰当地处理好这类问题应当是重要的课程内容。处理以上相关问题，关键要看清这个关系以及相关问题的实质。本书认为，学生作为法律工作者与对方客户和利益冲突人之间在相关的业务上主要表现为冲突的关系，但是这种冲突在双方客户和利益冲突人之间是直接的，在代理人与对方客户之间是间接的，因此，从根本上来看，实质上学生作为代理人与对方客户和利益冲突人之间的关系主要表现为伦理层面的关系。这种伦理的关系的产生基础和发生机制是因为代理人依法要帮助利益冲突方中的一方，而在这种错综复杂的冲突纠葛中，代理人行为的价值基础是漂移的，经常会受到挑战和质疑，因此处理不好就会形成与对方客户或者利益冲突方的"紧张"关系。

因此，这种关系的实质是伦理上的纠葛，关于涉及法律职业伦理的内容，将在后文相关主题章节进行详细说明。而处理这种伦理上的纠葛，学生代理人应当考虑处理好三个方面的关系，这个处理要素的构成和模式类似于处理与对方同行的关系，一是要考虑最根本的点就是作为代理人或者工作人员服务于自己一方当事人的价值正当性，要考虑自己的客户依据业务服务关系对代理人各种工作行为和忠诚态度等方面的满意，这是相关关系中的基础伦理价值定位点；二是要考虑对方客户或者利益冲突相对方的正当价值的要求和情感上的感受，要考虑到对方不幸地受到的损失和伤害，要尊重对方的正当意见、情感诉求；三是要认识、认清自己的工作或者职业发展的价值定位、价值倾向和职业形象，要考虑到正在从事的工作业务与这些价值定位和发展的关系，要考虑自己的相关工作对自己未来工作可能产生的影响；等等。

因此，在以上理解和原则的基础上，对于对方客户和利益冲突人对于代理人相关工作的阻挠或者干扰等问题，学生要学会深知自己为自己的客户依法提供法律服务的价值定位是正当的（即坏人的权利也要获得法律的保护），价值基础是牢固的，相反，如果学生因为自己客户行为上的伦理瑕疵和不正当性等因素不进行代理工作，实质上反倒是不正当的行为表现。因此，当出现此种情况时，学生对这种关系处理的正当合理方式是依法依规进行拒绝，也不要害怕和产生不必要的困扰，必要的情况诉诸法律手段来保护自己，自己该做的事情不是与对方发生冲突，而是依照法律制度、行业规范和业务工作模式做好自己该做的法律服务工作。而对于出现同情对方客户或者利益冲突相对方而不愿意作为己方代理人或者无法投入代理工作的情况时，通常在没有出现极端的不利于己方客户的情况下，代理人还是要坚持继续代理并做好己方的代理工作，但同时要在情感上或者对于对方的情感、正当意见和所受的遭遇给予至少常人应当给予的正视、理解和尊重，尤其是在工作过程中注意行为方式和方法得当，不要产生负面的刺激，要给予合适必要的同情，获得对方对于工作上的理解，等等。

综上，通过代理人或者法律工作人员与对方客户或者利益相对方关系的认识和处理方式的探讨，发现法律人在处理现实问题的工作中一定要做好法律理性和一般感性的关系和平衡。一般情感为基础的感性上理解和认识等方面的价值和功能是客观存在的，但是职业的理性告诉法律人的是，最终解决问题的一定是要靠法律中的理性，通过理性的专业知识来认识和分析问题，通过理性的方式方法来解决问题，处理好专业理性与一般感性的关系，将一般感性情感上的因素在专业理性的认知和解决方式体系中摆放到合理的位置，发挥合理的作用。现实中，的确是有很多工作人员在工作中不仅处理好了本方客户的相关事务，而且在业务结束后还赢得了对方客户的认同和尊重，这些都是合理处理代理人与对方客户关系所体现出来的良好效果。

六、学生与相关服务组织以及职能机构之间的关系

在诊所教育课程的业务操作上，还有一种学生经常要处理的工作人际关系就是学生作为法律工作者与相关事务的服务、管理和职能机构以及相关工作人员之间的关系。这种关系的发生主要是因为学生所办理的法律工作客观上的职能归属，即：学生的业务操作一定在制度上是要经过这些相关机构来处理或者运行，比如司法机关、立法机关、各种政府管理部门、社会服务机构和组织，等等。之所以将这种关系作为一个学生学习和训练的专门内容来看待，是因为诊所学生作为一个初次接触法律实务的工作者，对相关单位的工作内容、方法、习惯、风格很不熟悉，另外，从年龄和阅历的角度也缺乏社会工作沟通的能力、经验和技巧，在与这些权力部门打交道的时候也缺乏底气和信心，等等。从学习和能力训练的角度，学生工作者应当在如下几个方面争取处理好自身与这些单位以及相关工作人员的关系。

一是要事先熟悉和掌握相关工作职能单位处理自己所要从事的相关业务的工作内容、程序、工作机制、工作习惯和工作文化风格等，做好工作上的准备。法律诊所课程上的学生不同于成熟的职业法律工作者，通常对这些业务单位的工作方式完全不清楚，因此，如果学生要想处理好与相关单位和工作人员的关系，一定要具备扎实的情况认知和程序性业务基础，建立工作能力上的信任关系与合作能力基础。

二是要按照行业习惯和行业规范，了解相关单位和工作人员的有效沟通渠道、方式和习惯，积极建立沟通渠道和沟通机制，了解学会与相关单位及工作人员沟通与交流的方式和技巧；要与相关单位和工作人员积极保

持联络和沟通，有工作上的问题可以运用合理的方式进行交流和请教，建立良好的工作关系和工作交流机制。

三是做好自己工作的价值定位理解和认知，明确认定自己的身份是一个法律工作者，任务和目标是做好一份社会法律的工作，自身与相关部门和工作人员的关系是法定的工作关系，做好相关的服务管理和职能工作是相关单位的义务和职责，以上关系处理的关键方式是理性的专业知识的运用和实施。在更多的情况下，比如对于司法裁判机构来说，学生作为代理人和法律援助工作者，是司法裁判工作的有利资源和条件，学生所从事的工作是合理的社会分工机制下的有价值的工作，学生不要因为年龄、阅历、身份而影响工作的自信心，也不要因为这些因素而使自身在相关的业务工作处理上处于弱势和不被重视，既要保持谦虚谨慎尊敬的学习态度，也要严肃认真自信地按照法律制度和工作规范做好相关的工作。实际上，这里补充介绍和说明，学生作为法律工作人员在诊所法律实践工作中，在与以上的客户、对方客户、同行以及相关组织管理部门和职能机构工作人员的关系上，就因为是学生的身份往往都会出现不被重视或者因此变相被"施压"和"捣乱"以及"受欺负"的现象，而这里所说的这种方式是处理这些关系的这类问题的通用方式。

第六章　法律诊所课程的开设、运行和保障条件

第一节　法律诊所课程开设的基本条件

法律诊所开设的基本条件，主要是指开设法律诊所课程必须具备的内容、制度、人力资源、设备设施以及运行经费等基本构成要素，诊所课程的开设和运行相对于传统课程要求的条件多且复杂，被称为课程中的"奢侈品"，因此开设诊所课程一定更要做好充足的条件准备，具体包括如下几个方面。

一、主题、目标和功能

法律诊所课程的开设要有明确的主题，如诉讼、未成年人权利保护、立法与公共政策制定、社区法治发展，等等，相关的主题的设计一是要考虑一定的法律专业知识主题、一定的法律知识应用能力的学习和训练；二是一定要结合一定现实领域的社会问题和社会工作；三是课程主题的内容的性质、工作量以及难度上一定能够适合学生的操作。

法律诊所课程的开设要有明确的教育价值和社会价值目标定位以及相关的功能定位，以实务操作为载体培养学生法律职业工作综合能力与服务社会公益相结合。具体说来，法律诊所课程在法学院的教育中可以发挥四种功能，一是法学理论知识的整合、检验、补充、拓展和强化；二是法律实务工作的知识、经验、技能以及思维的培养和训练；三是法律职业价值

定位的理解认识、职业环境的认识和熟悉、职业理想培养和职业规划的设计；四是要充分体现对人才培养的法律职业伦理的要求和标准，实现人才对法律职业伦理知识的学习、职业伦理素质和问题解决能力的培养；五是人才全面综合的法治社会的认识、实践和法治理想的塑造。

二、职业制度基础和条件

概括地说，法律诊所课程的职业制度基础和条件是指法律诊所课程的主题设定和学生工作活动的开展，要有合法有效的法律职业活动的制度和政策作为活动依据和运行条件，要有国家与教育活动相关的法律政策制度作为保障。具体来说，因为诊所教育活动既包含学生在课堂中的学习活动，还包括相关的社会法律工作活动，而在社会法律职业工作体系中，从事相关法律工作的主体、内容以及方式等多方面不是任意的社会行为，而都是有法律、政策等相关规范和制度来确定的，或者是明确允许的，或者说是不限制或者不禁止的。比如，在我们国家，有几部法律法规对开设法律援助诊所就提供了基本法律和制度基础以及条件，民事诉讼法中的"公民代理"等制度规定以及法律援助法中的"学生志愿法律服务志愿者"①等规范内容的规定，就为开设法律诊所以及学生从事相关主题的法律诊所工作奠定了法律制度上的基础和条件。另外，在法学教育政策和制度上，

----

① 《中华人民共和国民事诉讼法》（2017 年修正）第 58 条规定："当事人、法定代理人可以委托一至二人作为诉讼代理人。下列人员可以被委托为诉讼代理人：（一）律师、基层法律服务工作者；（二）当事人的近亲属或者工作人员；（三）当事人所在社区、单位以及有关社会团体推荐的公民。"

《中华人民共和国行政诉讼法》（2017 年修正）第 31 条规定："当事人、法定代理人，可以委托一至二人作为诉讼代理人。下列人员可以被委托为诉讼代理人：（一）律师、基层法律服务工作者；（二）当事人的近亲属或者工作人员；（三）当事人所在社区、单位以及有关社会团体推荐的公民。"

近些年来，鼓励和支持实践教学、诊所教学相关政策文件的出台，综合性地为高校开设诊所课程奠定了正当性基础，提供了有利的条件保障，促进了诊所教育事业的发展。

三、教师、资质和师生比

把诊所课程中教师的知识能力构成、相关资质以及师生比等相关方面作为开设诊所课程的考量条件，主要是为了在课程的基本的主体构成因素方面能够保障开设和运行的是一个真实的、能够达到预期效果的法律诊所课程。因为现实中常因为认知和条件方面的限制，主体构成上达不到基本标准，导致开设的只是名义上而非实质性的诊所课程。

具体来说，一方面法律诊所课程的教师要求由专职的在校教师担任，因为诊所课程开设运行关联教育工作的方面比较多而复杂，由校内专职而非校外兼职的教师担任课程负责老师，一是便于课程协调多方面的发展资源，二是校内专职教师相对于校外兼职教师工作持续稳定，可以保障诊所课程发展上的连续性和稳定性。另外，通常来说，诊所课程都是有两名以上指导教师，如此，诊所课程也可以采取在专职教师的主持下，组织具有职业实务工作经验的法律工作者兼职担任指导教师的模式，如此可以很好将法律诊所课程的校内与校外、专职与兼职、理论和实务、资源灵活运用和持续稳定发展充分结合起来。

另外一方面是，诊所课程要求至少有一名在校的专职讲授法律课程的教师授课或者负责课程的教学活动，如此主要并不是违反诊所课程的教学理念而使用讲授和灌输的方法，而是：一是有助于学生理论知识课程与诊所教育课程很好地过渡和衔接起来，二是核查掌握学生理论知识上的情况进行灵活有效有针对性的知识补强，三是最为重要的即通常校内专职教师因为工作上的原因更加清楚诊所教育的理念和方式方法，可以很好地把握诊所课程所要实现的标准和要求。另外，与以上校内专职教师的要求相呼应，由于校内教师同样因为工作环境和工作内容上的原因而见长于理论知识课程和教育思维，而诊所课程主要主体的活动内容是实务性的问题解决和实践操作，以此，诊所课程教师构成要求有较多的成员具有相应的法律实务工作经验和技能，这样的教师最好是从职业领域外请的或者说要有鲜活的实务工作经验和能力。

还有，从诊所课程的时空条件、教师指导学生的精力、群体活动的人员构成的科学性以及课程人才培养的效果上考量，可以说法律诊所课程设置要求配备充分的教师，这种充分性除了出于上文所说的理论、实务以及交叉专题知识和训练的种类的充分考虑以外，在数量上，通常说来师生比不得小于1∶8①，也就是说，平均一个教师最多指导8个学生，这是教学工作效果和效率平衡上的考虑，也是教师和学生数量上的平衡考虑。另外，在诊所课程的数量范围上，根据中国诊所教育的经验，诊所课程一般不应该少于8名学生，至多也不应该超过20名学生。因为如果学生过少，一是教育师资成本就会呈现相对过高；二是从团队合作、知识和能力的交流再生效果等方面来看，很难实现诊所教育的价值和效果。如果学生过多，课程就会显得非常沉重，一是大空间容易造成学生的注意力不集中，进入上大课的状态；二是就会造成有限的课堂时间中，学生的人均参与程度不够，教师难以了解和掌握学生的具体情况，难以得到精致、精确、有效的课堂效果。在以上的标准和原则下，就算是一个只有8名学生的诊所至少应该配上理论和实务两名教师才比较理想，因此比较理想、性价比较高的诊所学生数量应该在10到16名之间。因此，在实际的课程设置和运行中，特定的法律诊所课程都要根据自身的业务工作性质、现有的师生数

---

① 参见中国诊所法律教育专业委员会：《诊所法律课程质量标准》，http://www.cliniclaw.cn/article/？id=1955，最后访问时间2023年1月30日。

量条件、学院教师的空间条件等多方面，在以上的原则和标准的指导下，确定一个明确的师资比例和限定的学生数量，以及学生选课时要明确的学生数量和教师数量。

四、课程任务性质和学分

对于课程的开设和运行来说，法律诊所的课程工作任务性质和学分方面的制度性规定的意义要远远超过其所揭示的知识含量和教育价值，在整个法学院的课程体系、师资力量、经费投入、课程"地位"等方面，在应然性的逻辑上，可以说知识含量和教育价值当然是诊所课程的学分数量和课程性质的前提条件，但是，在实然方面，在课程的运行和发展过程中，就算是诊所课程被认为多么有价值和重要，如果现实运行机制上没有课程性质、学分数量等方面的规定和实施，那么这种价值功能的重要性也是无法体现和实现的。因为课程性质、学分是教育资源分配的指标和机制，它们意味着一门课程在课程体系中的位置、配置条件、经费投入、学生参与的情况，比方说，在法学院的学生学习计划中，学生不但要看课程的知识和能力方面的价值和功能，还要看课程的学分和性质的性价比，学生也不愿意上那些虽然有知识价值而时间和精力成本高的课程，因为如此会挤压其他必须要上的课程和完成学分的时间和精力。

因此，法律诊所课程应当纳入所在院校的学生培养方案，要作为一门有学分的必修或者限定性选修课程，每学期（半年）至少2分。根据科学的教学课程体系设定，法学院的学生在上学期间至少要上过一门诊所教育的课程比较合适；而根据工作经验积累测算，正常合理的情况下，从一门诊所课程的师资力量、师生的师资力量投入以及综合成果来看，诊所课程的学分应该设定为传统课程学分的2至3倍比较合适合理。另外，法律诊所课程的教学、科研以及学生指导任务都应当作为所在院校的工作量统计对象，作为教师工作成果评定和工作绩效考核的基础。

五、教学大纲、计划与课程实施方案

为了保障诊所课程开设和运行的质量，法律诊所课程的开设，应当根据课程内容制定系统完整的教学大纲，体现教学的目标、任务、结构内容和方式方法；教学活动要有具体可操作的合理教学计划。

传统课程的教学大纲和教学计划在认识理解上并不陌生，而实际上不论是在性质上还是在内容的含量上，法律诊所课程的教学大纲和教学计划相比较于传统课程都要丰富而且有很多不同。教学大纲实际上是就教学课程内容的一种设定，一方面体现的是课程内容的知识构成，另一方面是教师、学生和教育管理组织之间的管理约定；教学计划实际上是教学大纲的落实方案，体现的是时间、空间和人的要素的结合，即在一定的进度上、分时间阶段地、通过相应合理的方式完成知识的传授、训练以及考评等活动。诊所教育课程相比较于传统知识讲授课程内容丰富、任务活动多样、人员数量多且关系多维、活动空间种类多跨度大等，因此，诊所教育课程的大纲以相关的教学计划实际上是学生活动管理的指导手册，或者说是整个团队工作的"作战计划和作战方案"，"活动指南"的功能和意义远远要超出传统意义上的教学大纲和计划，其中的内容包括时间、地点、人物、任务、方案、方式方法、目标结果、制度规则等内容。可以说，如果没有一个相对科学合理的课程实施方案，在一个有限的时间周期内，是无法完成一门诊所课程的内容并达到预设的课程效果和目标的。

制订好一门诊所课程的大纲、教学计划和教学活动方案是有难度和需要花费时间的，好的诊所教学计划和互动方案既要体现出课程大纲相关知识和能力训练的充分性、全面性以及稳定性，还要在运行层面使以上相关内容能够落实和实施，因此，在设计上，诊所课程的大纲、教学计划和教学活动方案既要在内容上保持完全一致，并按照具体业务相对稳固的时间和场所上的发生和运行规律确定时间、地点和人的结合，也要使具体的运行方案在前文所述的大课堂、小组讨论以及实战活动三种空间和任务活动保持弹性和灵活①，如此才能在有限的时间周期内将诊所的时间、地点和行为有效结合融合起来完成诊所课程的工作任务。一个成熟稳定和相对完善的诊所大纲、课程计划和运行方案的形成是需要花费时间和精力投入的，经验上理解至少需要 3 个以上学期或者周期的尝试与磨合。如果想把一门诊所课程开设并运行好，这样的付出是必要的。

六、课程内容与教学方法

内容和方法是诊所课程区别于传统课程关键方面，也是法律诊所教育价值的独特之处，开设运行法律诊所课程，一定要具备法律诊所属性的内容和方法，这也是开设法律诊所课程实质性的条件和标准。提出这样的诊所课程标准要求既有理论上问题认识的必要性，也有现实问题解决的必要性。理论认知上的问题，前文已经有较为充分的介绍和阐述，关键点在于诊所课程的内容和方法不是某一专题和领域的法律知识的灌输和讲授，而是通过某一类法律业务的真实操作来获得各种知识以及知识融合和应用的思维和能力；现实的问题是，有很多现实中的法律诊所课程仍然是传统课程的内容设计和方法应用，导致现实中诊所教育的功能和价值不能实现或者效果不佳，有"挂羊头卖狗肉"之嫌或者效应，由此甚至反过来造成对诊所教育功能和价值的群体性错误认知。

因此，在法律诊所课程设置的标准上，要求各个院校根据自身的师

---

①　比如，一个常见现象是，每个小组获得案件业务的时间可能不一致，获取案件的时间也不都在完整系列的知识和能力习得训练完毕后才开始操作，这样的问题必须在诊所课程运行方案的设计上考虑好并做好预案。

资和资源条件情况开展不同主题内容的法律诊所课程，但课程内容必须是在教师指导下学生进行的真实法律业务操作，主体内容不应当是模拟和理论知识讲座、案例教学、研讨等非真实业务操作的教学活动。另外，法律诊所课程的核心教学方式是学生自主独立办理真实法律业务，辅以教师的指导和监管。在具体方法上，针对不同环节的实务内容可以采取启发、讨论、体验、案例、模拟等参与互动式教学方法，绝对不能以实务讲座、模拟法庭、实习实践、案例教学的方法和理念来代替法律诊所课程。

七、运行支持与行政管理平台

根据以上介绍的诊所的人力、物力以及活动任务的丰富、多样和复杂程度，就如前文所说明的，实际上诊所就是一个社会法律工作机构，再加上教学的功能和任务，其运行管理方面也是比较繁重和复杂的，这其中涉及学生和教师等人员上的调动、出勤记录、课程组织、成果记录、成绩考评、资源管理和支持、对外合作的联络与沟通、会议和课程安排等多方面。因此，诊所课程一定需要一个有力的运行支持系统和行政管理平台。

当然，对于诊所教学课程而言，行政管理和运行是课程本身活动的必要条件，但是，在学生教育和人才培养方面，诊所教育本身的运行和管理也是学生重要的学习素材和实践能力培养的一个重要构成，其中蕴含了法律教育方面的理念和价值。传统法律理论知识讲授的课堂只是知识方面的传授，没有认识和注重知识的实践性，而知识实践性的一个重要方面就是知识的运行是有时间、空间、人等多方面条件和效力上限制和考虑的，或者说没有管理和运行的知识不是完整、真实的知识，因此诊所教育的行政运行和管理要充分地让学生参与进来，当然不只是通过被动的管理来进行参与，最好是能够结合自己的业务操作和学习，主动地参与诊所运行和管理的设计。因此，诊所的管理和运行工作的操作和设计，不只是要从其本身的运行和效果方面来考虑，还要让学生在这个过程感受学习到管理的知识、思维和能力，认清知识运行、业务管理与业务本身的关系，并做好相关的问题处理经验的积累和相关能力的建设。

因此，法律诊所课程应当有必要的专项经费和专门的行政人力工作支持，以保证课程专业化、专门化、按照周期持续稳定开展。法律诊所课程的运行模式不同于传统的课堂，教室的空间格局、桌椅摆放应当有利于参与式、启发式的教学方法和实务工作能力的训练和操作，应当有必要专门的教室、会议室、讨论室、模拟法庭、接待客户的办公空间以及录音、摄影摄像与互联网技术应用相关的电子设备支持，以保证以上区别于讲授式课程方法的有效运用，并创造相应的以学生为中心的参与式的知识学习和法律职业文化氛围。法律诊所课程应当具备完善的、有效的管理和运行制度，以实现教学学习活动和学生实际业务操作活动的有机融合、有序运行，保证课程的教学工作与社会服务工作质量，实现诊所课程成果及时积累和不断巩固，不断提高诊所课程人才培养的能力和服务社会工作的水平。法律诊所课程应当根据自身的业务内容需要，建立和发展链接整个校内外资源并能够运行与支持实践工作业务的有形的业务工作关系和工作平台，也可以依托互联网和人工智能技术，建立立足于校内、链接校外的法律实务工作操作信息技术平台，为学生提供稳定的实操业务来源和运行条件支持。

第二节 法律诊所课程运行的条件和相关要求

一、开课准备

任何一个法律诊所的主题和实操性的工作任务应当是明确确定的，但是即便如此，在每个学期开课之前，诊所教师们应当召开备课会，研判本学期的社会工作领域的实际情况，制定本学期具体的课程方案的内容。具体包括，每个学期开课之前，法律诊所课程明确一个针对本学期的可实现的具体主题和目标；应当具有相对确定的具体实务工作任务或者形成相对具有保障性的业务来源。

另外，每个学期开课之前，法律诊所课程应当以基本课程大纲为基础，形成一个具有现实可操作性的学期教学计划和教学方案，该计划和方案除了应当包括以上相关内容外，还应包括整学期课时数，内容结构关系，教师构成，教学方法，应急调整机制，上课与工作的时间和地点，本学期计划招收的学生的条件和数量，应当形成相对完整的课程参考书目等需要学生独立准备的材料和辅助用品清单，以及其他相关的行政技术支持，等等。在此基础上，诊所课程可以面向学生和社会公开发布以上相关信息，进行有目的的招生宣传和诊所工作宣传。

诊所教师每次上课或者与学生开展相关的学习和工作活动之前，法律诊所课程教师应当对相关工作进行充分的准备，每次课程和活动都应当具有包括任务、目标、方法等的充分完整的课件。如此，一方面能够保障其与整体课程相配合，阶段性地完成诊所教育和工作任务；另一方面，也在提前告知学生相关信息的情况下，学生能够做好活动准备，从而实现更好的课程或者工作效果。

二、学生的招收和选拔

学生的招收和选拔是法律诊所课程运行一个重要的工作种类构成和运行环节。法律诊所课程学生招收和选拔的环节并不是针对所有课程的，有的诊所课程可能是学生的必修课，需要全体的学生都来上，但是很多诊所课程是选修的，因为受社会工作的性质和类别的影响，对从事相关的工作和活动有一些特殊条件的限制，因此往往要通过招收和选拔的机制来确定参加课程的诊所学生。当然，即便是必修的诊所课程，但课程也有一些特殊业务需要通过选拔已经在课程里的学生来参与，因此，招生和选拔常常是诊所运行的重要活动和工作。

因此，参加特定法律诊所课程或者执行有特别条件要求的诊所课程任务活动的学生，应当具备操作相关主题业务所要求的基础性法律知识，比如必须修完相关主题所关联的基础专业课程；具备操作该诊所课程具体法律实务工作的基本法律素养和条件，比如必须要具备基本的沟通、表达和文书专业能力，比如相对熟悉目标工作任务的场景或者具备一定的工作经验等；为了收到更好的教学效果和充分实现教育资源价值共享，促进学生积极参与课程活动，可以以所要完成的任务工作为目标，通过竞争者的方案策划与预演的方式，根据相关的表现效果进行学生选拔，法律诊所课程选拔学生必须公开公正，应当有申请学生知悉的选拔制度，这样的制度和规则最好是能够邀请学生参与制订和执行。

根据学生参与课程特定条件的要求，必要情况下可以通过笔试和面试进行选拔。在对学生进行考试选拔时要注意处理好一个问题，就是要选拔更加具有工作能力、适合课程内容和业务的学生，还是选拔招收更加需要学习和培训的学生？这揭示的是教育价值目标和实际工作要求的价值目标之间的一个矛盾。具体说来，教育的价值功能理念是要对所有素质和能力状况的学生进行知识的传授和能力的培养，而且往往缺乏相关知识和能力的学生恰恰更需要相关教育和培养的机会；而实际工作的目标要求则是相反的，为了实际工作上的更好的成果体现，肯定是需要各个方面都是更加胜任的学生或者人才来从事相关工作[①]。因此，诊所课程学生选拔工作要协调好这个价值取向上的矛盾和冲突，基本原则和追求的效果就是做好两

---

① 这也是将实际工作引入教育工作需要面对的价值定位冲突和困难。

种价值的平衡。具体来说可以这样处理，即：注重教育价值的同时要保障工作价值，也就是说诊所教育课程、相关项目以及具体活动要给那些能力欠缺、但是态度非常积极的学生提供充分的学习和锻炼的机会，使他们在教育中真正能够获益，实现教育价值，但是也要通过有效的方式方法来保障工作价值。

比如，要是组成团队的工作形式，可以考虑将不同条件和不同能力的学生进行组合，避免两极分化。将条件能力良好的和不是很充分的学生分别组成两个组，这样从整体上是不利于工作完成和成果产出的。通常说来，相对一定的工作，在一定的标准下，学生虽然有条件和能力优劣的区分，但是在另外标准和角度上，优势和劣势都是相对的，在团队中要看具体的角色和功能，团队工作的理念和意义就是要能够将各种不同条件的成员的潜能充分发挥出来形成最大的力量和成果，如此，通过团队间不同功能的学生成员的组合，既能给所谓条件和能力不同的学生提供教育和学习的机会，还可以最大化地保障工作的价值成果实现。当然，如果不是团队而是单兵作战的情况，也能够创造出机会提供给能力和条件欠缺而需要学习和锻炼的学生，这主要是通过指导教师的监控和保障机制来实现以上两种价值以及价值的平衡，当然这种机制同样适用于团队工作形式。在诊所的实务工作中，单兵作战的情况很少，一般至少是两个人。

三、课程运行空间与任务结构

如前文运行模式和结构所介绍的，在运行阶段法律诊所课程活动主要体现为三个空间中的三种活动的三种方式下的工作循环。整个课程与工作活动的运行应该具备全员公共大课、现场的实战工作以及小课形式的小组或者个体交流活动。全员大课的主要任务为知识分享和补强、能力建设、制订总体工作计划、分配小组任务以及总结反馈和评估等；实战工作的主要任务是法律职业空间中真实具体的法律业务上相关事务的具体办理，体现为知识和技能的运用和计划方案的执行；小课分组或者个体交流活动是特定与个性化的知识能力强化、小组团队建设、具体业务方案和执行实施计划的制订以及相关的教师业务指导活动。更加具体的任务和模式以及方式方法前文已经详述，这里不再赘述。

从运行条件的设立和保障来看，三种空间工作的建设和运行在运行准备上需要注意如下几个基本方面。

其一是在课堂的空间、设备和设施的准备上，要以课程运行的方式方法、活动模式以及相关理念和效果的实现为出发点和指导。法律诊所课程通常的课程形式为教师展示讲解、学生的展示和分享、群体的头脑风暴、分组分空间讨论、模拟法庭以及其他模拟场景训练、启发性活动等。教学活动的空间结构体现着教学的理念和教学效果，一定空间中的人和人的空间关系影响着人和人之间的交流关系和交流效果，影响整个空间的氛围，诊所教育特别注重学生的参与性、主导性和积极性，以学生为中心（学生不能沉默、观看和偷懒），因此通常在空间中经常要保持每个人都在空间的中心，能够与更多的人保持平等、开放的交流和互动，因此诊所的教师和学生以及学生与学生的空间关系，桌椅设备的配备和摆放等方面，都是有着诊所教育独特的理念、思路和方式的。

因此，比如诊所的公共大课堂的空间通常是比较大的，课堂的桌椅摆放通常不只是讲台对着学生、学生分排就座的空间结构，还有学生分组分空间就座的模式、桌椅收起保持空场的模式、模拟法庭和场景的模式，等等。由此，诊所课程的桌椅一定是能够灵活摆放和组合的，除此还要具备灵活的话筒扩音设备、投影播放展示设备以及录像录音设备，等等。总之，诊所的空间布局、设备设施摆放一定要便于空间中的主体能够随时参与和交流，能够保障交流的效果，能够通过空间的物理条件和因素激发学生进行参与和交流的愿望和兴趣。诊所小课堂分组指导的空间条件基本上也要体现以上的理念和安排，不同的是小课堂不需要太大的空间，在人数相对较少的情况下，太大的空间不利于学生的注意力集中和交流效果的实现。另外，诊所课程两个课堂运行的时间和空间应当是确定的，尤其是大课堂的时间和空间一定是确定的。

其二是实战工作的条件准备。学生的实战工作是诊所课程的关键环节，是对教学工作成果的检验，是对社会服务工作成果的实现。在这个环节活动的运行上，特别重要的是要让学生熟悉在课程到工作的维度上的实战工作的一系列运行程序、机制、规则以及重要的准备工作，以此来保障实战工作的有序有效运行。比如说，实战工作启动的基本工作流程，请示汇报机制和制度，技术指导和培训要求，情景模拟和工作预演，必要的场景了解和工作沟通，等等，具体内容后文将详细说明。

其三是要掌握好三种空间的运行机制、结构关系和现实的状况。

诊所课程虽然是有细致完整的教学计划和实施方案，但是诊所课程最大的特点就是"计划不如变化快"，很难像传统课程一样基本上严丝合缝地按照大纲和教学计划的时间表和先后顺序来运行，当然不能因此来质疑诊所课程计划的必要性，而是要清楚越是常常变化的工作状态越是要有比较周密的计划的理念。诊所的运行过程计划易变的状态来自于诊所的业务运行对现实的业务具有很大的依赖性，很多法律诊所课程实际业务工作的来源时间往往是不确定的，由此会影响或者"打乱"诊所的教育工作计划安排。

因此，为了实现"打"而不"乱"的诊所运行状态，诊所教育课程可以以三个教学空间为基础和依托，形成三个空间互相支援、相互给力的运行结构和机制，以保障课程的运行效果和教育目的实现。[①] 具体要做出这

---

① 教育业务价值和实际社会工作业务的价值平衡，实际上是诊所教育开展和运行的一个基本的理念和原则。

样的模式安排，要清楚认识诊所课程两种启动和运行推动机制和动力：一种是以公共大课堂为起点和源头的常态化运行状态和相关模式，比如说以诉讼法律援助诊所为例，在没有案件进入诊所需要提供服务的时候以及课程开课前就已经有案件进入诊所课程，但是案件实际运行的时间节奏与诊所课程的教学课程计划是基本一致的，这种情况下就按照正常的计划方案进行主题性授课；另一种是以实战工作为起点和源头的"变态或者反常态"化的运行模式和状态，仍以诉讼法律援助诊所为例，常常在课程按照正常的计划运行的过程中，突然来了一个适合诊所课程的案件，或者说原来计划的案件业务因为法院的审判开庭时间突然比预想的提前了，由此需要改变原来的工作计划和实践节奏，这种情况下，或者在小组工作和学习范围内，或者在整个学生群体范围内，就要对课程计划和实施方案进行调整。这种调整对于集体的大课来说，多数情况下可能是计划的课程内容上授课时间顺序的调整，对于小组学生来说，可能是针对此案的学习，相关各项主题的学习训练可能在本组内要压缩时间，与案件服务工作紧密相关的内容可能要提前与大课的计划进度进行学习和训练。

如此，就涉及了第二个方面的认识和安排，就是要清楚定位并积极发挥小课的小组指导功能。实际上，在整个课程的这种动态化运行情况下，对于课程的教学价值和工作价值的实现，诊所课程的小课堂分组讨论和指导的功能具有重要的保障作用，类似于足球场上的中场的角色和功能，一是能够把握控制住全场的运行节奏，二是自身在整个队伍中具有进能攻和退能守的功能。对于后者的效用类比到诊所课程的分组小课来说，就是当诊所的课程处于按照大课计划常态化的运转状态下，分组小课可以帮助学生很好地消化和掌握大课的内容，并为实际业务的操作做相关的准备；而当诊所课程处于案件实际运行的工作节奏、课程处于非正常计划下运行的状态下，分组小课可以在小组中临时替代公共大课的功能，结合案件有针对性地对学生进行课程内容上的训练，并将小组中的课程学习、训练和办理业务的指导活动进行整合，为学生实战工作做好准备。通过以上三种空间中的活动的相互作用，通过不同空间功能和作用的协调发挥，实现诊所课程的空间、行为和价值的合理有效的关联融合，既能保证既定诊所课程教学任务和目标的完成，也保证了社会服务工作的及时对接和价值实现。

四、业务内容的选择与确定

法律诊所课程中学生进行实操业务工作的业务内容的选择与确定是课程运行的重要内容和环节，与前文所介绍的课程主题的确定有着紧密的关联，诊所课程的主题是对具体业务活动的原则性的界定，业务内容则是对诊所主题内容实现的具体落实。

由学生办理的法律诊所课程实务具有法律职业工作和人才培养的素材的双重属性，因此总体上来说，课程实务工作的确定和选择既应当考虑工作任务能够得以完成彰显诊所工作的社会价值，也要充分考虑课程本身人才培养的价值目标能够得以实现，具体说来应该有如下几个方面的因素上的考量。

一是时间上的因素和条件，即：业务具体的实际法律工作合理运行的时间与学生操作业务的时间以及课程运行时间能够相适应。这个因素毫无疑问是最重要的，因为时间上的合适才能保障学生在上课学习时间内得到真正的、完整的实务工作上的体验，这对于诊所教育来说是至关重要的。另外，从工作业务的角度来看，除非特殊的情况，业务工作的操作最好不要中间换人，保持工作人员的前后一致、一以贯之最好，如此可以保证工作的质量和效果，如果时间上不能一致，会导致学生和诊所的相关的社会业务工作没有完成。当然，在现实的工作操作中，主要是由于职业领域的时间安排和节奏上的因素，也经常出现一个学期内、一波学生无法完成工作的情况。这种情况下，一种方案是课程随着学期结束而结束，但是或者出于自愿，或者因为诊所工作制度的合理要求，学生的工作还要继续；另一种方案是，在不影响工作质量的情况下，进行中的业务可以由诊所行政管理工作老师与客户或者合作者进行沟通，将课程移到接下来的学期课程上换学生继续提供服务。

二是在地域空间因素上，应当考虑工作上的便利也就是时间上的成本和可接受的费用成本支出。关于诊所课程业务的可接受地域范围，通常在诊所面向社会公众进行宣传的时候或者建立合作关系时就进行明确的确定，通常来说，诊所课程的线下业务都在本市范围内，线上咨询等活动可以扩展到外省市，因为诊所学生往往因为其他课程的安排没有时间到外地出差。

三是在人的能力因素上，应当考虑适合学生操作的业务，所谓适合的标准，主要还是教育人才培养的效果标准和工作完成的效果标准。在业务的复杂程度和学生的驾驭能力关系上，应该认真考虑业务的复杂程度、难度以及业务工作量与学生能力的相适应；在业务的教育价值上，应当充分考虑业务活动能够给学生带来的知识增长和能力上的提升，能够让学生通过具体的业务操作获得丰富的学习体验，建立实践工作的信心，激发工作的兴趣；在社会工作价值上，要切实考虑学生能够按照行业标准完成这样的业务工作，合理有效地解决社会相关的问题，明显带来相应的社会服务价值。

五、指导学生

教师指导学生是法律诊所课程中重要的工作构成，也是决定着诊所课程属性和特征的重要指标和要素。由于诊所业务教育性和社会工作性的双重复合性，诊所教育课程中教师指导学生工作较传统理论知识讲授课程复杂得多。就像诊所教师身份所彰显的一样，诊所教师既是知识的传授者，也是学生实际工作业务的监督者、保护者、辅助者和帮助者，而用一个综合性的语言来描述，就是诊所学生学习的指导者。指导，意指在一个主体行为活动中，为了解决其基础知识上的问题，要进行相关知识的传授，为了其解决技能和经验不足，要进行经验的介绍和技能的训练，为了避免行为上的风险，要进行监督、纠偏、把控以及保护，为了其他相关条件上的不足，要进行辅助性的帮助。"指导"一词也能充分体现出诊所课程的方法论，即：指出行为的问题，向正确的答案方向导引，不只认知上的告知和行为上的替代。诊所课程中，广义的"指导"指的是教师在大课堂、小课堂以及实战工作过程中与业务办理相关的所有知识传授和训练的行为，而狭义的"指导"指的是小课堂分组讨论工作中教师所从事的教学行为和活动，或者说，诊所课程中，狭义上的教师指导工作主要是体现在小课堂分组教学环节。

法律诊所课程教师应当为学生提供充分有效、恰当合理、科学专业的实务工作指导，教师对学生的工作指导可以分为一般规定性指导和个性随机性指导、启发性指导和告知性指导以及交流性指导和结论性指导等。一般规定性指导，是针对诊所群体学生的共同普遍性问题，在业务分配和实际操作前，按照教学大纲和教学计划进行的知识、经验和技能上的主题性讲解和能力训练。个性随机性指导是指学生随时提出问题，教师随时进行解答指导的情况。启发性指导是指对于学生提出的问题，教师不通过直接告诉答案或者做法的形式进行指导，而是提出各种与此答案相关的问题，这些问题要么是因果关系上的，要么是逻辑条件性质的，要么是客观事实关联性的，最终实现学生通过一些类的问题的回答就能找到答案。有的时候学生会发现自己提出的问题是一个假的问题或者没有价值的或者说并不是一个"好"的问题，如此的指导不仅能够让学生找到问题的答案，还能够让学生获得一种宝贵的思维训练，即：如何思考，还能让学习到更多的知识，并且能够在关联中学习，更重要的是在实务指导工作中，让学生能够知其然也知其所以然，学生知道了解决问题的思维模式和路径以后，就可以发现很多问题的答案和解决路径是有价值取向的，往往也并不是唯一的，如此学生就可以不断地尝试创新解决问题，还有学生在这种指导过程中是不断被鼓励的，容易建立自信心。告知性指导，指的是直接告诉学生问题的答案或者解决路径的指导方式。交流性指导，指的是教师在对学生进行指导过程中，主要是以一种意见和观点交流的方式进行的，也就是说，教师在提出问题的答案或者解决方案时，明确告诉学生知识基于个人的知识和经验做出的判断和理解，相关的内容并不是真理性的唯一的结论，态度是开放性的，供学生参考和选择；另外也会对学生的意见和观点给予相对弹性的个人化理解和点评。结论性指导，是指针对学生提出的问题，教师直接给出明确的答案或者解决办法的指导，这些答案或者办法具有结论性、唯一性和不容商讨性的色彩。

如何认识理解和运用以上的指导方式呢？本书认为，实际上以上的指导方式在诊所教育课程中都是适用的，没有绝对好与坏、对与错，只有在具体的场合条件下是否合理。通常来说，一般规定性指导常常在大课的知识学习、能力训练和经验分享以及小课的部分环节应用，它的特点和优势是效率高，缺点是具体问题针对性不强，对个人的激励和影响效果不佳。个性随机性指导是比较常见的指导形式，随时随地随问题都可以应用，优点是个人针对性最强、效果好，缺点是需要教师付出很多时间，另外可能缺乏同伴情况的比较和参照。启发性指导是诊所教育中核心属性的指导形式，可以融合各种指导形式进行应用，优点是教育效果极佳，缺点是往往需要投入很长的时间和精力。告知性指导应当在诊所教育中用的情况比较少，但是告知性指导却有着重要的意义，告知性指导往往更像"命令"，要求学生必须按照这个做法执行，常常在教师监控和实战的过程中运用，由此以保障社会服务的工作任务的完成和质量，在这种场景中，告知性指导通常与结论性指导联合运用，毫无疑问告知性指导和结论性指导效率最高，但是学生在被指导过程中的学习质量和效果体验并不是较好的。交流性指导也是诊所大课和小课常见的指导形式和指导方法，通常也是与一般性指导和启发性指导结合运用，比如说讨论会和主体交流会等，这种指导方法的优势是学生收获大，效果体验好，具有知识学习上的综合功能和价值，缺点是运用起来不灵活，时间和精力成本也比较高。

根据以上每种指导形式和方法的属性和特点，诊所教育过程中教师从事指导学生工作是要根据具体的工作场景和现实情况，也要根据学生个人的可接受、适应的情况选择适当指导形式、灵活应用，当然也要在根本上把握住诊所教育的教育理念和价值功能，要在一般规定性指导和个性随机性指导、启发性指导和告知性指导以及交流性指导和结论性指导之间获得合理平衡。

另外，以传统理论知识讲授的课堂情况为参照，诚所谓法律诊所教育课程不在教授而在于指导，可以说没有指导就没有诊所，因此法律诊所课程的教师指导应该保证充分性，或者说学生获得的指导应当具有保障性，即：重要指导的常规化、体系化和固定化，与学生的个性问题必须得到明确及时回应并获得效果上的回馈；教师指导应当适当合理，既不能指导不足而散兵游勇，也不能过分指导而代替学生进行工作，从而要么导致学生的相应能力没有得到训练，或者缺乏工作的积极性、自主性和创造性，要么导致学生相应的做事习惯和方法缺乏正规教育价值基础和有效能力体现。从总体上，诊所教育课程的指导应当以启发和鼓励创造性思维和能力培养为导向，要主要运用启发式指导和交流式指导来指导学生，鼓励积极进行交流，非必要的情况下，尽量避免直接告知学生问题结论，避免取代学生的独立思考和独立动手进行工作，不要因为指导方法和形式的不得当导致整个诊所课程的价值和功能受损。

六、业务监控

因为法律诊所的教学素材是真实实务性的法律业务操作，因此，业务监控也是法律诊所课程一个独特的课程运行方面和运行机制。如果从核心的法律诊所教育的价值和功能上来看，业务监控除了在教师所进行的业务指导层面具有教育相关的意义关联以外，在其他方面看似没有体现出任何教育价值和功能，因此在这个角度上看业务监控是诊所教育课程的保障性机制，由此，其有一种独特的作用和功能。然而事实上，业务监控对于诊所学生来说进行实务工作操作学习的重要场景和素材，这其中同样包含职业法律工作者必须要熟悉、学习和养成的工作模式和工作素养。比如说，学生一定要通过诊所课程的业务监控机制养成业务风险防范的意识，获得初步的工作经验和工作方法，等等。

具体来说，法律诊所的业务监控主要包括接受业务、建立合作关系、提供结论意见、实际业务操作等多方面。法律诊所课程主要应当对学生操作的真实法律业务的业务合作关系建立、内容方案确定，提供结论性服务以及其他可能会给客户和社会带来较大影响，或者会形成较大的业务和社会风险的方面和工作化解等进行严密的业务监控，以保证业务的工作质量和避免责任风险。

法律诊所课程运行和管理方面应当根据以上情况和需要建立诊所学生业务操作的风险点，给学生提供类似于企业合规业务中的负面清单和风险防范指导，应当建立业务跟踪、责任风险预防和紧急情况应对处理机制。法律诊所课程的学生法律业务的选择、接受以及结论性服务应当在教师的指导下进行，学生执行每个操作任务应当对诊所指导教师或者相关诊所课程负责人进行汇报，是否开展特定业务以及提供结论性服务应当由指导教师以及诊所课程负责人进行审批。

七、反馈总结、成果评估与成绩考核

反馈与总结、成果评估与成绩考评是诊所法律课程运行的保障机制、重要环节和工作内容构成。根据诊所教育工作统一的标准要求：在法律诊所课程运行中，在教师与学生以及其他相关的主体之间，应当对教育学习和训练活动、实际业务操作、诊所的管理运行等方面工作内容进行适当的评估和总结，保障课程的有效运行，实现课程的任务和目标。法律诊所课程应当建立学生成绩与教师业绩考核机制，阶段性的反馈、总结和评估应当明确相关考核内容要点、指标、标准和方法，并且应当与学生成绩评定和教师业绩考核紧密联系起来。

以上这些要求在根本上来源于法律诊所课程的基本属性，一是作为社会群体性的活动的诊所课程属性决定了这种工作的必要性，是对学习成果的核查、检验、评价和认定，通过这些方法和措施可以对学生的学习行为及时进行纠错和激励；二是社会服务工作的性质决定了有必要对工作成果进行必要的总结和价值认定，好的成果可以为相关的社会工作进行成果上的积累，树立良好的样板和示范，不足的方面可以形成教训，促进工作不断发展进步和完善。

从诊所课程教学和业务工作推进的运行机制的角度来看，反馈、总结、评估与成绩考核既是一种课程运行措施，同时又是对诊所课程人与业务进行紧密结合的管理手段，在运行机制上体现为这四个环节从课程开始到课程结束贯穿始终，首先体现为学生和教师之间的知识和任务的给予知识的掌握情况与任务的执行情况的反馈和总结，学生要对教师的任务和知识的学习情况有反馈结果，教师也要对学生的反馈结果的情况有反馈，一定阶段必要的情况下要对这些反馈的情况进行总结，发现问题以及探讨解决问题的办法，这样才能在正确和错误之间有效及时地选择正确和摒弃错误。在管理手段上，可以看出这种运行实际上就是对所有主体和业务进行结合和推进的一种管理手段和约束机制，因为只有通过学生和教师之间的不断反馈和总结，才能将业务工作的操作激活，就像两个人打乒乓球一样，这种互动性的相互配合才能使业务运转起来，在这个运动模式中，每个主体都要按照程序和规则及时合理地作出动作，否则就会使整个运动出现问题停止下来，同时也能够不断地提高两个主体的水平。

评估与考核的本质性内容是按照诊所课程学习的达标标准对学生的学习成果和工作成果进行比较和评定，通俗地说，看学生通过一定阶段的学习和实践达到了什么样的水平，以此一方面是对阶段性成果的总结，看清自己的成果和不足，确定未来学习和工作相关知识和能力需要努力的方面和方向；另一方面也是对阶段性的学习成果认定，是在教育教学计划和管理机制中对学生一定能力和资质的认定，为未来的职业工作等方面奠定基础和创造条件。

在以上四个方面的关系上，如果从评估和评定的角度来理解，可以说以成果评估和成绩评定为最终环节，而平时的反馈和总结也是评估和评定，是整个评估和评定的平时体现和基础工作，而如果从反馈和总结的角度来看，评估和评定也是最终的反馈和总结。总之，促进了整个业务的运行，二者以方法和目的为区分，既形成了对教育和工作业务的运行，也形成了对二者的管理，即可以说因为最后要评估评定，所以平时要不断地反馈和总结，把评估评定的考量贯穿到平时，形成了整个业务的管理，把反馈和总结落实到最后。

在法律诊所课程运行和管理方面，一定要确定一套有效的评估指标、评估标准以及评估机制和评估办法。为了做好以上的制度和机制，开展好评估工作，要注意考虑如下的理念和原则。一是在评估内容和指标上，要进行全方位的评估，既要包括对学生学习方面的评估，也要包括对教师教学指导方面的评估；既要包括对教学工作方面的评估，也要包括对管理工作的评估；既要包括对教育工作方面的评估，也要包括对社会服务工作方面的评估；既要包括对教学内容方面的评估，也要包括对教学方法方面的评估；等等。总之，评估工作经过合理方案的设计和实施，开展得越详细，对工作成果的积累和发展一定是越有好处。

二是在评估标准上一定要合理处理好对业务工作的评估和对教育学习评估之间的关系。从整体上来说，对于学生学习和受教育方面的成果和成绩评估与对学生做实务工作方面的相关评估应当是一致的，但是应该明确地确认，在评估上，教育方面考核的范围和方面要比实务工作方面考核的范围要大、方面要多，考核的标准也不一定完全一致，比如说，实务工作做得好，同时一定意味着教育方面的成果就一定好，反过来就不一定成立。当然，在教育成果的评定上，一定是要看实务工作的成就和成果，并且以这个方面为主，但是教育成果的评定一定要看学生经过诊所课程的学习和训练的提升程度，学生的勤奋敬业程度，学生的学习态度等更多方面，而实务工作的评定严格说来就是要看实际工作的综合水平和结果。

三是在评估机制和评估方式方法上，要进行分阶段与相结合的评估机制，可以设定专题活动评估、平时的评估、学期中的评估与学期末的评估，不同阶段的评估可以合理结合，在总评估中设定成绩比重；评估主体要以教师为主，但是一定要让学生参与课程评估，可以考虑将学生自我、团队伙伴、其他同学以及社会工作合作伙伴、客户等相关的人员都作为评估主体，各自评估的评价在整个评估成绩中确定合理的权重和占比；评估评定方法可以考虑会议讨论式、问卷调查式、独立打分式以及总结报告式等多种方式独立和结合进行，但是诊所课程不采用试卷考评方式。

八、行政支持与管理

行政支持与管理工作是千条线与一根针的关系，诊所课程的所有业务行为都需要行政与管理这一整体的机制进行有序运行和实现。法律诊所课程运行要求提供专门有效的行政管理与工作支持，具体包括诊所课程活动与工作活动的管理和服务，上课与工作考勤，工作量登记统计，各种运行关系的联络协调，应急实务处理，活动场所管理、技术服务，设备运行，档案管理，学生行政事务指导、合作关系建立与管理，各种资源的拓展等多方面的工作。具体来说，法律诊所的行政支持与管理工作主要体现在相关管理和运行制度的制定和实施上，为了使法律诊所的工作能够得到保障和有效运行，法律诊所界定行政工作不只是专职行政管理人员的工作，要求所有教师和学生全员参与行政管理工作，因此，法律诊所的行政管理一定要通过明确的规则和制度的界定清楚并处理好法学院、法律诊所、校外职能管理部门、合作单位、教师、学生、其他相关人员在诊所各种工作上的行为内容、行为方式以及相互关系，需要对传统法学教育模式中的研究激励、课程激励、职称评定、奖励激励、资源投入等多方面进行改革和完善。重点包括如下几个方面。

（一）业务工作平台建设制度的制定与实施

法律诊所课程应当具有一个法律实务业务工作平台作为开展真实法律工作的基本条件。法律诊所应当建立严格的平台管理制度，就业务性质、合作方的权利义务、工作风险处理、工作责任界定和处理、工作协调机制等进行明确合法的约定，比如，法律诊所课程与法律援助中心、律师事务所、立法机构、政府机构、司法机构以及其他社会组织和机构等相关业务的合作和约定，并在诊所内部制定相关规则和制度对落实相关的内容的诊所工作人员的行为进行规范和管理。

（二）业务操作制度的制定与实施

法律诊所课程核心的工作是教师指导学生进行法律实务业务操作。相关业务操作必须严格按照职业法律业务工作程序和质量标准等规范执行，因此，诊所法律课程的运行应当建立完备有效的业务操作流程、业务选择规范、业务受理规范、业务办理规范、业务风险管理规范、业务监控规范、业务考核规范、业务评估规范、业务指导规范等相关制度规定，并在日常的课程运行过程中严格遵守相关的规范制度，以保障业务目标和价值的实现。

（三）课程管理制度的制定与实施

法律诊所课程作为法学教育的人才培养活动，在属性、理念和方式方法等多方面具有不同于理论知识讲授式法学课程的特征，为保障课程有效的成果产出，应当制定不同于其他课程的课程活动的价值目标定位标准、教学方式方法、教师授课与指导规范、学生学习与工作指导规范、学生出席考勤制度、课程活动行为规范、成果奖励规则、工作量和成果评定制度、学生成绩评定制度等相关制度。

（四）经费保障与财务管理制度的制定与实施

在相关法学院校中开展法律诊所课程活动，任何法律诊所课程业务操作活动都是公益性社会法律服务活动，不得商业化，不得向服务方收取任何商业性服务费用，所在单位应该向诊所课程提供独立稳定经费保障，并具有明确的政策和制度保障。

另外，法律诊所课程经费使用应当具有明确的规范和制度上的规定，应当在财务预算、财务支出、财务报销、财务审批、财务报告、财务监督和检查等方面设定必要的财务运行和管理制度。

（五）人事与工作分工制度的制定与实施

相比于其他类别的法学教育课程，法律诊所课程工作人员构成种类较多，包括校内教师、校外教师、法学专业教师、非法学专业教师、理论教师、实务教师、学生、志愿者、合作伙伴、行政管理人员，等等。为了有效地协调资源、整合力量开展好各项工作，法律诊所课程应当建立包含不同种类工作人员的岗位功能区分、协作关系和机制、工作职责、工作评估和考核、工作奖惩、工作流程等多种内容的必要的管理制度。

（六）日常综合性行政管理制度的制定与实施

法律诊所课程活动面向校内外，涉及相对复杂的人和事的结合行动关系，具有很多零碎、临时性、非常规类别的事务性工作需要处理，因此必须运行大量的日常综合性的行政性工作用以保障整个课程活动的有序有效运行。法律诊所课程应当建立日常综合性事务处理机制和规范、办公场所管理制度、案卷归档管理制度、档案管理制度、图书资料管理制度、办公作息制度、办公设备和用具的使用与管理制度、突发情况应急处理规范和制度等。

第 三 篇

内容方法

第七章　诊所法律教育主要课程内容与基本方法

第一节　诊所法律教育课程内容构成

本部分主要的内容是阐述诊所法律教育课程作为一种教育的模式，对学生进行教育和培养的主要课程内容、围绕内容产生的具体任务构成以及内容的指向目标。具体会涉及诊所法律教育学生所要掌握的基本知识、基本思维、基本方法、基本能力等。为了更好地对相关方面进行阐述和理解，行文上，首先在这里对这些方面的所指进行具体的界定。

什么是诊所法律教育的基本知识内容？概括地说，诊所法律教育的基本知识，指的是学生通过诊所课程所要学习和掌握的处理法律业务所要具备的所有知识，即：操作实际法律业务所要掌握的知识。相对于理论知识课上的内容来说，具体所指主要包括两个方面，一是实际操办业务所关涉的、传统理论知识课没有讲授的、纯粹的实际办理业务的新知识；二是如何运用理论知识的知识，这种知识指的是如何运用已经知道、了解以及掌握的法律专业的、非法律专业的各种形态的知识来解决现实中问题的知识。从最广泛的内容上来说，这其中包括对所谓传统的法律理论知识在现实应用中的基本形态、形式和状态的认识，包括知识的角色和立场性的状态，知识应用下的状态，当然也包括面对实务问题对已有的理论知识的理解和掌握程度的核查检验和补强，还包括如何运用这些知识的新生的辅助性性质、其他衍生性知识以至于下文中提到相关的经验、技能、理念和方法，等等，在这种意义上，实际上第二个方面是包含第一个方面的。

什么是诊所法律教育的基本思维内容？概括地说，诊所法律教育的基本思维，指的是学生所要掌握的办理具体法律业务、解决实际法律问题的基本认知、理解、反应、决策、行动的逻辑模式和心智过程，朴素地说指的就是实务思维，相对的是理论思维。实务思维和理论思维有区分也有关联，区分指的是，实务思维是以现实中、实然的问题以及问题需要实现的利益价值为导向的，逻辑模式上不同价值和利益端的演绎、归纳、辩证形成的相关的"价值竞争性选择"，其终点和目标是使问题得到解决，比如说，在法律服务工作中，要使具体的利益和价值兑现到相关主体上；理论思维是以观念中应然的问题以及问题需要实现的利益价值为导向的，其基本思维模式往往是非现实和价值利益主体式的逻辑分析和判断，是分析批判式或者评价式的模式，其终点和目标是获得对问题的判断或者评价结论，以此获得解决，也不是现实的价值和利益在主体上的变现。对此前文有所阐述，这里具体要阐述分析的是在实务操作过程中以及诊所学习过程中如何认识和处理两者的关系。

在实务业务思维上，理论思维与实务思维并不冲突，而是实务思维的一部分，二者相当于局部部分和整体全部的关系。现实中，实务工作上对于每一个具体问题的处理，对于问题认识上每一个方面的判断，从价值和逻辑上都是通过理论，即一种知识为基础的认知思维和演绎逻辑进行的，但是，之所以成为待解决的"问题"，肯定是存在着相关方面价值和利益上的冲突，就是这个问题肯定不只是包括一个价值和利益的方面，因此，其他所有方面都需要进行以理论思维和演绎的逻辑方式进行认知和判断；而解决问题的过程就是在这些认知和判断完毕后，仍然还没有自然形成一个唯一的理论应然的价值和利益上的结论，而现实的问题又必须要形成一个最终的结论的时候，这时候应该再进一步通过演绎、归纳以及辩证等形式进行逻辑上的价值利益排序上的判断，经过冲突、纷争和协调，从而最终形成一个结论。

在这其中，能够看到理论思维是实务思维的一部分，或者说，实际上实务思维在具体的运行性上本就是所谓"理论思维"的链条和关联，如果没有所谓"理论思维"，整个所谓"实务思维"根本就无法进行或者说不存在，理论思维是实务思维的推动器和合法化、正当性的外衣。如此，理论思维不就是实务思维吗？做这样的区分是否有意义，如果有，它们之间的区分点到底在什么地方？本书认为，的确是，在以上的场景中的确是如此，理论思维就是实务思维，做这样的区分没有根本性的意义，但是绝对又不能将实务思维等同于理论思维，现实中也的确存在这种区别以及区分的必要。主要体现在如下几个方面。

二者根本性的区别或者说如果要对二者进行区别，主要是看思维是否基于现实或者说结合现实，或者说是思维在实务中用还是在虚拟中用，或者知识是否对一种主义和理论进行验证。区别在于，实务性思维是以真实性的问题解决和价值利益确定和实现为基础的，所指的纯粹的理论性思维是以虚拟的问题、价值和利益以及概念化的事实为基础的，实务性思维在问题得以解决的目标导向下，大前提的思维结构是开放的，事实基础是实证、经验性的，理论性思维在以应然结论的验证目标的导向下，思维结构以及大前提是相对封闭的，事实基础概念化的、想象的；实务性思维所要面对的问题和事实是复杂的、细节性的、千变万化的，差异性特殊性极强，理论性思维所要面对的问题和事实则是相对简单的、粗线条的、倾向于趋同的；实务性思维的各种认识和方法是时时刻刻以现实中的价值和利益为导向的，因为来自于现实，这些利益和价值是清楚的、确定的，由此，实务性思维得出的结论和方法是能够解决问题的，而这里所说的理论性思维的各种认识和方法是以虚拟中的价值和利益为导向，主体不在场的情况下，这些利益和价值是抽象的、模糊的，得出的结论是评价性的或者说是对一种主义的验证，而不是对问题的解决，因此是无法解决现实问题的。由此，实务性思维是结合着现实的情况不断能够创新的，而理论性思维往往因为概念化和以虚拟的现实为基础而表现为相对封闭、保守和理念复制性的。

总之，根本的区别不在于思维的内部模式、构造或者说是逻辑形式，即到底是演绎式、归纳式以及辩证式，而是在于思维的外在目标、目的、价值利益定位，从而形成的风格、气质和特征。可以说，应用于实务的思维就是实务性思维，应用于理论的思维就是理论性思维。理论是有限的，现实是无限的。实务性思维即在于理论、概念和主义不能限制住现实，现实不能受理论和主义的束缚，围绕着现实问题的解决，理论设定和选择要不断地打开，并且要以现实为中心进行不断调整和改造，直到解决问题为止。因此，实务思维是以现实为基础和导向的，重视现实，理论思维是以既定的价值规范和判断为导向的，往往会用理论格式化、框定现实而最终忽视或者忽略现实问题的存在，甚至不认可现实问题的正当性，有"削足适履"之嫌。

经过诊所法律教育课程的训练，长期受传统理论知识课程的培养和训练的影响，学生要在思维习惯和方式上做出调整并掌握和适应这种实务性的思维模式，当然，在这种意义上，法律诊所教育的基本思维或者说这种实务思维也是以上所说的诊所教育的一种知识。但是实务性思维在整个诊所教育的知识体系当中，体现在解决现实问题和完成现实任务当中，知识运用的方式以及知识与知识间的关系建立原则，是知识外化出来的实务属性特征以及整个知识体系的实务性属性的催化剂和保障，是整个诊所教育实务性知识体系的灵魂。

什么是诊所法律教育的能力内容？诊所教育的能力是学生通过诊所教育课程要掌握的通用的、主要的处理实务法律工作的基本能力，比如法律研究能力，文书写作等沟通和表达能力，行政运行和管理事务的能力，创新能力，团队合作工作能力，以及很多细节上的具体能力。从最宽泛的含义上来说，以上的知识和思维以及以下的价值和方法也都是能力，但是，这里所说的能力主要的是从知识或者说以上所说的具体的知识、思维、价值和方法等方面相对于主体来说，在主体做具体的工作中如何在主体的行为上相对于一定的问题、目标和任务形成的功能以及功效。比如大脑思考的能力、言语表达沟通能力、身体行动执行能力、心理上的价值冲突处理能力等，都体现为既是一种职业主体所要具有的一种功能，也是一种功效。这些能力就是以上述知识为基础的，通过主体不同的功能分区对这些知识的运用而形成了功效。

什么是诊所法律教育的方法内容？诊所法律教育的方法内容，指的是通过诊所法律教育课程学生应该掌握的进行实务法律工作以解决现实法律问题的方式、方法以及方法观和理念。当然，现实中的解决法律问题的方式方法不可计数，因此这里面主要介绍的实际上是方法观、运用方法的理念以及高位阶上的主要的方式方法。同样需要说明的是，这些方式方法肯定也是诊所法律教育中授课知识，也是一种能力和思维的体现，但是这种知识显然不同于其他知识的视角和所涉及的在解决实务问题上的条件和功能所指，而其主要所指的是解决问题所要选择的路径、途径、手段等，以及选择这些路径、途径和手段所依据的基本理念、价值考量以及这些方式方法的基本运行模式、工具性构造和相关功能等。

什么是诊所法律教育的价值内容？诊所法律教育课程的价值内容，指的是在诊所法律教育课程中，要教育学生对自己的行为在理想和现实、职业与非职业等维度上进行什么样的价值定位、如何进行价值定位，以及如何处理相关的价值和伦理上的冲突问题。毫无疑问，这个与价值相关的内容也是诊所课程知识的重要构成部分，所不同的是，价值方面的知识在视角上指向了主体行为的解决问题和完成工作的意义，因此，价值实际上是以上所有知识的基础和安身立命之处，在这个知识体系中，并不存在价值无涉的知识，如果一个知识不具有价值上因素，那么它真的也就没有任何

"价值"或者意义。价值知识在诊所课程中相对一个培养对象来说，既涉及其相关事务的一般性的价值认知和理解，也涉及价值冲突问题上的处理经验、技术以及能力上的问题。

综上，以上对整个诊所法律教育课程的知识内容构成做了概述性的介绍阐释，可以看出，实际上这些分类只是一种观念上的认识和理解方式或者角度，也是实务性法律知识的一种存在的属性，现实中几乎没有按照一种属性作为一种独立现实的存在的知识，现实中任何一个知识可能都会或多或少涉及以上多种属性和多种方面。接下来，本书将结合这些属性，对诊所法律教育中学生学习所要掌握的一些重要的知识方面进行分别阐述和介绍。

第二节　法律研究与法律思维

法律研究是所有法律工作最重要的基本工作能力，体现了法律工作极强的专业特征和色彩。由此，法律研究方面知识的掌握和能力的训练毫无疑问也是诊所课程的重要内容，在学生的相关培养和训练方面，主要包括法律研究的基本认识、法律研究的内容构成、法律研究的基本构成要素和基本模式，以及法律研究的思维和方法，等等。本书下面对这些内容将一一进行分析阐述。

一、什么是法律研究

（一）概念

理解法律研究，主要是来分析法律研究的工作对象内容以及法律研究涉及到的任务内容以及相关的知识和能力。法律研究，又称法律检索，意指对现实业务中的法律问题进行理解、分析、界定和判断等活动，或者说是通过法律专业知识，对现实业务中的问题进行法律上的理解、分析、判断和界定，并探索解决该问题的法律以及法律相关的方法和方案等。①毫无疑问，在人的认知和行动的关系维度上，法律研究关联的是法律工作以至于整个法律活动的最基本的、最根本的知识和能力，相当于法律大脑的功能，而其他方面的知识和能力则类似于法律的四肢的功能。因此，法律研究在整个法律工作所凭借的知识体系构架和机制运行中，既是基础能力，又具有统辖和指挥的功能。

（二）内容、任务和目标

总体来说，法律研究的内容、任务和目标包括两个方面，一是对工作业务相关法律问题的认知活动，即对相关问题法律上的属性、症结和特征进行诊断确定。具体来说，包括对问题相关法律等规则规范、案例、观点进行查找检索，形成整个问题的规则体系，包括对问题所关联的事实进行整理以形成整个问题的事实基础，然后将法律等规范与事实进行结合分析，得出关于问题的认定结论。二是对确定的问题提出解决问题的法律上以及超越法律的方案、方法和策略机制等。就是要对于确定问题结论，结合理论上的应然和现实中的实然条件和客观多种可能，以解决法律问题和完成法律工作为导向目标，制定出能够实现目的和达到目标的最终方法和方案。

二、法律研究的基本模式和构成要素

（一）法律研究的基本模式

简单形象地描述，法律研究的基本模式就是医生看病开药的模式。如

---

① 参见［美］莫里斯·L.科恩、肯特·C.奥尔森：《法律检索》，法律出版社2004年版，第2—5页。

上所述，其中包括四项主要工作任务和环节，一是看事实，二是查法律，三是出结论，四是定方案。现实中，法律研究的成果载体通常体现为法律研究报告，如果把整个法律研究比作一项重要的产品制作，那么制作这个产品需要重要的材料和主要的工艺流程，如此，这些重要的材料的构成要素和制作工艺流程的方式方法就构成法律研究的基本模式。

（二）法律研究的构成要素

法律研究的核心构成要素主要就是两个，即法律人所熟知的法律和事实，二者也是法律研究必备的材料。法律人群体常说以事实为根据、以法律为准绳，最为熟悉的法律思维推理活动的三段论也是由作为大前提的法律规范与作为小前提的事实结合形成的逻辑结构和推理过程。可以说，平时所有的法律业务所涉及的活动和工作，无论大小，细想起来都是归类为要么就是事实上的或与其相关的、要么就是法律上的或者与其紧密相关的。还有我们整个法律知识生产和运行，以及整个法律工程的搭建和运转，从社会分工的角度来看立法、司法、守法、执法以及法律服务和法学研究、法律教育等，可以清晰地看出，它们要么就围绕法律来设计，要么就围绕事实来设计，当然也有都包含复合性质的。可以看出，事实、法律以及事实与法律的关系无疑是整个法律工作的基本细胞性、原子级的要素构成和"命门"，也是所有法律工作的根本任务与核心内容，事实与法律以及二者关系的处理是所有法律工作成败好坏的关键所在。熟知的不等于是清楚的，往往是越熟悉的事物，相关的认识却越是停留于表面。法律研究以及所有以上相关工作的做好，首先是要对事实和法律以及二者的关系有深入清楚准确的认知，这是处理好与它们相关工作的基础性前提。

1. 事实

（1）事实的界定

什么是事实？这个事实就是"以事实为根据"所指的"事实"以及法

律职业工作者应该具有的事实意识，意指工作中以现实的事实为基础，而不是以想象、常理和道理推理为基础。医生的工作是解决生命体秩序上的问题，法律人的工作是解决社会群体秩序上的问题，而如果按照医生给病人看病的模式来分析，病情就是生命体所患病的事实，那么，案情或者具体问题事项所涉及的基本现实情况就是法律工作相对人或者主体所要面对和处理的事项的法律上的事实。而如此，正如病情一样，现实社会生活中，事实情况包罗万象、不拘一格，这样的法律所涉及的事实到底指的是什么呢？对这种基本的现实情况是否有相对统一的认识和理解模式呢？当然有的，这种基本的现实情况就是社会主体间所形成的社会关系的基本状况，通俗地说，就是什么样的人或者主体，基于什么样的有价值的事物，在什么样的时间、空间等条件下而形成主体间的关系的基本情况。主体间围绕着或者基于一定的价值和利益形成的相互间的关系就是这种法律上的事实的基本模式，这种事实的基本模式的构成要素一定是包括主体、承载价值的事物、外在条件、主体间基于这样的事物和价值形成的相互之间的关系内容，而这种事实的基本状况不外乎处于正常的无纷争的状态、不正常的关系上出现纷争的状态以及不断地进行发展改变的状态。而这种情况的不正常状态和发展改变的状态可能因为人或者主体上情况的改变，也可能是作为对象载体的事物以及事物价值上的改变以及相互之间内容上的改变，当然也包括相关条件上的改变，但是这些条件并不是最根本的方面，因为它们最终还是要落脚到主体、事物、价值或者关系上的改变。

　　以上，就是法律上通常所说的法律人办理法律业务工作所要掌握的事实，包括"事实"的模式、构成要素、结构等基本情况。在现实的具体场景中，如果还是以医生诊病治病的场景为映射和话语空间，主体之间的关系无纷争有序的状态就是没病的情况，关系不断调整和发展改变就是身体保养情况，在法律视域下就是社会关系不断地发展调整和变化的情况，比如说是公司单位以及个人在非诉的情况下法律服务工作所常常出现和需要面对的法律上的事实状况；而主体间的关系有纷争无序、失序或者秩序混乱的情况，就是有病的事实而需要就医看病并进行治疗调整和矫正的情况，在法律的视域下，就是社会主体关系发生了破坏，比如说当产生各种纠纷的情况下常常出现和需要面对的法律上的事实状况。

这就是"以事实为根据"的事实，法律人在做具体的工作以解决相关法律问题时，对于相关事实的考虑，就是要按照这个思路、进路和模式去发掘、寻找和构建这样的事实基础和条件。但是，仅仅是找到以上这些要素，形成这样的要素关联和结构，完成以上的事实的模式，对于法律研究工作的完成以及整个法律工作来说还是远远不够的，如果用最简单概括的话语来描述，这样状态下的事实只是真正法律研究工作意义上的事实的材料或者毛坯，是一种常识意义上的非法律专业知识标准确定的事实，还不能做解决法律问题、完成法律工作的终极意义上的事实。

（2）法律事实

如果以上毛坯状态下的事实能够在法律问题的解决和法律工作上发挥作用，那这样状态下的事实必须转化为"法律事实"。那么，什么又是法律专业上的或者法律知识标准下或者法律意义上的事实呢？其所指的就是法学专业上所讲的"法律事实"。相对于以上常识性的事实而言，法律事实有两个层面的含义，其一就是常识性事实基础上由相关的法律界定或者规定的事实，非法律界定和规定的或者说没有纳入法律规范内的情况属于自然事实，在法律上不会产生效力。其二是在具体的工作运行和操作上，作为基础的法律事实一定是在以上的法律界定的基础上，依照法定程序、方式和标准形成的材料，即法定的证据确定和证明以及展现出来的事实，非经法定材料和载体并经法定的程序、方式和方法呈现的现实情况和内容不能作为构建相关法律问题解决和完成工作的事实基础。简单一句话概括，法定事实是基于自然事实而有着特殊内容、特殊形式和存在以及运行方式的实际情况。而阐述到这里所揭示的情况是，在法律研究和法律工作上，如果要把法律意义上的"事实"的内容说得清楚，只在自然事实的层面上去认识和理解肯定是不够的，"法律事实"就是要"法律"+"事实"，即"事实"还需要加上"法律"才能获得完整深入的理解。下面就对法律研究中的法律进行阐述说明。

2. 法律

什么是法律研究意义上的法律？这里的"法律"就是"以法律为准绳"中所指的法律，这是职业法律人应有的基本的意识和能力，也就是处理问题在法律意识上应当以法律的规范和制度为基础，而不是以道德、伦理以及个人好恶等作为依据。这是一个看似非常简单的问题，但是若真的能够在法律研究中真正理解"法律"并在工作中把握好法律，简单的处理是做不到的，需要我们对这个看似最熟悉的法律做一次归零陌生化的深入认知和理解，尤其是要结合"事实"进行理解。

（1）法律形式和类型

首先，在具体的种类和范围上，当在现实中遇到相关的法律问题时，思维上本能的反应就是要查一查"法律"是怎么规定的。这里所说的"法律"，无论在内容、类别和形式上，显然要比我们法学专业所界定的法律广泛得多，可以说既包括最为基础狭义上理解的宪法、法律、法规、规章，也包括常常不作为法律但是多少具有现实法律效能的法律性政策文件；当然，还包括相关的案例、学术文章、学者的观点、裁判文书、法官与行政执法官员等相关职能工作人员的观点、权力职能部门的工作操作或者办案指南、党法党规、相关政府或者社会职能部门的会议纪要、相关的社会新闻报道，等等，可以说，凡是能够对"法律规则"的内容认知和界定产生影响的规则性因素，无论是直接的还是间接的，无论是影响力大的还是小的，无论是有法定权力基础还是没有法定权力基础的，无论是学术的、民间社会的还是官方的，形式多样，不拘一格，都应该作为一个法律工作人员查看和理解的对象。当然，具有直接的、权威的、官方的、影响力大的等属性的"规则"一定要作为首选和重点考虑对象和内容。

（2）"法律"的深层属性和功能

接下来的问题是，法律工作人员为什么查看以上这些法律呢？答案如前文所言，即"看看法律是怎么规定的"。朴素简单的一句话里面却深藏着关于"法律"在法律研究活动中所要认识和理解的根本属性和功能，即：什么是法律研究中要理解的法律，其功能指向又是什么。与上文事实部分相衔接，简单地说，这里的"法律"指的就是对相关的事实情况进行制度性、规范性界定和最终确定的具有法律属性和功能的规则，就是以上作为要素和条件形成了"法律事实"的意义上的"法律"。"看看法律是怎么规定的"就是要看看法律对这些自然属性的事实是如何界定和确定的，而如果说，自然属性的事实如上所述是一种自然状态下的人与人、事物以及价值之间所发生的一般性社会关系的情况，那么法律属性的事实就是法定状态下的以上的关系情况，毫无疑问，这就是法律专业术语里所描述的"法律关系"的情况。因此，"看看法律是怎么规定的"也就是法律研究中所要搞清楚的"法律事实"，其实质上就是"法律关系"的现实情况。由此可见，对于法律研究中的法律及其功能的认识可以做出这样理解和概括，通过法律规则，一般性的事实变成了法律上的事实，自然属性的社会关系也由此变成了法律关系。对于自然状态的事实和社会关系，法律就是他们的"转换器"，由此而转变成为法律属性的事实和关系。当然这就是法律对于社会进行治理的基本策略和机制，即：通过自身的内容规定将自然状态下的社会事实和关系转换为法律的事实和关系后，由此便将所有的社会主体、行为、相关的事物和价值以及相互关系纳入了法律的轨道和运行机制之中，获得了法律治理的效果。

（3）"法律"与"事实"的对接转换机制

那么，法律是如何进行这样的转换的呢？法律为什么能够实现这样的转换功能呢？法律规则之所以具有这样的功能，是由法律规则本身的本质属性和内在构造决定的。本书认为，法律规则的本质属性是事实规定和价值规定的复合体，一方面在内容上，如上所述，法律规则要基于并体现现实世界的人和物等事物之间的客观行为事实和关系事实；另一方面，法律规则要体现的是人作为主体在对于这些事实认定基础上所形成的人的价值判断，这种价值判断体现的是人对于客观世界的认识的基础上的具有人的主观性的价值认定和价值追求，体现的是人作为主体认为这个世界是什么样的，人应当跟这个世界具有什么样的关系，以及人与人之间应当建立什么样的关系以体现这样的关系、实现这样的价值。以上这样本质性的属性以及相关作用的发挥具体体现在法律规则的内部构造上，即：法律规则的第一个层面是自然事物之间的规则，就是事物之间遵循自然规律形成的事物之间的关系以及以此所有遵守的规则；第二个层面是人与自然事物之间的规则，就是人与事物之间在现实世界形成的各种关系以及所要遵守的规则，主要体现的是自然事物满足人的需求方面的关系所要遵守的规则；第三个层面是人与人之间的规则，就是人与人作为主体之间在现实世界中因为人依托或者基于各种事物而追求人的价值而形成了相互之间的多种关系，在处理这种关系中人与人之间所要遵守的规则。

在这三重规则构成当中，在三个层面上都能够形成现实中的法律所要依据的客观事实，但是这些事实的属性有所不同，可以说，第一、第二两个层面所形成的事实如前所述，是完全依据自然规律而生成的自然现象，是不以人的意志为转移的，而第三个层面所形成的事实虽然也是客观发生和存在的，并且其是以前两个为依据和基础的，但是，其也是人类主观上的认知、判断和选择确定的结果，或者说，第三个层面上的规则实际上就是人类社会的主体依据自然社会的现实和规则选择确定的规则，就是人为的立法部分，这部分构成规则因此被称为"法律规则"的本质性的规定，或者说是法律规则的核心体现。

由此，对于法律为什么能够将现实中的事实和关系转换成为法律事实和法律关系的问题，什么事实，什么是法律以及法律和事实之间的关系是怎样的，等等一系列问题，就此可以做一个小结。依据以上的阐述，自然事实是事物之间、人物之间的一种规则事实，而法律事实则是加上了人人之间的规则所形成的事实情况，法律领域中所说的"以事实为根据"的"事实"实际上是现实中运行的法律，而"以法律为准绳"中的"法律"则是法定的事实。所以，在这种角度和层面上，可以被清晰看得到的是，实际上也可以就这么界定：法律意义上的事实就是法律，法律就是事实，一个是在现实中行动中体现出来的规则，一个是在规则中界定的事实情况。由此，二者的同质性，使通过法律规则和规范将现实中的事实和关系转换为法律事实和法律关系具有了基础，使一定价值基础上的人类行为的规范和规制具有了可能；二者的异质性，使人类在价值和行为规范上具有了选择的空间和自由度。

三、法律研究的任务实质、方法方式与结论产出

（一）法律研究的任务构成与实质

1. 法律研究的核心任务

通常说来，法律规则由两部分构成，一部分是假定的事实情节部分，一部分是行为后果部分。[1] 法律研究的核心的任务实质就是现实中的事实与法律规则在其中的"规则"和"事实"要素层面上的互译的过程，一方面是从事实的视角出发将业务所涉及的事实与可能相关的法律规则中的事实描述部分进行比较对照，寻找确定符合案件或者其他业务事实的法律规则；另一方面是从法律的角度出发，深入理解和把握法律规则中尤其是其事实描述部分的实质要义，查看相关事实上的情况与现实案件或者业务是

---

① 参见张文显：《法理学》，高等教育出版社 2011 年版，第 69—70 页。

否相适应或者一致。法律研究主要任务包括事实和法律信息情况的获取和掌握，法律关系的构建，事实和法律相结合的方式、形式、模式以及逻辑策略，等等。法律研究又叫作法律检索，但是关键却在事实模式的构建。

2. 法律研究任务的生成机制与过程

在现实中，以民事诉讼与纠纷解决的相关法律服务业务为例，法律研究的任务发生机制和过程大致经历如下的线路，法律研究任务通常起始于客户案件中的利益主张或者不同的利益主张所形成的冲突，这种利益主张就是通常所说的诉求，诉求所牵涉的或者说基础就是案件的具体事实情节以及法律上的相关规定，也就是说诉求的出现以及目标实现是因为案件的事实情节与相关法律上的规定发生了不一致或者冲突的情况①。在诉讼和司法庭审的工作路径上，在诉求相对清楚的情况下，接下来就是在事实和法律研究的基础上确定案件的案由。案由是指司法上对于案件所涉法律关系的概括，具体功能一方面体现为对于案件所涉及的核心的、主要法律关系的初步确定，另一方面在工作程序上体现为案件在诉讼庭审环境会进入法院的哪个"科室"进行审判。

现实案件中的诉求和冲突往往在事实和法律构成以及二者的关联关系上具有多重复合性或者竞合性，比如常见的一个赔偿性的诉求有时候基于违约的规定，有时候基于侵权的规定来进行主张。因此，对于相关的纠纷在通过司法庭审的方式解决还是通过非诉的方式来进行解决，而更加有利于诉求的实现或者说在诉求实现上获得一个很好的效果，等等，这些方面都是不确定的、动态的，是具有可选择性的。在这种情况下，确定具体的案由和基础性法律关系以及是否通过诉讼来实现，这些问题都要结合具体的案件在法律实体上、程序上、现实的具体条件上的具体情况，进行研

---

① 如果不是争议和纠纷的情况下，就是考虑如何使事实和肯定性状态下的法律规定相一致，以达到所追求的利益得到实现，争议的情况的事实是与否定性状态下的法律规定相一致。

究和判断来解决，这就是法律纠纷解决的"解决策略"的制定，这个方面的内容将在后文相关部分进行具体详细介绍。而现实中的条件又指的是什么呢？本书认为，可以将其概括为两个方面，一是事实的现实条件，就是"证据的现实情况"；二是"法律的现实条件"，就是法律在现实的实施上的司法环境、法律实现能力等综合情况。无疑，这些方面都需要进行具体的研究和判断，都是法律研究工作的重点工作对象和业务范畴。

3. 法律研究的对象和内容

具体说来，在一个案件或者业务中，系统性的法律研究的对象可以解析为如下的内容构成。其一，事实 + 法定证明材料 = 法律证据事实；在这一个研究任务中，主要的目标是实现事实从一般性事实到法律事实的转换，构建争议案件解决的事实情况和事实基础。其二，法律证据事实 + 所涉及的法律规则 = 基本实体法律关系构成；在这个任务中，主要的目标是分析确定案件所形成法律规则和法律关系上的可能。其三，基本实体法律关系 + 利益主张 = 诉求；这个任务是研究确定相关的利益主张是否会获得法律上的支持，以及会以什么样的"名义，即诉求的法定称谓"来进行支持等综合情况。其四，诉求 + 司法相关的规则 = 案由；如上所述，案由是案件法律关系的概况，但案由并不是一般学理意义上的、非职业主体性的认知和判断，其是司法系统上对于案件所涉及法律关系的认识概括，因此这个任务是在一般性的法律关系的认识和案件利益追求基础上，结合司法的相关规则，对于案件的案由即法律关系的情况进行确认。其五，法定证据事实 + 实体法律关系 + 诉求 + 案由 = 可能的司法的结论；这个任务是初步确定案件在司法判断上可能形成的结论情况。其六，诉求 + 证据规则 + 实体法律规则 + 司法规则 + 其他相关有效规则 = 可选择的规则；这个任务是初步确定案件可以适用的规则结构体系。其七，诉求 + 一般事实情况 + 案件的证据事实情况 + 相关的法律规则对于事实的界定情况（程序和实体）= 初步确定案件的事实情况（事实模式）；这个任务是初步确定案件的事实构成状态。其八，诉求＋确定的要素条件＋不确定的可能＝策略性的方案；通过以上的分析，在诉求确定的情况下，以上的法律、事实等多方面往往形成了多方面的可能状况和方式路径选择，在实现诉求的目标基础上，要合理分析和评估已经确定的要素以及判断的不确定的可能情况，形成案件整体以及各个以上环节研究结论的策略性方案。

综上，法律研究的根本目标任务在于诉求的确认、案由的确定、结论的做出以及诉求的最终实现，核心的工作就是法律事实的构建、法律规则的适用、二者基础上的法律关系的确定以及案件争议解决策略的制定与方案的选择。在整个目标任务体系中，诉求是任务的来源，诉求的确认是明晰任务和锁定目标，诉求的实现是任务的归宿，案由的确定是诉求的司法路径和司法条件的选择和运用，结论的做出是诉求最终实现的关键前提；在整个核心工作体系中，法律事实的构建，尤其是其中证据的确定和运用是整个业务工作最基础、最重要的工作，是法律规则的检索和运用的基础、边界和框架，法律规则的适用是整个工作的关键环节，而法律关系的分析和厘清则是整个核心工作的核心，牵连整个法律研究工作的整体，而解决策略的制定与方案的选择是动态的、多元复合的法律关系转为现实的关系并实现诉求目标的根本保障。

（二）法律研究的基本原则、方法和路径

1. 概说：法律和事实的复杂多样性

如上所述，法律研究用法律界定本案事实，也是用案件证据所支撑的事实来构建本案的法律，实际上是相关业务空间中的事实与法律的交流、沟通和对话，终极目标在于形成法律的价值判断与解决方案。而在现实的工作业务中，鉴于与案件相关的法律和事实本身构成的复杂性、法律和事实的现实形态的多样性以及法律和事实关联关系的多向性和复合性等因素，在经验和理性的层面上，法律研究工作有着基本的原则、方法和路径可循，或者说，做好这样的工作有必要遵守专业和行业领域认同的原则、方法和路径，从而使研究成果具有行业领域中的可信性和认同感。

2. 法律规范的多样性与可扩充性

法律和事实本身的复杂性、多样性以及关联关系的多向性具体在法律层面上表现为，与案件相关的法律规范、规则具有多样性与可扩充性，一个具体的业务中，既涉及实体法律上的相关规定，同时也涉及程序法上的相关规定；既有所谓的法律或者基本法律上的规定，也有司法规则、法律政策、实际司法操作办法等规定；与案件相关的这些法律的规则和规范在具体案件中的效力具有主体或者职业上的相对性，就是其相对于案件中的不同主体，以及在整个案件中的不同法律职业人而言，对其进行运用所追求的目标、视角、含义界定、效果往往是不同的；与案件相关的这些法律规则或者规范对于案件相关情况的界定往往具有竞合复合性、组合补充性以及冲突矛盾性。竞合复合性是指，对于案件中的同一种情况，不同的法律对此都进行了界定和规制，使一个主体之间的事实关系具有了两种甚至是多种属性，比如民事刑事行政的竞合、借贷和投资的竞合、侵权和违约的竞合等，竞合复合性的存在需要结合案件的诉求和现实的条件等综合情况对法律关系进行确定。组合补充性是指对案件事实情节情况进行界定法律规则规范单独功能上都不是很完整充分，比如有的过于原则和宽泛，因此不具有操作性，有的过于具体和狭窄，因此也不具备完全的适合性和覆盖性，有的只规定了其中的部分情况而不完整，等等，这就需要不同范围、不同层级、不同种类的规则相结合，形成案件的结构性法律规则体系来对相关的情节进行界定。冲突矛盾性，实质与案件事实所有相关的法律规则之间对案件的事实和行为、关系属性的界定存在着矛盾和冲突，如此在不同程度上，导致在案件的法律选择使用方面无所适从，这时就要根据立法法本身或者实务中的经验原则，确定相关法律的选择适用原则和机制。另外，基于以上法律界定上多种不确定性和空间的存在，纠纷解决尤其是司法操作过程中具体案件中的法律适用不是单方面的、一方当事人的法律研究和法律分析的结果所能完成或者达到目的，因此，任何一方的案件业务的法律规则的确定都是相机而动的策略性安排，整体上的案件结论作出的法律依据往往是当事人、司法工作人员等多方在各自目标追求的过程中互动博弈的结果，如上所述，这就需要在法律研究工作中对于案件的法律适用作出策略性的、机动性的方案。

3. 事实的多种可能性和不确定性

法律和事实本身的复杂性、多样性以及关联关系的多向性具体在案件中的事实层面表现为事实具有多种可能性和不确定性。其一，案件事实的发生过程就是社会行为主观意识和表达与客观行为相结合的结果，在这种情况下，虽然案件的事实已经发生，但是对于构成案件事实的行为的主观意志对于案件的事实来说本身就是想对方的认知的结果，这种主观状态也并不是确定的，比如说，对于杀人案中的故意情况，很难说从行为的一开始就能得到准确的认定。另外，案件的事实是曾经客观发生的，但是当这些情况进入案件成为案件的事实以后，就从来没有纯粹客观的事实，案件的事实永远是主客观的混合体，或者说是主观对客观的力求接近于客观的一种认知结果，这是案件事实的本质属性。其二，案件的事实存在着显著的主观差异性，因为对于一个已经发生的现象的认知在主体上是依据主体个人的经验和理性的结合，比如，案件的事实情况在法官的心目中形成的心证就算再有证据作为基础，但是仍然在不同程度上存在法官的经验性的理解和"偏见"对于案件的结论产生影响，尤其在案件的当事人、司法工作者等各种主体的不同角度以及各种利益和价值的驱动下，各种差异性具有了被特别强化的条件，因此，对于感觉上应当是相对客观的现象的事实，倒是因为不存在法律相对概念化、严格固定的表述，形成了多种可能的、相对不固定的理解。其三，案件的事实有实体性事实，也有程序性事实。实体性事实容易理解，就是关于案件本身实体性法律关系建立所依据的事实，程序性事实在这里不仅指的是程序性法律关系建立所依据的事实，比如司法审判中的当事人与法院的关系以及围绕程序工作运行发生的法律关系所依据的事实，在这里还包括或者主要指的是导致实体性法律关系建构所依据的事实情况受到影响的程序性法则生效得以依据的事实。因为事实展现情况受到了影响，在某种程度上就是对法定事实的构建情况的影响，常常发生的情况是因为证据规则的规定对实体性法律关系构建所依据的事实情况产生的影响。由此也就引申出其四，案件的法律事实是通过证据进行构建的，通俗地说，在法律上，案件的事实情况主要不是取决于所谓案件真实发生时的客观情况，而是取决于证据的情况，证据的情况也不是双方各尽所能倾囊而出的证据展现，而是取决于证据规则的规定情况，这其中包括不同的证据种类的构成规定、运用的规则规定以及主体运用证据的责任分担规定，等等。因此，在这种意义上，我们可以说，案件的法律事实同样是依据法律规则确定出来的，打官司就是打证据，打证据不仅是打证据的多少，还要打证据规则的运用和证据的分担。由此，依据一定的目标追求和证据规则运用技术所形成的案件事实当然一定是具有更多的人为的构造性和不确定性了。

4. 原则、方法和路径综述

因此，基于以上法律规则和法律事实的弹性和复杂性，那么可想而知，在一个案件当中，为了实现诉求的法律和事实的关联关系的确认应当也是同比复杂和多向的，在有限的事实基础和法律条件下，构建什么样的事实基础，选择什么样的法律或者构建怎样的法律规则工程体系，选择怎样的问题解决的策略来实现最终的诉求目标，等等，这些法律研究的内容、过程以及方案的做出，既要考虑案件本身的一般性知识理论，也要考虑具体的事实和法律上的现实条件对于一般性理论的发挥的条件性限制，在理论和实际之间，在所有参与案件的主体之间获得一种法律关系和案件结论认知上的平衡。以上就是实务工作中法律研究的基本原则、理念路径和操作模式，传统的理论课堂和案例分析课堂，更多的是从实体法律的视角，从理论上条件当然具备的视角下来对案件事实情况进行界定后来对案件进行的法律分析，而这与现实实际的情况不但不相符合，而且远未触及法律研究的真实情况和完整的理念、知识和能力的构成。

（三）法律研究的模式、方法和结论产出

1. 法律问题认定机制

如上文所述，事实与法律的梳理分析与相结合和以此为基础的法律关系的确认是法律研究的主体核心工作，如果分别来看，事实的发掘整理和法律的检索查找都是相对独立的工作任务，但在法律研究的实际工作中，从研究的整体思维和方式方法上，二者相互是分不开的、互为支撑条件的，而且整个工作在这个节点上目标体现是事实和法律的有机合理融合为一体，从而形成、构建和确定案件业务的法律关系。

如此，整体上可以用一个人走路的场景来说明事实与法律整合为法律关系的路径和机制。在这个场景中，事实和法律分别是人的两条腿，出发地是诉求，目的地就是法律关系。具体过程是，当诉求提出后，一并呈现的是诉求的事实基础情况，这个时候就相当于事实的一条腿已经迈出，如果继续往前走，那么与此事实相关的法律肯定就要跟上，如果法律这步步幅迈大了，就意味着法律的范围大了与事实没有完全吻合，就会超过事实这一步，那么事实这只脚要继续迈出跟上法律这一步，如此，通过事实和法律不断地进行交替跟进，不断地调整各自的步幅，直到二者完全一致，也就是脚步合到一起停下来，那么停下来的位置就是目的地法律关系。

当然，以上是法律与事实整合的宏观思路和模式，而在具体的微观层面，对于法律关系的每一个事实和法律结合的要素的构建在分析和研究上又有着其具体的方式和方法，总体上来说，不可能采取一锅乱炖的形式，而应对于法律关系的构成要件采取分化瓦解、各个击破的模式，在这里可以将其比作"乾坤圈"环环相扣降魔的形式，比如以侵权行为法律关系构建为例进行分析，如果侵权行为构成，那么一定存在这样四个基本的事实，即行为人从事了民事违法行为，造成了他人财产或人身损害的事实，违法行为与损害后果之间具有因果关系，行为人主观上有故意或过失的过错。对于以上每个事实和法律结合构成的法律事实的确认，都相当于画了一个圆圈，进而在圈内进行走路式的法律与事实的结合，当所有圈的法律和事实都结合完毕并且得到了证成，实际上就进入并完成了整体上侵权行为事实和法律关系的走路模式，从而也使侵权法律关系是否成立得到了确认。

2. 法律结论作出机制

如前所述，法律研究的终极目标是得出业务案件所涉问题的基本结论，这个结论是利益相关的当事人的诉求实现的依据，是以上法律关系构建的目标和结果。可以说，当法律研究中法律关系已经确定后，法律研究的结论也就做出来了，因为整个法律研究工作就是在一个大的逻辑架构中进行的，或者说，如前所述，法律研究的主体的工作和任务就是一个推理逻辑的内容的构造和推理的实现，就是在确定一个三段论式演绎逻辑的大前提法律、小前提事实以及由此得出的关于业务或者案件的结论。

由此，可以说，整体性法律研究思维过程的基本逻辑形式和结构就是三段式的演绎逻辑，究其根本性原因，在人类的理性思维模式中，可以说演绎式的逻辑推理的结论是相对准确和靠得住的。但是在具体的法律研究的工作环节，包括在大前提的确定、小前提的确认以及其他相关的条件性因素的构建方面，除了演绎逻辑的运用以外，常常还用到归纳逻辑和辩证逻辑。在逻辑学意义上，在思维工作中，三种逻辑形式各有自己的特点和功效：演绎逻辑通常说来是最严谨的，但是现实工作中完全通过演绎逻辑做出法律和事实上相关情况的结论性认定往往是不可能的；归纳逻辑往往会有疏漏和认知上的错误风险，但是，在及时作出判断解决社会问题上则很有效果，比如说在案件的事实认定方面，很多事实的构成往往是通过归纳总结出来的；辩证逻辑相对来说具有认知上的不确定性，但是比如说在案件的结论作出方面，也有很多案件的结论是通过辩证的理解和认识来做出的，如此来保证案件结论的全面、充分和深入的考虑，由此获得公平和公正的效果。当然，随着法律文明的发展进步，人类社会现今的法律工作中的思维模式尽量避免滥用归纳逻辑和辩证逻辑来对案件的相关事实和结论作出判断，因此对二者的运用做了相关原则和条件的界定。

3. 法律策略的制定模式

如前文所述，法律研究的结论的基本构成是由两部分组成的，一是上文所阐述的基于法律关系的基本问题的认定与应然性的结论，二是基于应然性的结论、诉求目标实现以及现实条件的策略性选择与安排，下文将对此详细分析阐述。

具体说来，争议案件解决的终极目标不是得出一个应然的结论和说法，更为重要的是其所支撑的诉求的得以实现，结论上的策略性选择与安排指的是如何将应然的结论变为现实以实现诉求的目标，当然也包含如何根据现实解决问题和争议的条件来确定最终的结论或者实然的结论的内容。也就是说，结论上的策略性方案制定的功能就是，在将事实和法律进行结合的法律关系和相关结论的分析后，将得出具有多种可能的结论与现实司法等解决问题的方式和条件进行结合，选择出最有利的解决问题实现诉求的方案。结论的做出以及结论实现的策略性方案的考量，反向说明了法律纠纷和业务的处理实际上并不是单纯的法律上的学理分析，而本质上是一场法律"战争"和"竞技"。这是诊所法律教育要传授给学生的关于法律业务的重要世界观和对思维意识形态的正确认知。

既然法律业务实际上是法律的竞技性活动，可以尝试通过"法、术、势"的话语模式来分析理解法律研究工作以及法律研究结论的策略制定。由此理解，法律研究工作也是在"法、术、势"相结合的思路和模式下进行的，这里所说的"法"，就是关于案件本身的基本事实和基本法律构成，以及它们相结合所形成的案件的基本法律构成、基本问题和基本理论上的、应然性的结论，体现了关于案件业务的自然理性和规律，不以人的意志为转移；这里所说的"势"，指的是案件的结论在总体上在主体间所形成的形势或者叫作大体趋势，就是常说的从总体的一般的常规性的判断上来说，案件问题解决的发展形势对那个主体更为有利或者不利，各个主体在整个案件空间中所处的地位上的位置；而所说的"术"，指的是在"法"和"势"所形成的"规定性空间"和现实的状态下，案件诉求实现的基本路径和技术方案，也就是本书所要阐述的"策略性方案"。如果说多个主体间的法律争议纠纷和业务问题的解决处理是一场"战役"，那么这里所说的法、术、势就分别指的是战法、战术和战略，在这个结构关系中，战术或者说策略性方案就是在现有的基本战法，即法理和整体战略形势形成的现实状态下，如何运用现有的方法、路径和技术条件，使诉求得到最好的满足。

显然，现实的解决纠纷、处理业务的方法、路径和条件架构，形成了战术或者策略方案制定的基本空间、考量对象、基本素材和现实凭借。这些方法、路径和条件在整体上指的就是现实各种法律实务工作的职业业务工作模式及其内部的功能环节、规则规定、方式方法和运行机制，也就是说，每一种法律实务工作都是通过一定的工作机制、遵守一定的规则、通过一定的方式方法对各种涉法业务进行处理的，相关的策略方案就是体现在选择通过什么样的方法、规则以及机制来解决问题。比如，对于争议纠纷案件的处理，具体是通过司法上的诉讼来处理解决还是通过非诉比如谈判的方式来解决，如果通过诉讼的途径来解决，相关的策略方案的制定则体现为，比如诉求的确定、管辖法院的选择、案由的确定、证据的使用、证据规则的运用、执行条件和相关因素的考量等多种因素。如上文所述，在基本法则相对固定、基本形势也相对明晰的情况下，如此动态灵活的策略机制的考量和运用才能打好打赢这场诉求实现的"战役"。相关策略方案的具体设计思路、模式以及方式方法将在下文关于事实模式和创新能力的章节具体阐述。

第三节　法律基本表达与沟通

一、法律表达与沟通的一般性原理

（一）概说

法律表达，是法律主体思维认识的信息外化过程，其本身就是主体的语言表达沟通行为，其是法律主体自身的其他行为的外在（现）依据，也是其他主体相对于语言表达主体外来行为反应信息和基础依据，如此形成了主体间关于法律认知思维上的沟通，进而演化为法律行为上的互动。如果以一个人体的功能作比方，可以把上文所说的法律研究工作看作人体的大脑功能，把法律的语言表达和沟通看作人的听说功能，而把下文所要阐述说明的法律行动工作看作身体四肢的行动功能。从法律工作主体的角度来说，三者三位一体，实现了整个法律工作主体间的以认知为基础的信息交流和行为互动过程，作为法律工作主体间的一个典型的、基础的工作模式，涵盖着法律工作主体的全部工作能力。

在这个三位一体的信息和行为构成的主体工作机制当中，法律研究的思维认知生成是基础性环节，行动变现是结果化环节，而沟通表达则是链接这两个环节的桥梁，既是基础性环节的信息输入输出凭借条件，就是为大脑进行信息的输入和输出，也是行动结果的前提依据条件，指导着身体和四肢的行动[①]，更是主体间行为互动的交流性条件和渠道。由此，可以说，在基本的机制功能上，主体的沟通表达是整个主体间工作机制的关键环节，没有沟通表达，则思维认知的生成就是"无源之水"，而行动结果

[①] 需要特别说明的是：这与语言本身就是一种行动以及行动本身也是一种信息的表达的认知，并不矛盾和冲突。

的实现就是"无本之木"。

（二）法律表达功能的原理认识

法律表达的基本功能构成主要有三个方面：一是表达，即主体将自己法律研究的成果通过语言的形式外化出来，形成信息和制作信息的过程环节；二是交流，即主体将自己的认知理解信息传播出去，传播给目标或者对象的环节；三是影响，即主体表达交流传播认知信息后，对传播对象或者目标造成影响的环节。三个环节在整个法律表达的功能实现上的作用各不相同，表达环节在整个机制上处于最上游，在整个基本功能的实现上是基础的，也是关键性的，如果表达的意思相对于法律研究的认知出现了偏差或者错误，接下来的功能都无从谈起；影响是主体表达所追求的目标和要实现的根本目的，即：使对方知道、认可或者是不认可这样的意思表示而做出相应的行为上的反应，没有"影响"追求的理性表达是不存在的；交流则是表达的信息内容得以有效传播的触及对象主体的途径，既表现为信息的不失真有效传播的方式路径，也表现主体间对信息的反复确认的过程，是表达的条件和媒介，没有交流的方式和机制表达既是不可能生成效果的，也是不可能形成表达的内容的。

由此，在现实工作的三个环节中，整个表达功能的实现在不同的环节涉及不同的工作内容和相关的能力，对于表达而言，主要包括：如何确定信息内容构成，如何进行信息的制定，具体包括，信息的形式，比如书面的、口头的还是其他形式载体的，信息表达的语言风格、信息表达的逻辑结构、信息表达所要追求的表达效果，等等；对于信息交流而言，主要包括：交流的时间和地点和场合的确定，交流对象主体相关的信息等基本情况掌握，交流所要采取的方式方法选择，交流的环境和氛围的掌握以及交流的方案和策略制定，等等；对于影响效果的实现而言，可以说以上的表达、交流的内容和能力也都是广义上的影响效果实现的方案范畴，但就狭义的影响效果实现所要考虑的问题、因素和相关能力而言，主要包括表达交流的目的性的方案的设计和确定，具体包括如何单方传递信息，如何进行履行程序式的告知或者表达态度，如何认可和支持对方，如何否定、表达异议或者打击对方，如何与对方达成观点共识，等等。实际上，这些内容的考虑往往在信息制定、表达和交流传播的环节就进行了考虑和如何融合实现，比如，目的性方案的设计和确定，反向决定表达和交流的定位考量，等等。因此，在这种意义上，影响效果的实现更像是其他各个环节的工作价值目标、思维理念和意识。

（三）法律表达的形式和现实功能

通常来说，法律信息表达有两种形式，一是口语表达，二是文字表达。口语表达多用于主体现场工作的场景中，即相关主体间的对话、交流和探讨，常见的场景比如会见工作，庭审工作，询问工作，谈判、调解、会谈、会议等现场工作；文字表达可用于现场和非现场的全部工作场景中，在一定意义上，文字表达是口语表达的衍生形式，或者说是表达形式的迭代升级形式，书面表达可以使口语表达的内容固化下来，由此而具有更精准、更稳定、易保存、便于研究和思考等多种优势，降低交流的误解和障碍，当然，从效率和灵活性来说不如口语表达高。在整个法律工作中，所有法律事务工作的沟通和表达除了口头表达，都是由文字表达的，两种表达形式各自有着独特的功能和价值，就表达交流的形式来说，很多相对复杂的活动和工作场合，往往是二者紧密有机地结合，扬长避短以发挥各自能力上的优势，结合着相关主体行为和工作行动，建构、推动和运行着所有的法律工作和法律运行机制。

现实的工作和活动功能。从现实的法律信息表达功能上来看，依据以上所述相关原理，在整个法律业务或者法律工作行为中，在行为和信息的关系维度上，在微观层面上，法律表达既是所有法律行为的本身，也是行为的依据和基础。法律表达的作用在于促使相关法律行为外化，形成法律上的效果。在宏观层面上，法律信息表达构建着所有的法律行为，建构法律行为的空间，既是法律行为开始的地方和形式，也是法律行为结束的地方和形式。同时法律表达也是法律行为的方式方法，通过主体口头或者文字表达出来的内容本身既是一种法律上的行为，同时也会促生和引发其他一系列主体上的表达和行为。在法律行为和相关的工作上，在底层和深层上，所有的内容都隐藏在法律的口头或者文书里，尤其是在立法、司法、执法等国家和具有公共属性的法律工作和行为中，所有的法律行为最终都会以文字表达形式作为最终的行为形式并加以固化存储。因此，从整体上看，相关业务的法律文书体系的构建意识和思维是非常重要的，一个法律工作者要构建自身业务的法律文书体系，法律文书体系即行为体系和所有的工作体系。

推动工作。无论是口头的还是文字化的法律表达，在整个法律工作的细胞性的能动模式意义上，完整的法律表达不外乎什么样的主体，要干什么样的事情，会有谁建立什么样的关系，期待形成什么样的效果或者目的。如此，另外一个重要的方面是，既然法律表达，尤其是法律文书在整个法律工作中表现为一种认知和行为的体系，那么，法律表达尤其是法律文书构建着整个法律工作的体系和运行机制，在这个意义上，可以说是不同方面、不同形式、不同种类、不同环节、不同阶段的法律文书既构成了立法、司法、执法、守法整个法律生成和运行的机制，也构成了其中的每一项法律业务和法律工作的推动方式和运行机制。整个法律工程和法律工作是以法律文书等法律表达活动作为动力引擎推动运行的。

二、法律表达基本属性、能力和思维

基于以上的一般性原理和功能分析，为了做好法律表达的相关业务，淬炼相关工作能力，这里总结一下法律表达尤其是法律文书写作的基本属性，以此作为相关工作能力构建基础性。上文在法律表达的基本构成环节部分，在一定的角度上，已经对相关能力要求进行分析总结，那里的分析总结主要是基于法律表达的微观结构构成和一般信息功能来考虑的，而这里的视角是基于法律信息的特殊功能来进行分析总结的，以此形成法律表达工作能力在整体法律业务工程上的功能实现。

第一，是法律表达的自然知识性。整个法律业务工作是由规则制度和现实的事实问题构建的一整套知识体系，如前所述，任何一个法律表达作为法律信息无疑是对法律研究基础上的某个规则和事实的知识的表达，由此，法律规则和事实的知识加工便成为法律表达的核心任务和基础工作，因此，对已经在头脑中形成的法律研究成果如何外化为口头或者书面的表达能力是法律表达的一个基础性的能力构成。相关内容主要涉及的是事实和规则基础上的法律关系的三段式的表达，在前文的法律研究已经阐述，在下文的相关属性中也会结合总结，这里不作阐述。

第二，是法律表达的法律制度性。如上文所说，法律文书等法律表达构建和推动着整个法律工程的运行环节和运行机制，由此，法律表达的基本的核心内容不仅是与法律业务相关的，而且其本身的具体的表达主体、目标对象、内容构成、形式构造、运行程序、制作方式、功能效果，通俗地说，就是谁，关于什么事情、什么时间、什么地点、向谁提交表达、希望达到什么目的等多方面，都是由法律明确确定的或者说是有法律依据的。因为在整个法律工程上，法律是一个专业统一的语言体系，法律表达是一个群体性的工作行为，比如通常所说的要用法言法语来进行表达，因为如此才能够做好工作上的衔接并提高法律效率。所以，在整个工程上，便对法律表达做出了统一的法律制度上的要求，当然，效率和效果兼收，这样也能够保障法律文书等法律表达的准确性和高质量。

第三，是法律表达的职业角色性。如果说以上的属性体现的是法律表达的一般性的整体化知识和工程属性，那么，法律表达的职业角色属性则体现的是以个性化的主体为中心的法律表达的主体、时间和空间属性，即：什么人，在什么时间或者阶段，在什么样的工作业务中，做什么样的事情，期望达到什么样的效果或者实现什么样的目标，以及怎样实现这样的目标，等等。这里体现的是法律知识的角色性、主体性、效力的时空条件性、价值目标性和策略性。在这样的角度和视角下，法律文书等法律表达体现的是现实工作中的一定个性化主体的个体行为、能力和策略，而不仅仅是理论研究状态下没有价值角色定位、没有时空条件限制、没有目标和目的性的、没有阶段性的工作任务实现等无关痛痒的一般性学理性分析和表达。

三、法律表达的基本思维与基本操作技能

在现实的法律工作中，法律表达的形式内容非常丰富，下面仅就几个具有代表性的任务形式中的表达思维和技能体现为例进行阐述，争取能够做到举一反三的认识效果。

（一）法律文书写作

法律写作以及法律文书写作是法律业务工作中最为常见、重要的法律表达的形式。[①] 从法律职业化工作的角度来看，可以说法律文书写作是法律工作者为数不多的几个最重要能力之一，是法律表达能力的核心体现，也是法学院职业法律教育的重要课程和训练科目。关于法律文书的写作的内容和对象的认识，传统的法学院法律文书写作课程已经有系统的说

---

① 参见〔美〕托马斯·L.哈格德：《法律写作》，法律出版社 2004 年版，第 10—13 页。

明①，但是相关的内容设计、教育方法在人才的能力体现和职业应用效果上并不理想。② 本书这里主要从实务教育和诊所课程基本思维和操作技能的角度，来看法律文书写作需要注意的问题。

首先是文书的主要工作目标和价值定位。以诉讼中的起诉状写作为例，一般说来，起诉状写作的主要目标和定位是能在法院的环节成功立案以启动诉讼活动，其他附带性的目的可能包括中断诉讼时效、选择管辖法院、提出诉讼请求，为庭审工作进行纠纷解决的基本法律和事实上等法律适用的观点上的铺垫、赢得纠纷解决和胜诉的先机等多个方面考量。确定了这个主要的目标和价值定位以后，由此在整个起诉状的内容表达的重点方面、表达的方式方法、表达的程度火候、表达的策略性安排等多方面，就要结合着这个主要的目标和价值定位进行考量。

其次，在内容和格式要求上，一定要明确清楚原被告，什么叫作清楚以及清楚的标准是什么，比如，就是一定要让法院能够确定并找到这些主体；一定要有明确的、清晰的诉讼请求，明确指的是诉求人意思表示肯定，清晰指的是请求的内容在法律关系上是有指向而且指向具体而不是混杂不清的，如果诉讼请求不明确不清晰，法院不知道最终要解决什么问题以达到具体的目的就不会立案；一定要有或者与法院确定清楚具体的案由和明确的管辖，如果不是如此，在司法行政程序上，案件在现实中会找不到具体的法院以及审判工作部门而无法获得审理。

当然，如上所述，任何一个法律文书写作的重要理念是要做到有所为和有所不为，上文必须清晰明确的几个方面就是有所为的表现，就是在这个阶段必须要实现的任务和达到的目的。而在起诉状中以上诸多方面的

---

① 参见李化德主编：《法律文书写作》，中国政法大学出版社 1999 年版，第 1—5、19—21 页。

② 参见 ［美］ 马戈特·科斯坦佐：《法律文书写作之道》，王明昕、刘波译，法律出版社 2007 年版，第 1—6 页。

基础性认知，包括事实和法律理由以及证据支撑方面，一般说来，从律师法律服务的工作角度来看，在火候上，能达到基本的分析论证和法理、事理和情理上的以及基本重要的证据支撑就可以了，并不需要达到法庭辩论阶段、代理词以及判决书程度上的要求。也就是说，在事实和法律理由以及证据提供等方面要有所不为，往往不需要全盘托出，不需要像做理论研究一样做一个横到边、纵到底的全面分析和论证，一方面，在起诉立案阶段，法律表达的主要对象是法院的立案庭而不是审判庭，更不是对方当事人，能达到立案程度就已经达到工作目的和要求；另一方面，起诉状的文书表达主体和任务的操作者实际上是案件的原告当事人，从整个司法工作的角度没有必要也不会对当事人做这样专业程度上的要求。另外，还是从司法竞技和策略性安排的角度来看，最为重要的是，这个阶段如果没有必要地为了不该为之事，没必要地过多展现自身的信息和观点，就有极大可能压缩后面的竞技工作在策略安排上的空间，造成被动挨打的局面。以上相关思维理念和原则的考量，相信也同样适用于其他方面的法律文书写作和表达的工作。

（二）会见客户

在法律表达和沟通交流的工作中，一种较为常见的任务场景就是法律服务会见客户或者说法律问题咨询交流活动。在这种工作任务场景中，律师或者法律专家的表达、沟通和交流模式与其他情况在内容和形式上有很大的差异性，了解和掌握这种差异性对于实现有效的表达和交流沟通是必要的基础和前提。

首先，在语言模式上，会见客户的表达交流是以专业法律知识的咨询为主导的表达交流，相对方通常是不具有专业法律知识和认知能力的，就像医生给病人看病的问诊与诊断活动。在这种工作任务和关系结构中，在一定的程度上，专业知识和能力的掌握者在这个表达交流的主体结构和机制中往往处于主导地位，但是在沟通的环节和机制上，与对方的沟通和表达则体现为专业知识与一般事实和问题描述的语言翻译和转换系统的模式。这种表达交流往往是以现场的口头交流为主，往往也会以文字表达形式做辅助支持，但是掌握专业知识的法律工作者一定要能将客户或者来访者的话语翻译成专业语言，同时也要将自己表达的专业术语转化成客户能听懂和理解的语言以及指代的事物，否则双方间的沟通和交流无法进行，也无法发现问题、锁定问题、分析问题以及解决问题。

其次，沟通交流是为发现问题和解决问题，在有了语言转换系统保障信息畅通的前提下，在问题发现和解决的整体机制上，可以采用环环相扣的乾坤圈降魔的模式。前文在法律分析的章节关于法律分析的思维模式的介绍时，阐述了两条腿走路的了解事实和法律分析以及将二者融合形成法律关系和相关问题的分析模式，但是这是分析研究者的头脑中的思维模式和思维运行的机制和路径，如果这种模式得以运行，在会见咨询的工作任务中，这些事实和法律信息不是现成的，而是需要从客户端获得，因此这种思维模式必须转化为表达沟通交流中的可操作的机制，来逐步不断地获得现实中客户的事实信息并发掘其中的问题。整体上来说，可以将此机制比作乾坤圈环环相扣降魔的形式，比如，以法律关系的构成要件为圈的构成，主体、客体、内容各为一个圈，然后逐圈进行构建或者确定，最后三圈相套关联打通，完整整个法律关系大圈的构建和确定，从而呈现出问题的结论和解决方案。

再次，在具体交流表达上，通过什么样的方式来实现主体间的信息交流活动，进而实现以上所说的每一个圈内的信息的填充和完善呢？环环相扣的乾坤圈只是给表达交流信息和问题的发掘划定了区域，以及建构了不同区域之间的关联关系和结合的模式，但是如何在这些领域中发掘这些信息和问题，仍然需要具体的发掘工具和发掘机制。显而易见，在一个咨询的工作场景中，发掘机制必须也只能是法律工作与客户之间的交流沟通，而在以法律工作者为主导的交流沟通过程中，这种有效的工具就是问题。现实中，常见的有效的发掘就是通过法律工作者向来访的客户进行问题提问的形式来实现的。

在经验上，常见的模式是这样展开的，当客户来咨询问题，相关的领域已经确定之后，法律工作者通常通过开放性和闭合性问题相结合的模式对每个圈中的问题进行发掘。开放性的问题发问通常是以"你有什么问题或者说说你的情况"等话语表达模式展开的，闭合性的问题发问通常是"这个情况是这样的，对吗?"开放性发问使回答者有较大的自由空间，回答方式也比较发散，对问题发掘的效率往往比较低，很多情况下由于客户缺乏专业知识对问题的聚焦，表达的内容也比较零散冗长，但是优势是往往能够比较客观全面地展现客户的问题和意思，避免发问人先入为主，并在专业知识的地位优势上遮挡住或者过滤掉相关信息和问题的呈现;闭合性发问的情况则是完全相反，发问者的问题相对聚焦集中，回答者客户的回答方式往往只能是"是"或者"否"，这种发问的优势是效率高，但劣势也非常明显，沟通气氛比较僵硬，气氛不友好，不利于获得客户的信任和问题的交流，等等，往往会由发问者完全主导而使很多问题不能客观充分地展现，导致整个信息沟通的残缺或者失败。

毫无疑问，这种工作场景中好的交流模式应当是适时地、恰当地将二者结合起来运用，扬长避短以发挥各自的优势实现最佳的表达交流效果，这就是以上所说的乾坤圈降魔的模式的运用，通常说来（从心理学上来说也是如此），先由客户开放式地讲述自己的事实和问题，在这个过程中，寻找恰当的时机圈定某一个作为构成要件的问题，然后在这个圈内通过闭合式的问题交流模式进行深挖，如此以圈为单位逐一进行这样的模式复制，保证主体之间形成良好的互动机制并形成对问题和信息的充分准确的发掘和构建。另外，闭合性的问题表达和交流互动可以用在所有的圈构建完毕后，对于关键的或者犹疑不定的问题可以通过闭合性问题的交流确认，最后完成整个大圈的构建，进而完成整个案件业务的信息问题发掘和构建。以上基本原理适用于所有法律人与相对方探讨问题的场合。

（三）代理人法庭上的表达

1. 游说式表达交流的场景及其泛化

法律表达另一种常见的工作场景就是向"有权"部门和相关工作者表达意见并说服对方接受相关意见，从而在一种公共权力判定上发挥自己意见的功能活动。在这种场景表达中，表达交流的主体一端是权利的主张者，而另一端是权力的持有和运行者，整个表达沟通的目标性使命是帮助或者促使权力端对于相关问题有一个正确、正当的理解和认知，从而做出公平公正的决断和相关行动。现实中常见的就是诉讼代理人代理客户向法庭表达意见进行一系列诉讼的工作活动，当然，相关的原则、模式、方法和能力同样适用于立法、执法、司法等相关工作活动场景中。

2. 表达交流沟通的属性和思维理念

首先，在代理人代理客户进行诉讼的过程中，整个活动的表达沟通的核心对象是司法工作人员，主要是法官，而不是当事人以及其他诉讼参与人，整个目的是让法官接受这一方面的观点，获得公正对待。其次，在整个表达交流的过程中，所阐述的内容是给司法工作人员看或者听的，主要目的是相关的信息对司法工作人员的认知和心理产生期待的作用。再次，这种表达的形式、方法的使用等条件保障和效果追求主要的作用点是司法工作人员，而不是对方当事人、律师或者其他诉讼参与人。

如此，在这个过程中，比如在法庭上，代理人与对方当事人和代理人之间的表达和沟通交流的属性和功能是什么呢？在整个法庭的任务功能中，由于所有的目标和任务都集中在司法工作人员的认知和判断上，因此，双方当事人、代理人以及其他诉讼参与人在整个法庭表达和叙事功能上，主要是呈现相关问题的完整信息以供司法人员了解和使用，因此，双方相互之间的沟通表达是互为条件来展示各自的认知，进而形成法官的信息和认知条件，一方当事人和代理人虽然在形式上是向另一方当事人或者代理人以及其他诉讼参与人进行表达，而实际上的表达目标对象是司法工作人员。

3. 表达交流的核心方式和模式

基于以上的任务属性和思维理念，这种工作场景下的核心的表达方式和模式是论证的方式和请求说服游说的模式，核心的任务目标是让法官接受自己解决问题的事实以及法律理由等观点意见。在这个表达沟通交流的结构中，可能会出现运用辩论的表达方式与对方当事人和代理人进行论辩的情况，但是整体上、核心的方式是依据对事实和法律以及基于事实和法律通过各种有力的逻辑方式进行观点和意见的论证。如上所述，与对方当事人和其他参与人之间的论辩实际上是向司法人员论证的辅助手段和方式之一；就整个表达交流的模式而言，是以论证方式为基础构成的请求和说服游说，在二者关系上，论证是说服游说的基本方式和工具，而说服游说体现的是运用这些工具和方式的目的和策略，关涉的是论证适用的时空条件以及具体的运用的技巧性把握。

（四）谈判中的平等协商

1. 平等协商式表达交流的场景及其泛化

在法律工作场景中，另外一种比较常见的表达交流场景就是平等协商式的表达交流场景，常常在各种法律上的谈判和协商工作场景中运用这种表达交流沟通模式。与以上情况不同的是，在这种表达交流的场景的话语结构中，在主体上双方既没有天然职业相关的专业知识造成的"权力"上的差异，也没有因为"权利"和"权力"的区分而形成的问题解决机制结构中的功能地位的差异，而在地位和职业知识是应当完全平等的状态下，主体之间利益和所追求的价值纠葛到一起之后，双方对于各自的利益和价值追求的实现方案产生了分歧。平等协商的表达和交流模式最为常见的职业工作活动就是法律谈判和法律协商，下面就以法律谈判为空间场景对相关属性、思维理念和方式模式进行分析阐述。

2. **表达沟通的功能属性和思维理念**

在法律谈判和协商的工作场景中，表达沟通的基本功能属性：一是使纠葛纷争的双方或多方能够充分了解各自和对方的利益打算和根据，以及主体间整体的价值和利益格局中的基本现实和可能发展走向的事实情况；二是在对这些情况的了解和研判基础上，对自身的利益和价值进行主张以及对相对方的相关方面进行否定或者支持；三是由于主体间的利益纠葛在共同的局中，所以，利益和价值一定是此消彼长或者在实现上是冲突的，因此，表达沟通的功能属性实际上是在价值和利益交换的前提下或者说通过利益的交换形成整体格局中解决利益和价值冲突的最优解或者最大化。

因此，在基本的思维理念上，这种场景下的表达沟通交流就是最大量地、最有效地呈现整个利益和机制格局中的事实和问题信息，因此需要建立一个既有效率又有效果的信息表达、交流和沟通机制。在此基础上，表达和交流既要充分展现整个格局中的情、理、法的基本状况，但是，最终的方向不是在这三个方面上只执一端或者一种标准来解决问题，而是在对三者综合考虑的基础上，不较真，各自作出合适的让步，模糊处理分歧，需要在充分考虑对方的价值和利益需求及其正当合理性的基础上，为了各自价值的最大化以至于整体上的最优解，实现多重价值标准上的交流协商，获得主体之间的最终交易。

3. **交流的方式和模式**

基于以上的功能和思维理念，谈判中交流表达的基本方式和模式构成就是平等交流协商达成妥协的模式。表达交流的基本方式是平等交流为根本和主要的旋律，达成妥协则是主要的基调、目标和策略考量的基础。当然，对于相关问题的事实、观点等信息的呈现，平等交流是基本的原则和基础，但是，理不论不清，事不辨不明，为了更好地实现呈现效果，往往会对其中的很多事实进行确认和辨析，对很多道理需要讨论疏通，相关的争论和论证也是基本的、必要的手段和方式，但是无论如何，这些争辩和论证都是基于平等交流，以把事情和道理搞清楚获得认同为目标。

另外，为了达成一致的意见获得谈判成功，在策略考量上，协商妥协是总体的策略性指导纲领，由此要求谈判各方都能站到他人的角度和立场上，来考虑自身和他人利益与价值的正当性依据和实现方式方法，都需要以相对善意、友好、坦诚、谅解的语言表达模式和风格来对待对方的表达和意见主张，但是，这些基本的、总体性的、原则性的要求体现的是战略维度上的考量，毕竟谈判协商不仅是一种合作的解决问题模式，也在具体的层面上体现为竞技的属性，谈判的合作不能影响和限制任何谈判协商一方在追求和实现自己利益和价值最大化的目标下，根据谈判对方的具体情况，相机而动地在表达交流战术上采取一些技术上的方式，比如有理、有力、有节的"斗争"，采用"不友好"的强硬态度，施加合理压力，以争取到自身的最佳谈判结果。作为一种博弈模式的谈判协商活动，显而易见，这是有原则的合理的保障谈判协商质量最高，效果最优化的科学机制，否则谈判协商价值也得不到发挥，当然，这种"斗争"方式的运用，不能以破坏平等协商达成妥协为代价，否则谈判就会彻底崩盘，无从谈起。

第四节　法律工作行动力

如前文所述，按照思维思想和行动的关系模式，法律研究相当于展现实务法律工作的大脑能力，法律语言和文书涉及的是相关的口耳的法律信息表达能力，而行动力则相当于改变现实的或者变现的身体和四肢运动。在一个完整的法律工作行动体系中，一个法律工作者不仅要有大脑的能力、口耳交流表达的能力，也一定要具备以此为指导并随着外界环境条件变化相机而动的行动变现的能力，三者构成了完整的法律工作能力。对于法律工作的行动能力构成而言，内容丰富，种类繁多，不一而足，在时间、空间、人以及相关事务的完成这样的关系维度上，可以将相关能力放到如下两个层面上来认识理解。

一、业务专业技能和管理运行的关系

（一）关于行政管理和运行的认识

做好法律工作者行动力的建设，尤其是在诊所教育中如果想做好学生行动能力的训练，首先有必要在学生对于行动力的理解、认知、意识和对待态度等方面进行建构和强化。在业务的专业技能和行政管理运行的关系维度上，如果以二者来表述整个法律工作者的工作能力构成，那么，行动力通常与业务的管理运行力所指是一致的。而无论是对于法学院在校学生的教学课程的整体设计和运行，还是在现实的实务工作领域中，可以说毋庸置疑地，法律职业人整体的工作意识和现实工作中还是更注重业务专业理论知识和专业技能的水平，而对于业务的管理运行能力至少没有像对前者一样重视。

实际上，之所以出现以上这种情况，无论是在法律人才培养的教育工作中，还是在具体的法律实务工作中，相关主体对于行政管理和运行业务中的行动能力的理解认知和态度意识还是有误区的或者说是不足的。错误或者不足的原因在于对业务的专业知识和技能与管理运行的行动能力的功能的认识上存在着误区或者偏差。在法律工作的以上所有相关执业能力中，专业知识和技能毫无疑问是至关重要的，其是整个业务工作的基础能力和根源能力，也是整个工作的主体能力，没有这个能力一切工作都无从谈起，而相对来说，行政管理运行能力则是衍生能力，是业务工作中的辅助能力或者附属能力，但就算是衍生能力和辅助能力，也不等于这方面的能力不重要，因为这方面的能力是所有业务工作目标得以实现的根本保障能力和条件，没有这个能力和条件任何工作都做不成。

（二）专业技能、业务与管理运行的关系

其实还可以用另外的一种比方来分析阐述二者的关系，就是航母平台与战斗机的关系，在完成一项法律工作任务的过程中，整个行政管理和运行就相当于航母作战平台及其附属设备设施和能力，专业业务工作就相当于作战的战斗机，显然如果没有战斗机作战的功能和目标价值，航母平台是没有存在意义的，但是反过来如果没有航母平台的运行和保障功能，显然战斗机不但没有起降的地方，就连战斗作用也无法发挥，航母平台决定着作战能力的发挥效率和效果。在这种功能的结构关系中，我们可以说一种能力是显性的能力和功能，一种能力则是隐性的能力和功能，但是却不能说何者更为重要和有价值。

在经验层面，现实工作中，如果仅从数量和人力、物力投入上，往往大量的工作是行政管理和运行工作，这个"量"是如何计算的，实际上，我们还要仔细来看行政管理和运行工作与业务专业知识和技能工作在一个工作场景中的区分和相互关系。我们来尝试分析一下，在一个具体的工作任务中，所包含的事务到底什么是行政管理运行以及专业和知识技能的，可以说，法律工作中，在距离专业性知识的运用和运行以外的工作层面上的行动，相对于专业性知识的运行而言无疑是行政管理和运行工作，在专业性的知识运用和运行层面上，除了与法律业务紧密相关的事实确定、法律分析以及结论的做出这些核心法律知识的活动，其他方面知识上的相关工作也都是行政管理和运行工作，而在法律知识活动层面上，关于这些知识的所有工作行为的时间、地点、人物以及工作方式方法等问题仍然是行政管理和运行问题；如此，一句话，除了法律工作核心的知识上的思维判断，比如对于事实、法律、二者的关系、问题以及问题解决的方案等这些判断确定上的内容以外，可以说其他方面的知识和行动都是行政管理运行上的工作。因此，从整体看，一份法律工作中，占了大部分的一定是行政管理和运行工作而不是业务专业知识上的判断工作，当然，这并不否定这些行政管理运行工作都是围绕着核心专业知识的能力和效用的发挥设计和安排的，甚至也可以说这些行政管理和运行知识在这种工作场景下，本身也属于法律专业知识运行的构成部分。

因此，行政管理工作与业务专业知识上工作的关系可以解释为，法律业务专业知识的运行工作为纲和内在主轴，行政管理运行工作为目和外在附属物或者表现形式，通俗地说，法律业务专业知识和技能的运用就是通常所说的专业性脑力劳动，其中的行政管理工作就是通常所说的行动事务性工作，而现实中一个优秀成功的法律工作者一定是不仅仅会做专业，同时也一定会做事，往往是不自觉地遵守了专业知识和技能与管理运行必须要并重的这个规律。因此，在现实的法律实践工作中，对于工作人员的能力培养投入一定是二者兼备、不可偏废，而对于大学的法学院，往往习惯于专业理论知识的学习和应用能力的培养，往往忽略法律上的行政管理运行等行动做事能力，这一方面是因为对以上的认知理解不够，也是因为现实中的教学等人才培养的条件不够，因此要通过诊所法律教育类似的实务操作的课程培养学生的相关意识、基本思维和基本能力。

二、思想和行为关联行动机制

行动是相对于想象而言的，在法律工作中，有了一定的设想和想象之后，就要通过一定机制和工作模式将这种想象和设想通过行动变成现实，这就是行动的机制和模式。上文阐述和介绍了从专业业务知识认知到行政管理运行整体上的行动力的所指和构成①，接下来再探讨一下这些行动力自身实现的机制和线路。这些机制和线路所体现的是行动的时空等条件和一定的事务内容、实现方式方法相结合的事务工作模式。无论是在诊所教育课程中学生进行训练的实际工作模式，还是现实中多种法律执业工作者不同的工作场景的不同工作任务，从想象的理念到行动实施的基本机制和行动线路就是计划——执行——评估反馈——完善或者调整计划——再执行，这样的循环往复，直到想象设想的任务得以完成。

（一）计划

这里所说的计划，也就是规划、筹划和策划或者谋划，就是把想象的理念制作成可以现实操作的方案。这个方案的具体内容和构成要素包括以下几个方面，概括地说就是：由谁，向谁，在哪儿或者到哪里，什么时间，做什么样的事情，达到什么样的目的，运用什么样的方式、方法和策略，需要什么样的条件，等等。一是任务的目的和目标的确定。对于一项职业法律工作而言，任务目的和目标的确定，通常来说主体上体现为"法律研究"工作，比如，无论是法官、检察官还是律师或者执法官员，在开始工作时，一定是先对这个工作任务的目标和目的进行研究和确定，当然，也可以说"法律研究"在接手工作时或者之前就已经开始，因为其也是决定是否接手这项工作的前提。任务目的确定，可以理解为通过法律研究分析确定现实中所要解决的法律上的问题是什么，可以细化为问题得以解决所包括的法定的具体内容以及标准和程度等。

二是任务实现的主体，包括整个任务实现过程中非客体化或者目标

---

① 上文虽然对业务专业性知识和行政管理运行知识做了区分，但实际上它们都是行动的内容构成和行动力的体现，只不过现实中出现的问题是，对于这种行动力的重视存在偏颇，往往只重视其中的业务专业知识能力而忽视行政运行管理能力，而对于行动力来说，行政运行管理能力倒是其中本质性的规定。

对象意义上的人。一方面指的是狭义上的实现任务的人的选择和团队的建设和构成；另一方面指的是最广义上其所涉及的要充分考虑、统筹和整理整个任务实现过程中人的相关因素，既包括实现任务核心的工作主体和团队，也包括条件性的人及其相关因素，二者分别会在后面的团队建设和相关条件方面进行阐述。

三是具体实施上的时间和空间因素，简单地或者从表层上说，就是什么时候以及在哪里进行相关的行为，对于一项法律工作任务来说，这些时间、地点在法律整体工程的运行上，指的就是工作行为的法定的时空坐标位置，比如说，我们常见的时效、管辖等，但是如果从深层来说，这些所指不只是行为的时间和空间上的简单的节点性规定，而是它们所涵盖的深层的天时和地利上的时机、环境等多方面的综合性条件，这些条件对于一项工作来说一方面是客观的、不因人的意志而改变的，另一方面却是需要人去认知、把握和运用的，这进一步就会涉及各种策略性的考量、选择和安排，对此后文会有针对性讨论。

四是整个任务操作和实施活动构成的具体的工作内容的划分、工作分工以及运行机制，比如说，基础研究工作，业务实战工作，人员组织和培训工作，行政运营管理和综合保障工作，财政支持和管理工作，公共关系与媒体资源工作，总体组织协调工作，等等。

五是方案执行和实施的方式方法与策略。对于整个计划工作而言，可以说主要包括重要的三部分，其一是知，由知而规划；其二是备，由备而筹划，此即"凡事预则立，不预则废"；其三是谋，由谋而策划，这里讲的是"谋定而后动，知止而有得"，而计划方案的执行和事实的方式方法的选择和整体的策略考量指的就是"谋划"或者"策划"。这里主要说明和揭示的是，任何一项法律工作，实际上除了上文所说的天时、地利和人和等时机和条件因素的考量和运用以外，以此为基础在具体的方法、方式和整体的行动方案上都有很多的不确定性或者可选择性，因此计划和方案的制定除了知和备以外，其本质性的内容关键在于谋。

（二）执行和实施

这里所说的执行和实施，就是按照以上已经谋定好的计划方案将方案变现、实现目标的行为过程。如果从整体的工作任务实现的系列性工作结合来说，执行和实施环节一定是要按照工作计划和方案的要求来进行的，二者基础和延续，以及理念和行动的关系；而如果独立来看，两个环节的工作理念和目标也有很大区分。认识这种关联和区分对于做好各个环节的工作以及实现整体任务目标是非常有必要的。计划的工作环节在总体原则和目标简单地概括为准确、充分和周全，准确即关于任务的问题认知和目标定位的相关规划要准确到位；充分即关于任务实现的各种条件上的准备和筹划要充分有保障；周全即关于任务的实现方案要结合以上二者的情况具有多角度判别、多种预备方案，形成周到全面的"作战"方案。执行和实施环节的原则和目标与此有关联但并不相同，可以说其主要目标在于实现计划好的任务目的，除此之外再没有其他目标，或者说执行实现任务目的是唯一的最高的价值标准和导向，其他任何价值考量都不能与其冲突。由此，任务执行和实施环节确有一个重要的功能，就是在实现既定的任务和目标的过程中，要不断地对目的目标进行修正和调整，现实中，既定规划的目标在实施过程中或多或少都是要被修正和调整的，或者说，不被修正和调整的目标往往是不能实现的。其实，从整个任务的目标和形成的过程来看，现实中任务目的和目标是直到实现之后才确定的，在这种意义上，也可以说执行和实施工作同样参与了任务目的构建和形成，这也是执行实施工作的衍生功能。

由此，法律任务方案的执行工作以上的执行方案和修正方案的双重属性，决定了其工作过程要坚持如下的基本原则。一是原则性坚持计划方案的目的和目标，计划方案的执行实施必须要尽可能地遵守已经预先设计好的各项原则、内容以及方式方法和路径，既定方案虽然如以上所述往往不是确定了最终的目的和目标，但是确定了行动的方向；虽然也不是最终的方案，但一定是确定了整个行动工作的纲领，其起到的是控盘和控局的关键作用，能够将所有的人力、物力和财力整合起来，按照一定的路径，运用一定的方式方法和机制，朝着既定的目标前进，实现原则性的目的。二是要灵活性地调整方案的目的、目标以及具体实施的方式、方法以及策略方案；如上所述，执行工作如上战场打仗，打仗前可以设计作战方案，但是打仗时不能纸上谈兵照着书本或者方案去打仗，不要说实战中的很多情况是计划不出来的，就算计划出来的也会在主体的博弈过程中以及随现实的天时地利情况而变动，所以，"将在外，君命有所不受"，实战的胜利，关键在于能否因地制宜、因时而动，在既定目标方向上，灵活机动地调整作战方案。三是效率和效果兼顾的原则，这个原则实际上是以上二者基础上的衍生规则，是实现以上两个原则相结合的保障性原则。效果的实现是重点考虑和追求既定方向和目的的实现的价值要求，这是工作的根本所在，效率的实现是指兵贵神速，是在执行实施的过程中要灵活快速地落实和调整方案而抓住时机去实现效果，如果只是相对呆板地注重和刻意地追求既定方案中的效果，那么失去了局部的时机和整体上的时效，既定的价值目的也无法实现。也就是说，效率的原则是保障抓住时机灵活机动地作战，效果的原则是保障既定目的和价值的实现或者不偏离。二者既相互区分又统一。

（三）反馈和评估

这里所说的反馈和评估，指的是法律方案在执行和实施过程中，对于整个制定的计划和方案的实际变现情况的全面信息进行及时的整理和评估。反馈和评估实际上是任务实现的一个综合信息机制，主要是对计划方案和实际执行情况两种信息进行比较对比分析，从而实现整个任务计划方案结合现实情况能够及时有效进行调整和解决现实中的问题，保障任务的目的和目标能够最终实现。

就这项工作而言，实际上是由三个环节或者部分构成的，一是反馈信息。就是以执行中的各种行为为对象和信息载体，及时整理和汇集各种相关信息，进行相关工作的信息复盘。对于法律工作来说，一个好的法律工作者或者任务执行团队除了相关业务本身的文字或者数字化的存储和记载以外，必须要有一个完整、齐备、准确的业务进展和执行情况的信息记录系统，比如律师的法律代理工作记录，各种工作管理上的档案，等等，以保证能够无死角无遗漏地获得整个工作上的信息。二是业务信息复盘评估。从最广义或者通常意义上来说，任何一个执行任务的工作者，无论是在宏观层面还是在具体的细节微观层面，在自身的任务开始实施时就在不断地进行执行情况的评估，评估是一个常态化的工作行为或者状态，还有一种状况就是阶段性的有组织的评估，这样的评估通常是在工作任务实施的一个阶段或者环节上，打通各个工作分工的组成部分或者环节而进行的相对全员化和系统性的评估，也就是说评估的方面比较全面，可能既包括单线纵向的阶段性的结果、成果、方式方法的有效性，以及各种综合问题的，也包括横向的分工和配合机制等方面的成果和问题。三是计划和执行方案的调整与融合。显而易见，这里的业务信息的复盘与评估不是业务执行完毕后，单方面对于团队的工作经验和问题进行总结而鼓励奋进或者以儆效尤，而是在执行工作过程中进行的评价与估量，主要是为了调整方案和执行方案，为的是更好地执行任务工作方案而达到任务的最终目的目标。如前所述，整个任务目的的实现是以既有的计划方案为样本和产品说明书，以现实中方案的实施状况为现实产品，查看现实中的产品在形式上和功能上是否与方案相符，如果不相符就要在形式和功能上进行平衡和选择，根据现实的条件形成新的可实施的方案，这就是计划方案和执行实施任务的相互比较、调整和融合的机制和过程，而这个过程实现恰恰就有通过所实现样本的信息的反馈和评估机制来进行实现的。

由此，可以看出，执行实施过程中的反馈与评估是任务实施工作的一个必要的方式和保障机制，通过这样的方式和保障机制，有效地将任务的计划与任务的执行和事实进行链接并有机整合起来，从而由此能够实现一项任务"计划——执行——新计划——新执行"的循环往复的实现行动机制。这个机制实际上已将整个行政管理的各种条件、内容和其他要素在工作行动中实现了统一的整合。包括资源的配给，条件的创设，方案策略的制定，团队的建设，等等。

第五节　法律工作团队建设

一、法律工作中的个体与群体关系概述

在法律工作的整个行动力上，除了以上两个维度上的各种相关的认知和能力的构成以外，还有一个重要的方面，就是工作行动中的人的因素以及与此相关的各种事务处理相关的认知和能力构成。具体来说，就是如何处理工作过程中团队的个体和群体的综合工作关系。这种个体和群体的关系属性，究其根本，仍然是工作中的人与事的关系基础上的人与人之间所形成的工作关系，这种关系形成和构建的价值和功能定位是一定有利于任务目的的完成和工作目标的实现的。对于这种关系性质和相关能力构成的深入理解，除了个体和群体关系上的认识以外，可以从如下两个认知领域和角度进行解读。

一是社会分工。社会分工是在一定的人类发展阶段所采取的在效率和效果上最优化的社会行动模式。与其他社会工作一样，法律工作同样既是

人类社会分工的结果，也必须要以社会分工的模式和机制来开展。因此，无论是简单的还是复杂的工作任务，社会分工是法律工作中个体和群体存在以及相互关系构成的社会天然的物质基础和客观前提，而个体和群体的各自的能力设定、功能展现以及相互间的关系模式和运行状态也一定要体现或者服务于这样的社会分工。一定工作的社会分工理念和机制上要求每个节点上的主体必须具有胜任的能力，当然这种能力肯定是越强越好，但同时也要求节点之间或者说不同的分工构成之间的合作协调关系，在一定的角度上也可以说，这种协调合作的关系模式是每个节点能够胜任工作和完成工作的基础和保障。

二是天时、地利与人和。在这个维度上理解，任何一个工作任务的完成和目的实现的情况，取决于天时的机遇、相关的环境条件以及人心向背这样三个因素和条件，而从人类社会工作的角度来说，其中最重要的起决定性作用的是"人和"的因素和条件。而这里的"人和"指的就是工作中的人的因素，同样指的是个人和群体的构成和关系状况，如果这个方面的状况能够形成"和"的状态，那么可以等待、抓住或者创造天时，创造或者运用好地利，从而使工作任务能够胜利完成。

以上两个方面相结合可以看出，无论是在社会分工的社会工作的基本状态下，还是在工作任务完成的重要因素和条件下，从人的因素和条件的角度看，工作空间中个体与群体关系的处理是一个基本规定和要求，对于现实法律工作的目的实现尤为重要。在理论认知上和现实工作中，处理这对关系的基本模式就是通常所说的团队建设。团队建设是管理学和相关工作领域的一个重要课题，研究的目标和成果产出就是在工作运行过程中、在个体和群体的关系维度上，如何做好整个工作群体的建设和团队协作，形成一个完整有效的工作团队和最优的能力输出，从而形成最佳的工作效果。

二、团队建设

(一) 概说

实际上，这里所说的团队建设，从根本上来说就是在社会分工的前提和基础上，追求实现工作中的"人和"。本书认为，这里所说的"人和"不只是表层意义上的理解，或者说仅指个体间和和气气地进行合作来完成工作任务，在更深的层面上，这里的"人和"指的是所有的人为了工作任务目的，既能够在精神价值层面进行共享并保持高度一致，也能在工作中充分地、不受消极拘束地充分发挥自身的能力服务与工作，还能在相互关系中进行通力合作，这种合作不是以牺牲个体能力发挥为条件的低位上的迁就和迎合，而是能力在高位上的有机融合。具体说来，要做好团队建设以实现这样的"人和"，需要从很多方面考虑，具体来说主要可以从两个方面入手，一是整体宏观上的团队建设，二是个体微观上的能力塑造，下文对此具体分别阐述。

(二) 整体团队建设

整体上的团队建设主要包括团队成员任务的分工协作机制，成员的共同工作任务的理想价值塑造和精神分享，成员的工作能力和素质培训，互助、互利和认同文化氛围营造，运行和管理规则制度的制定与机制建设等多方面的内容。团队成员之间任务上的分工和相互协作机制，指的是工作中的人与任务的相互界定以及任务构成部分的划分衔接与人的分工协作之间的相互界定。通常的思维和理解是，因事找人，就是一份工作任务目的和目标确定下来之后，要找到合适的人来操作和实现；另外一个层面是，已经确定任务内部如何进行具体任务的确定和分工，往往还要看能力上和素质上的人的构成情况，这就是因人定事，有啥米就做啥饭，要根据人的现实能力情况来确定大家各自的任务承担和分工协作关系。以上概括地说，就是人与任务的有机统一和合理融合，可以说这是整个团建工作的物质基础和基础工程，要依据科学性与合理性进行构划和安排，只有每个人都能相对较好地适合和胜任任务，才能进行有效合理地工作衔接和配合，才能形成高效的工作工程机制。当然，也可以说合理的工作分工和衔接机制也能反过来弥补个体对于工作要求的能力的不足，二者是不同的视角，并不矛盾。

（三）个体能力塑造

关于工作任务的成员的共同的理想价值塑造和精神分享，是团队建设的另一项重要的基础性内容。如果说任务分工和协作机制是团队建设的物质基础，那么理想价值塑造和精神分享就是群体的信念建设。如果说物质基础是团队协作结构和机制的物理性保障，那么信念建设是整个团队凝结到一处不涣散的精神性保障，也是整个团队从群体到个体创造力的来源，更是每个成员保持主动性以及整个团队持续战斗力的保障，一个没有共同的理想信念和精神价值分享的团队肯定不是一个高水平的团队，也支持和挑战不了高难度的工作任务和事业。因此，团队建设工作在这个方面积极促进成员个体之间在这个方面进行积极交流和分享，并有意识地进行提炼和升华，作为个体和群体源源不断的精神营养和不竭的动力来源。

如果任务分工和协调机制是物质和经济基础，那么运行和管理规则制度的制定与机制建设以及互助、互利和认同文化氛围营造则体现为整个团队建设工作的上层建筑。二者一定是以分工和协调机制为基础并作出相应的体现、强化和保障作用，当然二者在发挥作用的方式方法以及追求效果方面是不同的。文化氛围的营造主要是在整个团队内部成员之间营造一种和谐、互助、互利的群体空间气息和氛围，在行为模式、语言交流、思想表达、价值追求等多方面形成互相认同的文化符号和文化内质，形成群体间的文化和精神认同。上文所述的精神信念的塑造与此有关联但并不相同，那个主要体现在工作任务的本身，这个主要是工作条件和工作氛围的营造，使团队成员形成一种群体生活上的归属感，为工作任务的实现创造群体性的心理与亚文化环境和条件。

如果说文化氛围的营造形成的是整个上层建筑构造中的软组织，那么运行与管理的规则制度则是整个上层建筑中关于团队行为和关系上的硬骨骼构造。在群体成员行为和关系上，团队的建设仅仅凭心理和精神方面的强化和导引是不够的，没有规矩不成方圆，规则和制度给人以预期，是行为的路线和方向，是行为是非、偏正、曲直的标准，是群体机制运转的权威性支撑和强力后盾，在任何群体的行为关系中，规则和制度无疑是必要的保障，是整个团队有序运行的基本条件。整个上层建筑工程的运行，就需要文化氛围和规则制度的刚柔并济才能有效发挥功能。

团队建设还有另一项重要的内容，就是成员的工作能力和素质培训。作为一个社会工作者，从个人的角度来说，有意识地提高自身的工作能力和相关素质无疑是个人价值实现的条件，但是从整个群体的团队的视角来说，如果一个团队期望能够组织好团队成员形成整体的团队力量和价值效应，那么团队一定要有组织、有计划、有目的地对成员进行与业务任务目的实现相关的群体性的工作能力和素质培训。培训的内容可以说包括业务知识和能力以及以上所说的各个方面，具体内容与微观上的个体能力的塑造相同，下文一并阐述。

（四）个体与团队关系与相关的能力

微观上的个体能力的塑造和培养，实际上是以上整个宏观整体意义上团队建设的各项内容在个体上的落实，或者说没有微观上的这种落实，宏观上的建设不但没有意义，根本上也无法实现。另外，从二者相结合的价值和功能上来看，实际上无论是团队建设还是工作中的个体和群体关系的处理，其基本的原则就是要把有意识有组织的整体团队建设和自然而然的个体性的能力激发、运用、自我成长与组织有意识的培养进行有机紧密的结合，由此增强从个体自我驱动到群体整体推动机制上的循环活力。微观上要进行塑造和培养的个体能力毫无疑问内容丰富、种类多样，本书按照群体工作机制中主体的三种工作角色、群体三种工作互动的维度以及与工作关联的关系模式，将这些能力划分为三个类别，即：领导能力、执行能力以及合作能力。可以说，在任何一个群体工作的场景和运行机制中，一定要有领导的角色和相关的能力，也一定要有执行的角色和相关的能力，更要有各种角色之间相互配合合作的能力。

1. 领导力

这里所说的领导力，指的是有组织的群体工作中，率领并引导其他成员执行实施工作任务的个体成员具有的能力。通常的说法认为领导力包括感召力、前瞻力、影响力、决断力、控制力[①]，但是这种划分只是一种认知和理解的模式，实际上其所包含的方面是非常丰富的，比如业务知识和业务技能、组织协调、业务规划和管理、团结协作、动员能力、勤勉敬业、大局意识、大公无私、奉献精神、关爱同事、宽广视野、高尚品德、积极向上，等等，无法穷尽。在这些能力和素质中，可以概括地说有如下几个方面是领导力的核心体现：一是获得群体高度认可的业务认知能力；二是能服众的高尚的品德与品格；三是具有组织和协调群体力量的能力；四是有效组织和带领群体进行工作的能力。而这四者之中，最为根本和核心的就是最后一种能力，前三者也可以都归结为最后一种能力，前三者是后者的基础，后者是前三者的结果。

2. 执行力

这里所说的执行力，是与上文所说的领导力相对应的。在具体的群体

[①] 参见［美］安德鲁·杜布林：《领导力（第7版）》，冯云霞、范锐译，中国人民大学出版社2017年版，第2—13页。

工作场景中，不可能只有领导而没有执行，反之亦然，领导与执行是一种伴生的结构关系，相关的能力同样也是对应结合的能力组合。作为一个群体中的个体的执行能力的要素构成和基本素养也可以分解成许多方面，但是最基本的体现就是精准、灵活、效率和效果。这几个方面的价值需要并重和平衡，这其中最重要的价值是精准到位，但不是死执行，否则肯定会执行死，虽然也要追求既定方案和领导的目的意图以达到效果，但是也要注重效率。对此前文在管理执行方面有所阐述，这里不再赘述。

3. 合作能力

这里所说的合作能力，指的是在群体工作过程中，在一定的工作层面和机制中，每一个个体既不在领导层面，也不在执行层面，而是在与平等的同事主体进行配合合作的层面所应该具有的工作能力和工作素养，这就是通常所说的团队合作能力、素养和意识。如果说领导力和执行力体现的是工作中上下垂直机制上的工作关系和工作能力，那么合作能力体现的则是工作中平行或者平面机制上的工作关系和工作能力，比如常说的工作伙伴关系以及相关的工作能力。这种工作关系下的能力和素养也包含很多方面，但是主要的和原则的就是平等的、互助的、友善的、弥补的、合作的、帮助性的能力、态度和素养。

综上，以上三个方面的能力是个体化的整个法律群体或者团队工作能力的一种角度上的体现和理解认识。需要补充说明的是，其一，这些能力在工作中如果依据工作环节和机制中的工作属性及其对主体能力的需求，可以做出这样独立的、截然的区分，比如说领导、执行、合作岗位和层面上的人就应该或者要求必须具备这些能力，但是，在现实中，这些能力相互之间并不矛盾和冲突，可以融合在一个独立的个体中，比如说，合作能力和执行力也可以是领导力的组成部分，执行力不等于没有领导性的素质要求，合作能力也可以包含其他二者的能力素养。因此，其二，要在能力和素养两个层面来理解个体能力的建设和培训。能力是具体的岗位和角色的功能性体现，而素养则是这种功能的条件性体现，因此，三种不同的能力当作为能力时，体现的是不同的岗位、角色和职能，但是它们都可以作为素养去作为条件支撑不同的能力进行实现。另外，除了这样的一些能力和素养以外，如上文在领导力部分所描述的，还有很多其他的能力或者素养，它们都可以结合一定的岗位、角色的功能要求，要么作为一种职能性质的能力，要么作为一种条件性的素养，构建个体的整体综合的工作能力。以上就是法律工作者职业工作中行动能力和素养的综合体现，也是诊所法律教育对学生的行动能力培养和考察的重要方面。

第八章　诊所法律教育中的创新学习理念和方法

第一节　诊所教育中的创新学习理念

一、法律工作者的业务世界观

法学教育以及诊所法律教育的终极目标是培养解决现实问题的人才，现实业务中的问题的实际情况是培养人才的世界观属性的基础和依据。因此，认识法律工作者的现实业务的真实情况，包括业务的问题构成、问题的属性、相关的知识构成、知识属性和功能等，即构建法律工作者的业务世界观，是法学教育学生知识和能力学习以及培养的基础任务。

一种常见的学习和教育意识和观念是，现实世界中的很多业务内容和法律问题在很大程度上是相同的，因此，依照既有经验和理论知识进行学习和培训是使人具备能力或者提升能力的有效途径，这种相同性毫无疑问构建了学习和教育工作的基础性物质基础和前提。但是，在社会行为的生成机制上，我们也要看到这种业务内容和法律问题的相同根源（至少是之一）恰恰就在于这种学习和培训，是由于这种学习和培训的效仿性使得后来的行为不断地延续以前的模式，于是也使这样前后的行为有了一致性和承续效应。如此，以上的教育和学习与现实中的业务和问题形成了一种社会行为上的循环。

但是，这种循环肯定不是闭合性的，现实中的业务内容和问题不但不是不变的，而且新业务和新问题层出不穷。究其原因，一方面是人类在绝对未知领域中的新问题和新工作的出现；另一方面是既有的工作领域业务和问题的发展和演化，这其中既有业务和相关问题的客观上的改变，也有因为人的主观差异性认知和相关行为反向改变并塑造了既有的工作内容和问题，进而生成了新的内容和问题；再有一个方面就是一个客观的现实是，可以说有大致相同的情况，但是无论这种大致的程度有多大，从来都没有一个完全相同的业务内容和问题。法律工作中对于现实的任务的完成和问题的解决也是如此，一个法律工作者可以用已经学习和掌握的法律知识和能力去认知和归类理解一个现实中的问题，并用成熟的经验和做法来解决相关的问题，但是，相对于以往所谓相同的情况的处理，无论程度上如何，整个行为的过程无论在认知上还是在解决行为上，肯定会根据现实的条件进行因地因时制宜地处理，否则解决相关问题的相关方案肯定是不科学、不合理以及不恰当的，加之主体主观认知上的差异，这种所谓相同的问题的认知和解决方案都会有很大的差异。

还有一个重要的情况需要说明，以上是从单线的个体认知和能力的学习与现实任务的完成和问题的解决的关系角度来认识和理解的，实际上，现实中的法律问题的解决和任务的完成往往并不是个体的行为，而是多主体或者群体性的认知和社会行动，如此，以上所阐述的单线路上的问题和任务上的差异性之外，客观的现实中还存在群体中个体间对此认知的差异性，这种复合性的差异性的存在，加之前文所述的价值和利益立场的差异和驱动，实际上是整个法律任务的实现和相关问题的解决成为了相关社会主体交流互动的社会活动模式。对此，前文有系统的阐述，这里不再赘述。

综上所述，法律工作者所要面对的任务和问题的现实世界情况是，所有的任务和问题不是固定不变的，可能既存在相同和相似性，也存在极大不同和差异性。完成现实工作任务和解决相关法律问题的行为，实际上用着已有的相同的经验和知识在解决着既相同而又不同的任务上的不同问题，因此，法律工作者以及法律工作者之间是在互动交流的过程中既遵守既有的工作经验和知识，同时又进行创造性的知识运用，后者通过知识创新进行问题的解决以完成任务，这样的过程既是复制和强化已有行为和知识的过程，又是改变和创新知识和行为的过程。

二、学习主体的业务"人生观"和"价值观"

基于以上法律业务和问题的世界观和现实情况，一个法律工作者在解决现实的问题以完成工作任务的工作中的地位属性和相关价值功能应该是怎样的呢？应该具有怎样的业务"人生观"和"价值观"？

在这个工作场景中以及世界观、人生观和价值观的维度上，法律工作者可以考虑从这几个方面对此作出理解，一是法律工作者既是知识和能力的学习者、践行者和塑造对象，也是知识和能力的创造者。就是说，在这样的一个法律的任务、问题以及解决问题的知识构成的世界中，法律工作者既是相关知识和能力的传承者，把人类的有价值的经验和理论等认知内容通过理解和训练内化为自身的能力，然后在现实的工作中践行这种知识和能力并进行新的传承，当然，在这个过程中，这样的知识和能力也完成了对法律工作者自身行为和认知的塑造。在这一方面，法律工作者对知识和学习的实践体现的是传承价值。而在另外的一个方面上，如上所述，法律工作者同时也一定是相关知识和能力的创造者，因为现实中根本就不存在单方面的知识和能力的学习和遵循，与这个学习和遵循伴生的一定是根据不同的主观理解以及现实的不同条件进行创新性的知识理解和知识运用，真正有效解决问题的思维理念、方式和方法是知识的创新应用，如果不能做到这一程度，那么实际上是无法进行既有知识的学习和应用，而由此解决现实中的问题。当然，同样的逻辑是，创新的知识运用和知识学习就意味法律工作者既是现实问题的解决者，也肯定是基于新知识的新的问题的制造者，这便是知识与问题互生互动过程和机制，法律工作者有必要由此了解在其中的知识的消费者和生产者的以及问题的解决者制造者的这样符合性的属性和价值功能，以便于指导自己在现实中应当如何去学习和应用知识，也避免相关行为的负面效应。

二是在一个群体性的法律工作当中，根据上文所述，每个法律工作既是经验和知识的表达者，也是问题解决的意见主张者以及社会法律行为的建构者。这主要的含义是指，法律的知识和经验不是绝对真理，而是相对有效的解决问题的知识，而且虽然这样的知识和经验功能和价值存在着群体共识，但也是每个人自身所理解和认知的知识，具有差异性和真理上的相对性。在这样的条件下，每个人在对于相关法律问题的解决过程中，包括课程中的教师，很多情况下，有经验的老师在关键的问题上往往是持有不同的意见，因此面对问题的解决，都不是绝对真理的掌握者和发布者，而是相对有效的经验和知识的表达者，而在一个对于问题的解决和任务完成的群体性的社会行动和工作的机制中，法律工作者的真实角色和价值功能便是相关问题解决的意见的主张者，如果，整个社会法律行为是群体中的个体行为博弈的结构，由此法律工作也成为了整个社会法律行为的构建者。综上，法律人的工作职能属性是社会沟通行为和过程中的知识和经验的表达者、主张者以及相关行为的构建者，而不是绝对意义上的命令的发布者以及行为上的裁判者和执行者。

三、学习的方法论

通过以上两个方面，本书阐述了什么是法律的工作、法律工作中的问题和知识、解决问题的机制以及法律工作中法律工作者的地位、价值和功能。以这些探讨得出的结论为基础，我们来继续探讨和阐述一下什么是真正的法律学习和法律教育，法律学习应该学习什么和教什么，以及法律学习应该怎样学和怎样教。

本书认为，学习的本质属性不是记忆而是创新，培养创新思维，创新思维和理念，通过学习要在认知上实现不断的超越，超越既有的认知。创新不是外挂和辅助性的学习活动，应该是基本的工作和学习模式①。因此，首先，真正的法律学习和法律教育的内容不应仅仅是以前的、用以解决问题的知识和经验的单方面的传授、习得、记忆和复制，还应该以现实中的问题为空间载体或者素材，教授如何针对现实中的问题应用这些知识。当然，学习如何应用这些知识的知识也不是根本，根本是要使法律的学习者和受教育者认识到法律知识能力上的传承与创造的关系，形成创新的意识、习得创新的思维和掌握创新的能力；也要使法律的学习和受教育者认知到法律工作的知识和意见表达以及社会行为和制度的构建关系，从而形成知识应用上的社会沟通、参与、互动和改革性的意识，具有相关的思维和能力，这些的意识、思维和能力才真正激活法律知识和经验的传授、习得、记忆活动上的价值。

其次，真正的法律学习和法律教育不应是单方面的既有的经验、技能和理论知识的灌输、复制和记忆，而应该是将这项知识的理解和记忆活动与法律工作的社会实践紧密结合起来，以解决现实的问题为目标导向，进行知识的传承习得与知识的再生产与改革发展的统一融合，实现创造性、革命性的知识学习模式。如此在法律学习和教育的工作模式的设计和方式方法运用上，一定要在知识传承功能和价值得以实现的基础上，构建知识创造、知识构建和改革社会行为和制度的功能和机制。比

---

① 参见李傲：《互动式教学法——诊所式法律教育》，法律出版社 2004 年版，第77 页。

如说，一方面要考虑到传统课堂模式和方法的应用，以教师为知识中心和主体，在教师和学生之间实现既有的知识、经验和技能的单方面的传授；另一方面，也必须要在人才的培养和学习过程中进行必要的实践或者知识实际应用教育，这个过程中必须要以学习者为主体和中心，让学生亲自动手操作法律工作进行知识的应用，体验到知识的创新和革命性的学习过程和相关知识、意识、精神、能力等多方面学习内容上的训练，否则可以说学习者进行的不是完整的或者真正的学习和教育，学生由此学习到的知识和能力不能够在现实的工作中充分发挥出真正有意义的价值和作用，不符合上文所述的真正的法律学习和法学教育以及法律工作者的价值观上的要求。诊所法律教育是目前法学教育中实现这种认知和理念的最为恰当的方式，本书之前篇章关于诊所法律教育的理念、方法和功能的介绍对此作了较为详尽的阐述，这里不再赘述。下文将以法律知识和实践中几个重点的知识领域为空间，具体来探讨法律学习的创新意识、思维和能力的具体情况。

第二节　法律研究创新力：事实模式

诊所法律教育中的创新学习理念和方法的培养，首先体现在法律研究创新能力方面。法律研究能力的创新是对相关法律业务和问题解决的思想认知方面的创新，从基础和根本上直接决定问题的解决思路、行为方法、模式和结果，因此，其是业务能力创新方面的基础创新。法律事实的主观性、主体认知上的差异性以及事实和法律的关系，决定了法律事实的构建是法律研究工作的核心，因此法律研究能力的创新核心体现在法律事实构建上的创新。

一、事实模式概述

（一）什么是事实模式

什么是事实模式①？前文曾有所阐述，这里从研究创新思维的角度继续进行深入探讨说明。法律工作中一个常说的黄金法则即"以事实为根据，以法律为准绳"。这里所说的事实模式指的就是作为进行法律判断依据的这个"事实"的基本构造、基本样式以及外化出来的状态和对认知造成的影响。如前所述，事实模式的基本内容就是现实社会中的主体、事物、行为与社会关系和社会后果，其基本的结构和构造就是在什么样的主体之间，在什么样的情况下，因为什么样的事物，做出了什么样的行为，发生了怎样的关系，形成了什么样的后果。形成这种模式规则不只是法律规则和法理因素，还包括情感因素、道理因素，也就是常说的情理法。这是一个完整的内容基础上的构造，而现实法律工作业务中的事实往往只是其中的一部分，或者说相关内容不是集中而是在业务工作中分散着进行体现的，这就是现实中事实模式的基本存在形式或者基本样式，这与证据材料和证据信息散落存在的情况很相似。事实模式外化出来的状态和对认知造成的影响，主要指的是事实模式所形成的内容在法律规定上所产生的效果或者所生成的效应，也就是导致法律会对这样的内容作出怎样的认定、评价以及逻辑上相关认定和对待。

（二）事实模式的属性和特征

在属性特征上，事实模式是需要以现实中的事实情况为基础和依据

---

① "事实模式"是法律工作中关于法律案件事实构成的常用的话语表达。本书在此关于"事实模式"的理解和界定的主要认知和理解基础是一百多年前美国法律界路易斯·布兰丹斯与霍姆斯所形成的美国律师争论法律的同时探究真实世界如何运转的事实构建的模式和传统。参见杨晓雷、刘东华、古德丹：《实践中的公益法》，法律出版社2012年版，第203—205页。

的，不能无中生有，因此其具有客观性；但是事实模式又是人造的，即其是相关的人根据其对现实中的情况掌握和认识理解的状况所构造的，而且，这其中往往还有利益驱动所造成的人为的取舍。事实模式又具有法定的因素，这主要体现在两个层面上，其一是，事实模式主要是围绕着法律确定的一种法律行为或者法律关系的构成要件来构成，即围绕着法律事实来进行构造的，其构造的目标指向也是法律事实的证成；其二是，能够用来构造事实模式的主要素材就是证据，证据所形成的事实就是证据事实，而什么样的素材才能作为证据，以及怎样通过证据来构建事实，法律上都有相关的规则和制度进行规定。

即便是事实模式具有以上客观的、人造的、法定的属性特征，也需要特别明确的是，事实模式既不等同于客观的事实，也不等同于法律事实，也不等同于证据事实，而是包含以上所有这些事实形式的关于整个法律业务的事实构成的综合信息体。非但如此，不仅以上形式的事实是构成事实模式的主要和主体内容，甚至所有关于业务案件的事实情况的信息都可以构成事实模式中的事实元素，比如说更广泛的新闻报纸和口耳相传的大众性相关信息，比如更深刻的学术学说的调研和理论分析论证专业专家型观点，等等，都可以成为事实模式的内容构成和事实性依据。实际上，这种事实模式指的是通常司法上所说的"情、理、法"维度上对于现实中的事实信息的综合认知状态和状况，这里面包含所说的事实信息或者说是以事实信息为基础，但是在事实模式中，这些事实信息已经化解为物理性事实信息、价值性事实信息、情感性事实信息以及法理性事实信息的存在，由此，相关的信息已经由一种自在的存在状态变成了分别对相关要做出判断的主体的价值、情感和法理等方面的认知进行影响的一种存在状态。

（三）事实模式的功能

综上，事实模式是法律工作上的一种功能性存在。以司法工作为例，可以说，任何一个核心业务上的法律工作者的主要的、最重要的工作内容就是事实模式的构造，可以说，在这个工作场景中，几乎所有的工作，或大或小，或远或近都与事实模式的构造有不可分割的关系，事实模式的构建在整个法律工作中有着重要的基础性功能，具体来说主要有以下几个方面。

一是整个法律研究的根本任务与核心工作就是事实模式的构建。对于法律研究相对表层上的基本理解是事实与法律两个部分的构建、两个部分相结合形成法律关系以及依据这样的关系对相关的问题进行推理判断，而如果进行深层上、关联性的理解就会发现这其中一个贯穿始终的工作任务是对事实整理和构建。关于事实的工作不必再论，而关于法律的工作核心就是找到法律规范中假设部分的行为模式的事实情况，法律关系的形成主要查看的是法律上对于这种事实是否有描述和界定以及进行怎样的描述和界定，看法律上这种关于相关关系的规定与现实中的情况是否相符。另外，事实模式的重要性的根源在于法律规则的物物规则、人物规则以及人人规则的三层属性。可以说，案件业务所涉及的整个基础性事实都是由第一、二层面的规则来决定的，这两种规则衍生出来了第三层面的规则，所以这些第一、二层面的事实是第三层面法律适用的源头、原动力，具有穿透性。

二是整个法律工作的策略的构建、路径的选择以及方式方法的选择和运用都渊源于或者隐藏在事实模式的构建工作当中。根据以上的分析阐述，如果将法律研究工作以及由此所形成的整个法律推理和审判工作看作一个数据计算公式或者模型的话，那么整个事实构成是其中的一个重要的参数或者变量，其取值的确定对于整个计算结果有着决定性的意义。由此，事实模式的构建就是确定参数的工作，不同的事实模式的构建就一定会影响着整个案件的结论和结果。因此，一个法律工作者如果想实现不同的案件结论和结果，就一定在这个参数的调整，即事实模式的构建上，下功夫和寻找突破口。因此，整个法律工作中，事实模式的构建不仅是整个法律工作的基础底座，而且还是整个工作的目标、方式、方法和策略的发源地。因此，事实模式就是群体结构性活动中的事实"构造"，是法律故事的讲述，是法律工作策略制定和方法选择等方面工作的基础。

三是基于以上，事实模式的构建是实现法律研究工作创新的重要着眼点，是法律工作基于法律又超越法律而影响案件的法律判断的重要方式。如上所说，法官等判断者的心证对于业务案件的判断有着决定性的作用，而其根本的基础就是其主观上对于案件事实的认定，而这种心证的形成和构成有着复杂的内容和体系结构，严格说来，至少在法官等判断者表达出来的内容上，这样的心证的内容应当是理性的、法定的、符合法律要求的，但是一定难以排除掉的是法官等判断者个人的经验认知、情感好恶、个人的价值取向等很多因素，这些都会在理性和非理性地影响着整个判断。由此可以说，法官等判断者的对事实的认知和认同实际上是一个非常复杂的情理法的结合体，法定的、符合证据的、理性的法律事实和证据事实一定在这样的认知和判断中起着重要甚至决定性的作用，但是不能说在此以外的、超越这些的非法定的、不符合证据要求的、经验和情绪性的事实因素很少或者不能对案件的认定发生重要的影响作用。常常说司法工作中的法律适用是一个情、理、法相结合的工作。由此，每个人的法律知识和水平可能不同，但是对于事实的认识、理解和主张却没有水平的高低，这里面还涉及不同的利益主张和价值判断，基于法律而又超越法定的、正举行的事实给法官讲一个不同的法律故事对于法律案件的工作往往有着重要的决定命运的价值。因此，事实模式是整个法律适用创造力的源泉和发挥空间。

二、事实模式构建相关要素分析

总结上文法律事实模式的属性和相关功能分析，在法律工作中构造事实模式主要考虑如下的相关构成要素。

其一是法律规则、规范中的行为模式假定部分的内容，可以说这是事实模式构建的总纲和目标功能。根据上文的法律推理的逻辑构造说明和法律研究的任务和功能说明，事实模式对于法律规则的假定部分内容的构建是其终极目的，说白了如果能够握有此处的话语权，掌握住话语的主旋律，那么从法律工作竞技的角度已经胜券在握了；不仅如此，行为模式假定部分的描述也是模式构建的内容总纲，或者说，实际上事实模式的构建就是对这部分描述的一种解释或者注释，可以有不同的解释和说明，但是不能有或者偏离基本的内容规定。

其二是法律事实。什么是法律事实，法律事实由基础事实、证据、法律对行为模式的具体规定三种条件所框定形成的一种事实状态。法律对行为模式的具体规定是法定的界定和描述，这里不再赘述。基础事实也就是一般性事实，所有关于案件的事实情况的信息；证据是法律确定的能够用以证明案件事实的证据材料，也就是说证据材料要比证据的范围大，证据材料跟一般性的案件事实范围相比要稍小，但是符合法律规定的证据材料才能作为证据。由此，一个案件或者业务中法律事实作为一种事实状态，实际上就是在假定的行为模式的范围内能够被证据依据相关规则和制度据以证明的事实。显然，这个事实构成在这些条件的限定下，通常要比案件的真实事实信息内容范围小很多，当然也有大的可能。

其三是证据事实。证据事实至少有三个层次：一层是证据材料支撑的事实，如上文所述，这部分事实的范围要比一般性的事实范围要小，因为证据以及证据材料是有法定和行业上的形式和标准的，并不能说所有的关于案件的事实信息都会以证据材料的形式展现出来；二层是证据证明的事实，指的是一个业务案件中，符合法定形式要求并与案件事实有关联的证据在案件处理过程中所形成的事实，如上文所述，这部分事实一定是在法律事实的范围内，但是，其一定又比证据材料支撑的事实范围要小；三层是定案证据证明的事实，是指法官或者裁判者判定案件所依据的事实，通常来说，如果证据所支撑的事实内容的量而不是范围来说，这个是事实的数量要比证据所支撑的范围小，因为一般定案证据是在证据的范围内依据证据使用规则选用的，事实支撑范围不会超过证据支撑的事实范围。

另外，需要了解的是，在司法活动中，在用证据对事实进行证明以形成法律事实和事实模式的过程中，证据在不同的工作环节和阶段呈现为证据材料、举证证据、定案证据等形式上的划分，这种区分所体现的就是通过证据形成事实模式的过程机制，说明事实模式的构建一直与证据方面的工作紧紧关联贯穿在一起，可以说各个环节都有关于证据的不同要求。另外，与证据构建事实模式影响司法相关的是，有些事实的呈现模式，虽然没有太多的证据依据，即事实在证据上的留白，但是其在整个司法活动中，依然可能会对事实模式的形成有很大的影响从而影响裁判者，发挥出非证据证明事实的功能与效用，比如，当事人陈述的事实。

其四是社会环境事实。什么是社会环境和条件性事实？本书认为可以从两个层面上来理解社会环境和条件性事实，即：相对于以上所说的法律事实而言，这些事实可以说既在局内又在局外。一个层面就是局内，这里所说的社会事实并不是完全脱离以上基本的法律事实的，都跟这些法律事实有着各种各样的关联关系；但是另一个层面是局外，这些事实又不是这些法定的事实、一般性案件事实以及证据材料所支撑的事实本身，而是这些事实的认知理解的社会环境和条件因素，实际上都是一种社会事实。之所以存在着这样的事实情况，一是因为以上所有案件的基本事实在现实中不可能是与外界环境和条件割裂存在的，二是任何主体上的认知和判断对于基本事实的理解和认知肯定不能"就事论事"，一定要借助这些外在的环境和条件因素进行理解，而且一定会在主观上形成对于这些环境和条件以及与基本事实的关联状况的或多或少的差异性认知。由此，这个基本现实和逻辑规律使以上这些法律事实以外的基本案件事实和社会环境、条件性事实在事实模式的构建中发挥着不可小觑的既尊重事实又超越事实的重要作用。

三、事实模式的构建

(一) 事实的状态综述

综上所述，法律工作中常常说"以事实为根据、以法律为准绳"，但就是这样的一个"事实"却并不那么容易搞定，暗藏着整个法律工作的奥妙和玄机。如何定位"以事实为根据，以法律为准绳"中的事实，这应该从多个方面来说。首先，从法定和法理上来说，这个事实指的应该是法律事实，但是，在整个工作机制和工程中，参与其中的不同的主体对于这个法律事实的构成情况虽然有着基本的框架共识，但是肯定又会形成很大的认识差异，最终还是以法官或者裁判者认定的法律事实为准，作为解决问题和裁判的依据。其次，在实然层面，这个作为裁判根据的事实可能就会是以上包括四种类别在内的所有种类的事实，也就是说，每一个参与案件和实务处理的主体都可以在法律事实的理论和基本构造模式下认定自己认为的法律事实，如上所述，裁判者这种认定的素材直接或间接地运用以上四种甚至更多的各种事实性信息。

(二) 事实模式构建的原则

通过以上分析可以看出，这个事实本身就是不确定的，这种不确定的状态体现在两个方面，并通过这两个方面展现出这个事实以及相关模式是怎样构造和形成的，一是从个体的角度来看，这个事实是可以或者必须要进行构建才能形成的；二是从整体上看，这个事实实际上是所有参与案件问题解决进行判断并进行事实构建的主体，通过案件解决的工作机制进行互动才形成的。关于事实模式的构造的基本方式，前文关于法律研究事实的发掘和形成的基本思维和理念同样对此适用，这里就不再赘述，这里主要从法律研究的工作策略和创新的角度在微观之处来探讨这样的事实的相关模式是如何被构造出来的。本书认为，事实法律模式构建是在相关的实体规则、证据法律规则以及一般常识性事实的理解和认知的三个维度或者坐标系上讲一个所要的法律故事。三个维度或者坐标系实际上就是整个事实构建的自身所要遵循的三种法则和渊源，就是事实构建的基本内容要来源于此，构建行为也要遵守相关的规则。一般实体性规则主要的功能是对应然的法律事实进行界定和描述，对整个事实的构造所起到的纲领性等相关作用和基本模式在前文法律研究等许多部分有所阐述，这里不再赘述。这里主要阐述的是证据的相关原则以及一般性社会事实原则。

遵循证据的原则主要体现在两个方面。一是证据是构建整个法律事实的法定的事实材料，其主要体现在证据是来源于现实中的证据材料的。如前所述，什么样的证据材料能够作为证据是有法律确定的形式、种类、内容表达以及来源途径和方式等构成条件的，不达成这样的条件，虽然与案件纠纷的情况有关系，但是也不能作为证据来用，也不能体现在法律事实中而于案件事实的构建无补。另外，根据法律确定的证据规则和相关的证据制度规定，就算是符合以上要件的合法的证据，因为证据举证责任的相关规定，比如谁主张谁举证的规定，往往导致很多掌握证据的当事人因为没有举证的责任使相关的证据也不能进入庭审的视域和法官的视野中，因而也不能成为法庭和法官定案的法定事实的构成。如此，可以看出实际上现实法庭中最终用来定案的证据与真实的证据的拥有量以及所反映的现实情况会有很大不同。由此可以看出，掌握并善于运用证据的相关法则对于整个案件纠纷解决所必要的事实构建是至关重要的。

二是也不要完全机械地、僵化地看待以上的问题，即：也不要完全因为证据规则的规定和运用上的不能导致了庭审中法定事实的构建的受限和不足，就彻底放弃一些非成功证据化的证据材料和相关事实在整个纠纷解决过程以致最后问题解决上的作用的发挥。在整个法庭审判过程中，毫无疑问证据确定的法律事实对于法官判案的意义是根本的、关键性的。但是如前所说，很多证据性材料因为规则的原因无法直接作为定案证据，但是不等于在认知以及心理上不能参与到司法人员的判案行为中，实际上这些材料可以作为一种整体性的、条件性的、信息性的内容实现司法工作人员对于定案证据的理解和认识，参与构建或者影响法官的心证，从而发挥定案证据和事实的现实作用，这也是法律工作构建法律事实在证据这方面重点关注的方面。

加强对一般性事实的理解和认知的原则，是指对以上四种形态下的事实加深理解，联合起来，以一种开放性的思维结构来构建判断案件的事实模式。这其中的内容可以从三个方面来理解。

一是以开放的思维结构来理解和构建。对开放的思维结构进行理解的基础在于对于现实的理解并不是固定不变和千篇一律的，而是具有强大的个人主观性的，如前所述，是这种主观性在主体间的互动形成了事实，而不是觉得客观性的复制，因此这种开放的思维结构对事实的理解实际上整体上形成事实的完整充分性的保障。

二是要联合起来，如上所述，各种状态下的事实对于整个事实的构建是一个整体的结构性构成，有的是法定的纲领性的描述，有的是应然的法律事实，有的是实然性的法律事实，有的是条件性、环境性的法律事实，在整个事实模式的结构性构成要素中，各自功能和作用不同，只有融合联合起来，才能实现事实模式的科学合理构建。

三是要加深对这些一般性事实的理解和认知。实际上，对于这些一般性事实的理解和认知是整个事实模式构建的基础性工作。如前面所言，这些事实因为个体的主观认知而有差异，不光如此，在时间上，随着社会现实的发展，这些事实中所包含的行为和社会关系的信息的含义也在不断发展，在空间和领域上，这些事实信息所包含、牵涉的内容以及相关的含义会随着不同知识领域视角、不同视域范围等多方面的因素有很大的差异和不同，概括地总结，经验证明，就算是一个内容完全不变的一个事实信息，在不同的社会时间段以及在不同的社会生产生活，比如政治、经济、商业、文化等多种维度上，一定会被做出不同的理解。通常说来，一个事实素材由两个部分构成，一是事实的信息本身，二是事实的价值本身。不同的社会时间和空间领域中，不仅信息符号的事物指代往往是有很大的差异的，而且其中的价值和意义本身也是完全不同的，因此，对于构建法律工作中的事实模式而言，就是要在这种构建过程中结合不同的时间和空间，结合政治、经济、文化、法律等多种领域，加强对事实的信息、价值和意义的理解，由此实现对事实模式的科学、合理和有效的构建，形成一个对案件的认定科学有效合理的事实上的认知，实际上，这是构建事实模式的价值功能所在，也是构建事实模式的重要方法和关键机制。

第三节　法律业务方式方法的创新：法律谈判

诊所法律教育中的创新学习理念和方法的培养，还体现在解决问题的方法和手段以及途径的创新方面。如果说法律研究的创新体现的是行动方面的基础认知的思维建构，那么，解决问题的方法、手段和路径体现的是行动本身，即如何在现实中在行为上将以上认知变现的方式方法上的创新。这种创新的基础理念在于，在一定法律问题的事实、法律、法律关系以及问题所在的认知基础上，这样的问题的解决方式是多样的，因为解决问题的价值定位除了法律意义上的公平、正义等内容以外，还要考虑成本、效益等其他政治、经济、文化等多种领域的多种价值考量，另外从形式上来看，比如说，对于纠纷的解决，诉讼和司法途径只是其中一种，除此还有谈判、调解等多种形式。因此，法律问题认知基础上的解决方式和手段上的创新是法律业务能力创新的重要方面，其一方面是以法律研究为基础，另一方面又会反过来影响法律研究的内容、对象以及事实和法律的认知，实际上无论从法律研究的内容还是在实现方法和手段上，体现的都是超越法律的思维模式。

下面，本书分析阐述一下通过法律解决纠纷问题方法、路径、理念、思维以及相关的知识和能力方面的创新，即：相对于意识惯性中的通过司法来进行纠纷解决的方式而言，我们探讨一下超越法律以及超越司法的法律问题的解决方法。在现代的法律纠纷解决的办法中，除了司法裁判解决方式以外，衍生或者伴生了一些纠纷解决的亚法律纠纷解决方式，比如常说的ADR方式[①]，这其中包括谈判、协商、调解、仲裁、游说等多种，其核心是通过法庭外的替代司法裁判的方式来对纠纷和相关的问题进行解决，对此，前文已经有了相关的阐述，这里不再赘述。本书在此的阐述角度是，这些方式虽然被称为替代性的庭外解决方式，但是实际上都没有脱离司法的影响或者说是以司法的存在并发挥着一定的"核威慑"的作用来发挥自己的作用的。因此，本书认为，这些方式方法实际上是超越法律的解决纠纷和问题的创新思维和创新方法，在此，以法律谈判为例对此创新法律理念和方式进行分析阐述。

一、法律谈判及其基础理念

（一）概说

关于谈判的认知和理解。通俗地理解，谈判就是指相关主体就之间形

---

① 参见范愉：《非诉讼程序（ADR）教程（第四版）》，中国人民大学出版社2020年版，第16—22、97—127页。

成的对彼此利益和价值攸关的一些问题共同进行沟通和协商，形成问题解决方案以最终解决问题的一种方式和活动。在这种意义上，谈判的具体社会活动形式以及包含的情况可多可少，多的可以说日常生产生活中很多解决问题的交流沟通活动都属于谈判，少的指的是人类各种工作领域中大型的专业性极强的解决问题的交流协商的活动，比如常见的商业谈判、政治谈判、军事谈判、经济谈判以及法律谈判等，当然这些谈判类别的划分都不是绝对的，实际上都是业务领域、方式方法以及主题内容相关联融合的综合体。如果从解决问题的方式的属性和特征上来看，谈判不同于仲裁、司法裁判、调解等纠纷和问题解决的方面主要是利益相关主体方自我协商的方式，不需要除了主体以外的第三方作为审理和判定结论的主体来进行解决，可以看作主体纠纷的自我救济的一种形式。

（二）谈判的价值优势

为什么要进行谈判或者说通过谈判来解决问题，这主要是取决于谈判的基本功能和价值与存在的基础性理念，概括地说，肯定是谈判要比其他解决问题的方式综合价值更优，具体说来主要有如下几个方面。

一是，通常来说，通过谈判可以追求更好的效益和效率价值。[1] 一般说来，仅就谈判本身而言，相比任何通过正式的司法途径来解决问题更加有效率而节省时间上的成本，比如，通过谈判和协商更有利于双方对于谈判结果的认可，有利于谈判结果的落实和执行，节省下来的时间可以投入社会生产，可以创造更多的社会效益；而且当事人双方能够保持一个相对良好的合作关系以及由此形成的生产秩序，有利于社会生产生活。另外，就纠纷和问题解决本身来说，司法解决问题往往需要纠纷的各方都承担高

---

① 参见［印］马海发·梅龙：《诊所法律教育》，彭锡华等译，法律出版社2002年版，第116—117页。

额的、多种类的费用，比如高额的法律服务费用、诉讼费用以及其他各种衍生出来的花销，等等。另外，纠纷如果通过司法途径等方式公开化，那么在不同程度上会让纠纷各方的信誉和声誉在整个社会领域中受到影响而引起不必要的主体社会品牌上的风险等，而谈判更多地是在有限的社会空间中进行的，这样的风险相对比较小或者没有。

二是，实际利益与现实效用性强。司法途径解决纠纷是以国家权力基础上的公平正义的实现为理念的，任何一个纠纷和相关的社会问题看似是发生在主体之间的，但是，实际上纠纷和问题在深层次上是涉及很多主体和很多方面的，主体和内容在现实中要远远超出表面的当事人的范围，因此，纠纷的解决往往是超出当事人的多方面利益和价值之间的博弈。比如说，依据一定的规则发生的纠纷，纠纷的解决实际上关涉的不只是当事人双方的利益，还牵涉司法机关所代表的国家利益。有很多情况，片面地、刻意地、僵化地去追求法律所界定的公平和正义往往价值是有限的和虚妄的，或者说这种公平和正义本身就是相对而不是绝对的。司法权力基础上的解决一定是基于这种公平正义的，但是通过谈判可以合理解放这种公平和正义价值的界定和束缚，从而使当事人和更多的利益相关方在更大的、更多维度的价值空间中解决相关的问题，从而会使相关问题的解决更加符合更多方面的利益需求而见到现实的效益。

三是，有相对可靠的真实性、真理性和预期性。以正式的司法裁判来解决纠纷的思路是通过事实和法律上的真相的发现和真理的应用来解决的，其虽然是要解决当事人之间的纠纷和问题，但一定是要分清楚谁的话是真的，谁的话是假的，谁是对的，谁是错的，或者说是以真相和真理为基础来实现纠纷解决的。但是，行业中对司法行为过程的基本认知共识是，现实中的司法审判工作所形成的真相和真理都是相对的、打折扣的，甚至很难说是绝对存在的，这主要的因素是源自证据制度下的事实真相的生成过程，以及法律规则制度中的价值规定的有限性和相对性，对此，前文和上文都已经有详细的阐述，这里不再赘述。因此，由于整个司法裁判到裁判结果的变现，加之司法工作的环境以及错综复杂的司法现实状况，实际上纠纷解决的结果有很多的不确定性，如此对于以真相发掘和真理实现为基础的司法裁判对于纠纷当事人的利益和价值的保障至少并不具有绝对的确定性，因此，如果争议当事人之间能够形成谈判的共同基础，如此可以避免司法和第三方等更多的不确定性因素的进入，从而使纠纷结果形成相对较好的预期和确定性。

综上，谈判的基础理念是没有什么不可能的，超越法律也是可能的，完全可以从法律问题的注意力上转移开来，超越法律理性，处理好理性的法律和非理性的情感等多方面因素打开局面来解决问题。① 谈判的基础就是双方利益能够共同更大化。当然，这种比较是以司法能力和司法效果为参照系的，这种追求最大化的利益和价值不仅在维度和种类上远远超过司法方式所能包含和实现的，而且在综合取舍和计算的数量上也一定要比司法获得感更强。当然这种最大化也肯定不是单方面的利益最大化，而是双方共同的利益以及各自的利益都能够更大化，任何一方如果觉得所得利益肯定要比在司法途径和方式上期待的更小，那么谈判肯定就无法谈成了。

二、法律谈判的思维

根据以上关于谈判的属性和功能的分析可以看出，相对于谈判和协商解决问题来说，通过司法打官司在一定程度上是"次优方案"，一句话概括，能谈判的就不要打官司。谈判的实质就是通过让渡公平正义与真相

---

① 参见［美］罗杰·费舍尔、达尼尔·夏皮罗：《理性之外的谈判》，闰佳、邵冰译，机械工业出版社 2007 年版，第 5—15 页。

和真理的追求来换取利益并使利益最大化的方式方法。由此，做好谈判工作，要坚持如下的基本理念。

（一）底线思维的认识和运用

如上所述，法律纠纷问题之所以能够选择以谈判的方式来解决，其中考量的因素肯定有很多，不排除谈判也是司法上的铺垫和舆论优势氛围的制造，但是理性的、核心的因素应当是任何一方认为自身通过谈判应当要比其他途径和形式更划算、价值更大。虽然谈判是当事人主体间博弈的过程和活动，但较为成熟的谈判设定应该是任何一方从自己的角度判断其他主体方也可以通过谈判获得更大的价值，如此才能形成谈判的基础和价值必要性。如上所述，如果任何一方意识到通过谈判肯定不能满足自己起码司法所能给予的利益，那么谈判也是不能成局的。因此，从博弈的原理和原则来看谈判，如果能够形成一个成功的谈判，不但是从任何一方当事人个体的角度，而且从整体谈判成局成功的角度来说，任何一方当事人都应该坚持这样的一个底线思维，即谈判实现的价值不能少于司法上的利益期待。对方当事人也应当谨慎地考虑是否要冲破对手所认知确定的这道防线，虽然这种司法期待可能是当事人自己的一厢情愿而不可能实现。

（二）搁置真相、真理和公平正义

什么是谈判，是当事人双方一边"商谈"和"协商"，一边做出"判断"和"判定"；什么是审判，是当事人以外的司法人员作为真相的发掘者和真理的持有者，一边"审查"和"审核"，一边做出"判断"和"判定"。显而易见，谈判是以当事人的利益实现结果为导向的，注意力和所追求的结果主要是在各方的利益实现上；而审判中，当事人利益的实现虽然也是导向性结果，但是这种导向是受作为第三方的司法工作人员把控的，究其实质整个过程所追求的结果是复合的，既包括当事人的利益，也包括司法工作人员必须保证的公平正义和真理真相，而且，往往这些才是整个司法审判工作的主要注意力。因此，既然是法律谈判而不是司法审判，如果能够成功做好谈判，谈判各方一定要把注意力集中在各自的利益结果上，往往要搁置事实真相、规则的真理性以及过程和结果的公平正义等价值理念。

（三）合作共赢

为什么不求真相、不究规则的真理性以及搁置或者模糊处理公平正义，主要是谈判中当事人之间的互动关系不同于审判当中的情况。谈判中双方关系的主流是斗争性的合作，目的是把蛋糕做大后实现共赢；司法审判中的当事人之间的互动关系主流是彻底的斗争和竞技，最起码双方的目的不是合作共赢，而是要彻底打败对方，以此为基础争取到利益的最大化。如此，谈判中尽量要避免破坏合作共赢的局面的出现，尽量要保证和谐而降级冲突，因此就要回避类似真相、真理、公平、正义等这样一些容易导致局面失控和冲突升级的话题。

（四）超越法律

超越法律是指在解决现实问题的过程中，在相关问题的认知理解上，既要以法律的视角和知识来对其理解和确定，但又不能仅限定于法律规则上认知和理解；在解决方案的价值确定上，既要以法律的价值为基础，吸纳法律的相关价值定位，并不与之相冲突，但是又不被其束缚；在解决方式的选择上，合理运用法律方式的能力和效果，但是又不将其作为唯一的甚至是最终的解决方式。这种理念在法律谈判中应用的思维理念就是既要在法律之中来认识理解和考虑解决问题和纠纷的方式和效果，又要以法律上的处理为基础，在法律以外的视野中来考虑问题和纠纷的解决，不要绝对地被法律上的不可能束缚问题的解决，要提高视点，扩大视野，创造法律应用的更加宽阔的空间，以法律为基础、不脱离法律，但不是把法律作为解决相关问题的唯一和全部的条件和资源而是作为重要条件和资源之一，融汇融通各种资源实现问题的解决。超越法律的谈判等纠纷和问题的解决方式，由此也就是法律创新解决问题的最重要的表现形式。

（五）原则性与灵活性相结合

谈判的确不属于法庭或者法律上的竞技，但是其却是在追求利益的局中互动博弈，虽然不是完全属于法律专业知识和专业技能上的竞技，但是的确是动用心理、资源、知识、信息、认知判断等多方面的力量进行利益分割上的角力和斗争，这其中包含着丰富的策略安排。以上几个方面都是谈判过程中当事一方应该具有的基本原则和理念，但是这些方面在具体的应用中、在谈判协商的过程中对于相对方所表现出来的状态不一定就是确定的、明晰的、稳定的，可能是虚虚实实、真真假假。比如说，当事方的确是应该确定自己的底线，但是往往不能轻易告诉对方自己的底线；要搁置公平正义和事实真相，但是不等于这个过程中不讨论相关的情况，因为这些都是必要的立场支撑；的确是要与对方实现合作和共赢，但往往都是斗争或者争取来的，谈判过程中也一定要有坚定的态度和立场，不卑不亢；就法律而言，如上所述，超越法律不等于弃用法律，而法律和司法的解决应当始终作为一种有效的力量在谈判中发挥着"威慑性"影响，等等。由此可见，这些方面既是谈判的基本理念和原则，也是策略产生的源泉。

三、法律谈判的基本知识和能力

（一）法律上的能力

接续上文的阐述，如果说司法审判的工作内容构成是法律在审判过程中的运用，那么同理，法律谈判工作的内容就是法律与谈判解决问题过程中的运用。法律谈判中，关键的任务是处理好法律的运用和谈判解决纠纷方式之间的关系。既然称之为法律谈判，那么逻辑上法律在谈判过程中就不是可有可无的状态，法律谈判的核心能力实际上也是法律与谈判相结合的能力，这种相结合的能力主要体现在法律功能的运用和法律价值的吸收和消解两个方面，即超越法律。

法律功能的运用指的是在谈判中如何运用法律运行、驾驭和促成谈判，具体来说，一是体现在设定法律上的利益底线，法律上所能实现的利益保障是谈判应该实现的基本保障，否则会放弃谈判寻求法律救济；二是保留司法解决纠纷和问题的最后可选择的途径，如此可以更好地为谈判留出弹性空间和制定策略的余地；三是事不说不清，理不辩不明，法律专业知识的运用可以更好地呈现和确认事实真相、讲清楚道理和明确价值判断，如此可以有效地对谈判过程中的利益确定、事实和规则认知以及心理意识等多方面的因素产生影响，为协商和交流创造有效的话语素材、话语模式和沟通机制。

另一方面，法律谈判中法律与谈判相结合的能力体现在具体法律问题和相关法律价值的吸收。法律谈判要解决现实中一般性的价值和利益的问题，但其一定也是要解决相关法律上的问题的。也就是说相关问题的法律属性上的内容不能回避、忽略或者悬置，可以被超越和吸收。如上文所述，在基本理念上，法律谈判超越法律不是不解决法律问题，而是考虑如何更好地解决相关的法律问题。因此，法律谈判过程中对于法律的问题和价值要制造更大的认知和理解的空间和维度，加深、加细和拓宽对相关问题本质和价值的内涵的认识理解，不能仅局限于狭义的法律规定上以及司法意义上的理解，应当争取获得和创造更好的资源和条件以解决法律问题和实现相关利益价值。实现这一任务和目的的有效办法是要强化对法律问题和相关利益价值的理解的知识基础，要在政治、经济、商业、文化、社会、科学等更多的知识领域和维度上强化对法律问题和价值的理解和判断，而不应该仅仅局限于法律专业知识本身的范围内。

因此，法律谈判过程中，在基础条件方面，谈判者一定要对整个问题和纠纷的法律问题的理解、法律上的解决方案以及超越法律的解决方案有清楚的认知和把握，这其中包括要把法律研究工作做扎实、做透彻、做明白，尤其是要做好事实模式的构建和相关运用策略上的安排，也一定要把整个纠纷和问题的解决在司法上可能实现的效果摸清楚，做出相对准确的后果判断；在谈判的现实运行过程中，要根据谈判整个过程的现场运行情况，将以上法律利益底线、司法途径的保留使用、运用法律专业知识和能力说事论理进行灵活运用，相机而动地抓住时机更加优化地开拓思路，创设方案以有效地解决纠纷中的价值问题和利益问题。

（二）谈判上的能力和素养

如果说法律谈判的基础能力在超越法律上的认知和理解，那么其关键能力则在于谈，在于如何通过当事人间的具体交流和协商将以上法律和超越法律上的认知、理解、价值和利益期待在谈判中能够具体实现。对于法律谈判中的谈判能力，本书拟从三个方面对其进行分析阐述，即谈的能力、判的能力以及基本的素养。

谈的能力即沟通和交流的能力，具体可以包括准备方面的能力，开局的能力、控局的能力和结局的能力。在准备阶段，除了做好以上法律方面的相关准备工作以外，比如在确定谈判的场所和时间要考虑对己方有利，合适的时间、时机和自己轻松熟悉的场所通常是合理的考虑标准；在人的方面，参与方人数应该保持持平或者尽量优于对方；要以事件的尺度和维度来理解纠纷的案件和相关的事实和观点意见，对于大型的纠纷案件，要通过媒介等多种条件多方面多渠道了解案件的舆论状况，掌握更大社会范围的群体对于案件的态度以及发展走向，等等。必要的也可在谈判前就谈判的案件发表策略性的新闻观点，对舆论走向进行引导以及向对方释放必要的信息和产生心理影响，等等。准备阶段还包括制定谈判方案、谈判计划和谈判策略，等等。

开局的能力。开局对于谈判过程有基础性作用，在这个阶段重要的任务是要明确基本要求，相关的要求通常说来都要高于最低标准。形成相对良好轻松的沟通协商氛围，尽量不要在一开始就制造对立情绪，即便是策略性的也不合适。当然，在开局的时候也可以试探性地提出交易方案和底线利益，由此让对方能够感觉到己方的坚定的利益要求、谈判的诚意和不卑不亢的态度，在心理上、道理上、法理上、情理上都能够奠定一个相对较好的基调，把握住谈判的先机。

控局的能力。控局是谈判的主体过程，这里涉及非常丰富的谈判能力，但是核心的能力应当体现为控制住整个谈判的局面，尽量保证谈判不要崩盘，以最终能够让当事人在谈判中解决相关问题，其中主要能力包括进行自身利益主张的能力，换位思考考虑对方的主张和要求的能力，打破僵局的能力，让步与妥协的能力，等等，而最重要和核心的是让步与妥协的能力，从整个谈判及当事人各方自身的视角来看，可以说其他几个方面的能力都是这个能力的基础和条件，而让步妥协能力则是其他能力的终极目的。

谈判是通过当事人的自身利益主张和说理来进行的，自身利益主张的能力也是对整个谈判进行推进的能力，这个过程中主要是以整个利益的维护为中心，通过原因事实真相和公平正义的理念以法律以及超越法律的形式进行说理，主要的目的是想让对方接受自己的主张，相关的方式既可以是平和的沟通和交流，也可以是相对激烈的讨论辩论，还可以是态度相对强硬的合理的施压和"威胁"，具体的方式要根据现场的情况相机而动，主要是让对方能够妥协。如果谈判的终极目的或者谈判成功的根本保障或者标志就是达成妥协，那么在谈判过程中具有避免进入僵局或者打破僵局的能力是这种保障实现的关键条件。首先，如何能够避免进入僵局呢？比如说在开始进行主张的时候，在提出己方要求时不能直接露出底牌，以使自己没有退路，即便是语言上可以说是开诚布公，但是一定要给自己留有余地，可以随着谈判进程逐步提高要求，否则会导致整个谈判进入僵局；如果主张进行法律辩论的过程中气氛相对紧张，就要在适当时收起理性，搁置真相和真理，使谈判主体能够转移注意力。另外，如果同伙有几位谈判合作者，几位合作者可以扮演不同角色，合作者之间可以分为唱红脸和唱白脸、主说者和观察者，等等，能够使己方的主张具有收发机制。另外尽量能够在主张的过程中让对手觉得愉快，不要过分强调对方的弱点和对方忌讳的事情，适当的指出可以给对方制造合理有效的压力，形成有利于己方的氛围和态势，但是，过多的强调反而会走向另一个极端而使谈判进入僵局。总而言之，在一方主张自己的利益推进谈判的过程中，总的原则是保持谈判的弹性，避免使谈判进入僵局。

谈判实际上就是以上两个方面，即主张利益和避免进入僵局的平衡，但是，避免不等于没有僵局，谈判常常会进入僵局的状态，因此，打破僵局的能力也是谈判者应该具有的重要能力。这种能力实际上也有很多，经验上主要有以下几种：一是搁置事实和法律上的真相和真理，转移注意力，这个方面前文已经有详细阐述；二是主张换位思考，或者说是从对方的角度来看待自身的问题和利益，要清楚当事人的根本意图和希望，并在可能的情况下帮助他分析和确定自己一方的最低要求；三是在此基础上帮助对方来设计解决问题和实现利益的方案；四是寻求更多的可能替代方案或者进行多种可能的"交易"；五是给对方适当的时间以便对方能够冷静地考虑和对待相关的问题。总之，在这种程度上，实际上，打破僵局是使谈判起死回生、妙手回春的能力，在以上众多能力当中，最为重要的是能够换位思考或者说能够在既有的信息范围内穷尽并不断优化对方的方案，如此可以在为对方着想的思路上打破僵局并解决问题。如果对方不能坦诚所提出要求的信息基础，那么如此也可打破僵局实现对对方信息的发掘，也能使谈判的进程持续向前。

判的能力。通过以上阐述可以看出，谈判谈的过程就是不断地提出主张，进入僵局，打破僵局，继续主张，这样一个循环往复的过程。而谈的过程的终点就是"妥协方案"，如此形成谈判的终局方案。形成妥协，实际上集中体现的就是谈判的"判"的能力。当然，广义上所说的谈判的判，包括整个谈判过程的判断行为和技巧性的妥协行为，狭义上所说的判断指的是达成妥协的判断。"判"的行为与谈的行为是伴生的，一定是边谈边判的，二者互为条件的，而且最后的判断也是从始至终一个个判断逐步生成的，而谈判最后形成妥协的这个判断可以说是综合性、终局性的判断，类似于司法审判中的最后的裁判，只有这样的一种判断才能真正对利益和价值做出最后的认定，形成终局性的妥协性方案。

妥协，就是要学会在适当的情况下判断双方可能的利益分割或者解决的方案，抓住时机合理地向彼此让步，达成阶段性的推进方案和最后解决方案。这其中包含如下几个方面的能力，一是根据双方的利益主张的要求状况和相关依据，有效地研判对方的利益主张的质和量，精准研判相关方利益让步的可能和整个谈判的可延展空间。二是要制定周全的、可选择的谈判策略和妥协方案，根据以下这样一些问题实施调整和选择策略方案，比如，什么是谈判的最终目的？什么是最有利的因素？什么是对方的真实想法？对方的可乘之机在哪里？对方可能妥协的前提是什么？是否可以再创造谈判空间？什么时候应当适可而止？三是积极做出判断，适可而止，准确地运用以上形成的方案，抓住时机促成妥协，积极倡导和撰写谈判协议，形成阶段性或者终局性的解决方案。

综上，以上阐述的是谈判的核心和主要能力的构成，除此之外，作为法律服务工作的谈判者还要具备基本的谈判心理能力，包括诚心地进行谈判，对整个谈判工作和方式要重视，要以合作者的态度处理与对手的关系，对谈判对手持有尊重尊敬的态度；在谈判的过程中，要对谈判的交流和探讨活动有耐心，不可急躁，也不可非策略性地情绪化；要对整个谈判活动和谈判结果有信心，由此要充分地开拓思路和创造条件，合理地进行妥协以促成谈判。另外，谈判还要具有良好的谈判者的职业素养、职业伦理、职业形象、职业心态、职业态度、职业行为举止和风貌等。

第四节　法律业务价值定位创新：法律伦理

　　诊所法律教育的创新理念和方法还体现在职业法律人才培养的价值建设和价值问题解决方面，这在法律人才的能力培养方面，借用法家韩非子"法""术""势"的关系和认知模式，如果把法律研究能力方面的培养理解为对人才处理业务能力上"法"的方面的培养，而把解决问题的方法和途径理解为"术"的方面的培养，那么，可以把价值定位和伦理关系的处理的培养理解为业务处理能力上的"势"的培养，所涉及的知识和能力领域集中体现在法律职业伦理以至整个法律伦理的认识和教育方面。

　　实际上，主体之间在一个法律业务中的价值定位和价值关系才是每个法律业务基础重要的问题。因为任何法律业务的核心问题不外乎主体之间价值地位基础上的价值关系的问题，对于职业法律工作来说，这个问题是其他所有问题的基础，也是解决问题的理念、方法、策略和综合能力的发源地和源泉。在这个维度上，可以说，每一个现实中的法律问题一定有一个根本的伦理价值方面的问题症结、痛点和瓶颈，如果解决了这些问题，那么可能所有的问题都迎刃而解了。结合前面"法"和"术"的内容来说明，如果任何一项法律业务的解决都会涉及专业知识、技术方法和能力以及价值定位和价值关系的因素的处理，那么可以说，由价值定位和价值关系所构成的业务上"势"的工作上的创新和超越，显然会对整个业务的处理具有纲举目张、高屋建瓴的功效。

一、什么是法律伦理

（一）关于职业与法律职业

在理论上，关于法律职业伦理的界定和阐释也是非常丰富的。本书认为，法律职业伦理，指的是法律的职业价值定位以及由此形成的相关职业行为和关系所要遵循的原则和规范。[①] 认识理解法律职业伦理，要从解读法律职业和伦理两个方面开始。从根本上来说，法律职业伦理来源于法律职业这一社会分工结果，人类社会为了优化生产能力和效果，在群体的社会行动中进行了社会分工，概括地说，这种分工本身就是价值和功能使命的承担，即赋予一个整体的社会行动的不同部分以不同的价值和功能并进行相互之间的关联关系和机制建设，从而实现从部分到整体的价值和功能上的实现和优化。法律职业就是这种社会分工和价值功能区分的结果，当然也是这样社会分工和价值区分实现的前提条件。

由此，职业就是以上所指的整体行动的社会工作中分化出来的基于专业知识、专业技能和特定功能机制形成的专门工作业务，职业群体就是基于不同的知识、经验和技能以实现不同的价值和功能的部分社会工作群体。概括地说，法律职业群体就是以法律的知识、经验和技能从事法律相关的工作以实现法律的社会价值和功能的社会群体。法律职业工作群体具有这样几个基本的构成要素，一是掌握专业的法律知识和相关的工作能力；二是从事的是与这些知识和能力相关的、相对具有稳固形式和特征的社会行为；三是与此类行为相关，对内对外产生多种的社会行为关联关系；四是相对于整个社会行为和社会关系具有外化出来的法律工作价值和功能以及内在的价值功能和文化认同。

---

① 参见许身健：《法律职业伦理：原理与案例》，北京大学出版社 2020 年版，第1—9页；李本森：《法律职业伦理》，北京大学出版社 2016 年版，第3—15页。

以上的各个方面所指，形成法律职业工作群体构成要素的两个维度，一个是从知识到价值功能的问题维度，另一个是从职业群体内部行为到外部行为、内部关系到外部关系的维度。前者体现的是这个群体的内在价值功能的规定性，是职业工作群体价值的基础，后者体现的外在的价值的实践性，是职业工作群体价值实现的条件和方式。由此，实际上整个法律职业的工作模式体现的就是具有一定的价值功能的法律知识、经验和技能的群体，在群体内外的社会行为和社会关系上的协作、冲突和平衡。

（二）关于伦理与法律职业伦理

解读法律职业伦理的另一个方面是要认识伦理所指。"伦"指的是人与人之间的关系和排序，"理"指的就是道理和规范。概括地说，伦理就是人与人之间关系上的道理或者所要遵循的规则。与职业群体相关联，这种规则既指导群体内部成员也指导群体成员与其他社会成员之间的行为和关系建立。如此，职业伦理指的就是职业群体成员依据自己的职业知识和职业技能与整个社会分工机制下的职业群体成员和外部社会主体实施社会行为、建立内外关系时，所要遵循的所有的规则和规范。在一个具有复杂性的社会群体中，这种原则和规范是以一定体系存在的。之所以要建立体系，是因为这些原则和规范之间常常在具体的行为关系上会产生冲突和矛盾，因此，只有通过赋予不同的原则和规范以不同的位置、阶层、量级、权重等界定，才能使这些原则和规范本身形成秩序而有效地运行。由此可以看出，指导社会行为和社会关系的伦理规范和原则实际上是一个由丰富多样的关系内容构成的不同主体的价值功能规则体系。而法律的职业伦理就是关于法律职业行为和关系本身的规范，在整个法律职业主体的内外行为和关系结构中，每一个规范和原则的内容上的界定实际上都体现了一定结构中的主体的价值功能要求，所有这些规范和原则便构成了法律职业伦理体系。比如说，职业人既要考虑整个法律的正义得以实现的价值，又要考虑自己当事人利益包括的价值，这是社会分工造成的法律职业人的价值功能在伦理规范上所显现出来的冲突。

整个社会法律活动上的主体除了法律职业工作者以外，包括所有社会主体，因此，以上所说的价值次序或者价值秩序指的是法律职业社会分工上的法律职业人与其他社会主体之间以及法律职业群体成员内部区分出来的价值和功能的次序。社会分工形成的法律职业群体与其他社会主体关系作为一种社会现实，构成了法律人内外职业伦理规范和原则的存在基础。法律职业伦理的相关工作就是确定伦理规范的社会分工意义上的价值功能内容，协调这些价值功能上的冲突。

（三）法律职业伦理的属性认识

在社会分工形成的法律职业的专业知识与价值功能的关联维度上，法律职业伦理的属性来源或者规定于法律专业知识属性。社会分工造就了法律的专业知识，而实际上这种知识是以两种状态或者知识形式存在的，一种是绝对真理性、应然性、理论性的状态，在这种状态中，知识是以抽象的、本体性的形式存在的，与伦理价值相关的是：通过系统的知识体系，既包括实体性的，也包括程序性的内容，对社会主体间的各种法律行为和关系的伦理价值内容和秩序做出了规定；另一种是相对真理性、实然性、实践性的状态，在这种状态中，知识是以具体的、应用方法性的形式存在的，与伦理价值相关的是：如何在实践中，通过具体的手段和方法，来实现本体规定的各种知识上的伦理价值的充分实现。而从以上两种情况来看，无论是应然性、理论性的知识和规定还是实然性、实践性的知识和规定，从法律本身就是伦理规范的意义上来说，法律的知识本身的属性就具有伦理属性；法律伦理不是法律知识附属和挂件，而是法律知识的一种形态体现。

因此，如果从法律知识的角度来看法律伦理以及法律职业伦理，可以说，这种伦理性本身就是法律知识属性的一个层面。而如上所述，法律知识的这种伦理属性可以说由两个层面构成，一个是基于应然理论的真理性，一个是基于实然现实的实践性，即"法律知识"在伦理层面上也是既具有抽象的真理性也有具体的实践性。如此，法律从制定到运行的整个过程中，在知识层面上，伦理价值问题是如何形成的？相关的问题又是如何来处理的？

关于法律职业伦理价值问题的形成和发生，从理解认知上，概括地说有两个阶段，第一个是制度和规范设定阶段。在这个阶段，从自然状态下，社会生活中不同群体关于不同的事物的价值冲突处于一种常态化的普遍存在状况。而法律的制定就是通过制度性的方式系统地对这些价值冲突进行协调确定，使其定分止争而处于有序的状态。因此，在这个阶段，无论是哪种领域、哪个部门、哪个阶段的法律规定，无论是实体性还是程序性的法律规定，都是对相关的社会行为和社会关系上的价值冲突进行法律上的协调和处理。第二阶段是法律制度和规范的运行阶段。这个阶段的伦理价值冲突来自于上文所说的法律规定从应然到实然、从理论到实践、从抽象到具体、从绝对真理到相对真理的两种状态的转化过程。毫无疑问，在规定性的状态下，虽然各种伦理价值冲突已经得到了协调和处理，但是，这种处理是抽象应然虚拟的，不涉及具体实然的真实中的人或者主体。处于规定状态下的伦理价值内容相对于现实真实中的任何主体而言，实际上是所有人不在场的中立的状态，而现实应用状态下的伦理价值内容由于涉及了真实的主体和人，因此，在具体的案件和事务空间中，既有的伦理价值规定不再处于中立的状态，而具有了现场的角色性，这种角色性除了要以规定状态的伦理价值内容为基础，同时还要进行现场真实的关涉自身价值和利益上考量，这种考量的对象、内容以及实现方式，并不是在应然的规定中能够穷尽和已经穷尽的。

于是，当应然性的法律规定开始进行实然性法律实践时，在不同的法律应用的主体间，这种伦理价值的冲突就产生了，这种产生的具体条件和因素有很多，结合以上两个阶段发生的基本机制和机理，概括地说，主要是冲突产生的根本性因素就是不同主体的规定性知识的认知差异、价值伦理认知和感受差异、角色立场以及自身利益考量，等等，而往往这几个方面的因素在现实中又是交错纠缠在一起的。因此职业法律人处理工作问题，一方面要运用法律本身以及其他社会规范的知识中关于人人之间伦理价值的规定性内容，并受这些知识的影响；另一方面，还受到现实业务中不同主体的价值和相关利益等因素的影响。而往往这些规定性的伦理和价值在现实利益、具体的主体价值认知和价值立场等因素的冲击下，就会产生冲突或者矛盾。

二、法律职业伦理的内容构成

（一）法律职业伦理的分类和内容构成

首先在上文的基础上，要继续澄清一个概念上的问题，就是法律伦理和法律职业伦理的区分。本书认为，法律伦理所指的内涵和外延的范围要大于法律职业伦理的范围，法律伦理的范围指的是人在法律事物上所有行为的所要考虑的道理、原则和规范，既包括非法律职业的普通人的相关伦理原则和规范，也包括法律职业人的职业伦理原则和规范；而法律职业伦理的范围仅指法律职业人，包括立法者、司法者、执法者、法律服务工作者等法律职业者在自身的法律工作中所要遵守的法律职业道理、原则和规范。当然，不能否定的是，法律职业伦理的内容规定与其他职业上的法律伦理的内容规定是相通的，或者存在共同之处。由此相应地，法律职业伦理规范的分类可以包括但不限于立法工作者职业伦理、司法工作者职业伦理、行政执法者职业工作伦理、律师等法律服务工作者职业伦理，等等。这些伦理规范有很多内容相同之处，也有很多属于不同职业专有，它们最重要的价值就是相互关联和互动，从而推动着整个法律工程的有效运行。

在职业伦理的具体内容构成上，主要有职业伦理意识、职业伦理行为、职业伦理关系、职业伦理规范。职业伦理意识，指的是法律职业工作者在职业工作中应当具有的伦理上的观念、心理、敏感度和相关的认知理解和判断能力，是职业伦理在职业群体中发挥效应的前提和基础。职业伦理行为是指法律职业工作者根据伦理规范和价值内涵的要求所从事的社会工作行为，或者体现为相关法律职业社会行为的符合伦理性。职业伦理关系是指法律职业工作者在自己的工作中因为职业伦理要求与业务工作中的关联主体所形成的职业伦理上的关系，比如律师与客户、法官、对方当事人以及对方代理人的关系，法官与当事人、代理人、检察官等诉讼参与人的关系；有很多法律工作者的行为不属于职业伦理上的行为，同样有很多职业上关系也不属于职业伦理关系。法律职业伦理规范是指职业伦理规定内容的载体、存在形式和渊源，通常来说，一般所说的职业伦理往往指的是职业伦理规范。职业伦理规范形式上有书面文字文本形式的，有存在于人的观念当中非书面形式的，伦理规范有以典型的伦理规范文件形式存在的，有的以政策文件形式存在的，还有的规定于法律文件中，以法律规范形式存在的，等等，后两者体现的是社会行为和关系规范内容和形式竞合的状况，当然，一般的观点认为政策和法律文件本身就包含或者等于伦理规范。

（二）法律职业伦理的主要问题

概括地说，法律职业伦理涉及的内容就是法律职业过程中职业法律主体相关规范的价值的次序排列和安排。如上所述，社会分工下通过职业法律人的法律知识的适用和运行来完成工作，不可能没有伦理价值上的冲突，这种冲突实际上是一种常态化存在，比如刑事辩护问题、程序性审判问题等，因此，法律职业伦理的问题就是法律职业工作相关的法规范所体现出的价值次序的失序和冲突的问题。对于法律职业伦理的相关问题，在不同视角和标准下可以做出很多分类说明，本书分别从价值领域、价值形式以及价值角色的角度来尝试对法律职业伦理的问题类型做出说明，具体概括为以下几种情况。

一是泛在的社会领域中一般性的社会伦理规范上的价值冲突。这样的冲突可以说数不胜数，比如常说的"忠孝"两难问题。有很多情况法律或者很多权威的社会规范是没有明确规定的，这种情况会导致司法、执法以及守法过程中的伦理价值的不一致，当然，即便是在法律或者权威的伦理等规范对此有明确界定的情况下，这样实然的价值冲突问题也会给法律适用者带来不同程度的价值判断上的影响。

二是法律规范的规定价值与伦理道德规范以及其他规范价值上的不一致或者冲突。常说的就是，道德的但不等于是法律的要求。通常来说，这样的冲突问题是来自于一般性社会伦理规范上的价值冲突，这种冲突在立法的过程中，往往通过法律规范和伦理规范的竞合，并对伦理规范的内容进行吸收，或者对相关的冲突明确作出法律上的价值界定来解决的。但是也经常存在法律规范与道德规范并存，但是法律规范的价值规定与道德规范的价值规定没有正向而是平行或者反向关联，由此形成了不一致和冲突。

三是法律职业群体与外部其他社会主体在业务中形成的伦理规范层面上的价值冲突。这里所说的"外部"是指法律职业群体的外部，也就是法律工作人员处理的业务中所涉及的工作群体以外的社会主体，他们在业务中往往是法律工作的对象主体。现实中，法律职业工作人员在处理业务中，其与业务对象主体之间会形成业务工作关系，这种关系的处理往往涉及不同程度上的伦理价值冲突。比如刑事辩护律师与对方受害人之间的关系处理上的伦理价值冲突问题，死刑犯审判法官与犯人家属关系上的伦理价值冲突问题，等等。

　　四是法律职业群体内部之间规范上的价值冲突。这里所说的"内部"是一个相对的范围所指，其最外围的边界应该是包括立法、执法、司法和用法等环节和部分所构成的整个法律运行工程，也就是说指向的是这个工程上所有的群体和工作人员在进行这个法律工程上的工作所应该遵守的伦理规范。从整体意义上说，整个群体的终极伦理价值是能够使整个工程运行实现法律的价值和功能，但是，实际上在具体的工作环节性群体范围内，由于知识与工作价值的角色性问题，各谋其事、各为其主的局部利益和价值一定会与整体的利益和价值形成冲突。因此一定会形成职业伦理上的冲突，如现实中常常遇到的，律师应该是依法保护当事人的权益还是揭发犯罪实现法律的正义，等等问题。

　　综上，基于以上的冲突，实际上法律职业伦理主要需要处理的问题，在性质维度上可以归属于职业价值定位、职业价值认同以及职业价值实现等几个方面的问题。职业价值定位问题就是要处理好本职工作与整体工作的价值关系问题，比如，一个律师是当事人利益的维护者还是法律正义的维护者呢？职业价值认同问题涉及的是群体中的职业价值实践上群体价值与个人价值评价上的关系问题，涉及的是一个主体的个人价值与职业价值的关系，常常见到的是一个人实现了其职业价值，获得了整个群体的职业价值上的积极评价，但是这个人觉得没有实现其个人应该具有或者要实现的价值。比如，魔鬼代言人的悖论，一个律师恨死了自己罪恶的客户，运用自己正当的职业能力帮助其逃脱了法律的制裁，其实现了职业价值并受到了职业同行的认可，但是或许在个人价值层面其不能对此认同和接受。在以上两者基础上，职业价值实现问题涉及的是如何构建职业行为模式和价值关系模式来解决职业行为价值冲突的问题，这其中涉及的最主要是如果研究和运用法律、伦理、政策等多种伦理价值规范的属性、内容、地位和功能，协调和平衡各种冲突的价值，形成一个职业人、职业群体、整个法律事业以及服务对象可以接受的性价比最优的价值体系和价值方案。

三、法律职业伦理的意义和冲突问题的解决

在社会分工的意义上，按照社会分工的理论以及整体和部分环节上的法律职业功能的价值定位，法律职业伦理规范是整个职业群体存续和发展的基本保障。而如果仅从消极的角度来看法律职业伦理上的价值冲突，其所呈现出来的是负面意义上问题，因为处理不好其会影响个体以致整个群体和法律工作的价值和功能的发挥，但是如果从积极的角度和态度来看待这些问题，法律职业伦理上的价值冲突性问题作为一种不可避免的常态化的存在，实际上更是一种社会分工意义上的积极性的社会运行机制，或者说法律职业工作者、法律工作群体以及整个法律工程恰恰是通过这样问题的出现和解决来实现其有效的运行和发展的，法律职业工作恰恰是通过这种价值上的冲突性、开放性、包容性、缓冲性、选择性、协调性的合理存在与平衡来发挥各自的工作功能以及整体上的法律价值。其实，这也是法律职业伦理价值冲突问题的真正有效的解决方式和出路，下面本书尝试从这种积极的角度来看待职业伦理的价值和职业伦理价值冲突问题的解决。

（一）微观上的职业功能、技术及策略

在微观上，实际上是存在着冲突的法律伦理构建了法律职业工作者的竞技场，而法律职业伦理是解决具体两难问题选择的依据，即：通过对问题的伦理价值基础进行确定，建立正当的伦理价值关系，以此来对伦理价值冲突进行处理和问题解决。法律工作的能力体现在基于一定的角色立场、价值基础对"真理性"法律知识进行界定和使用，运用"真理性"的知识说明自己主张的价值正当性，即：协调不同立场下价值冲突的关系，实现价值冲突上的平衡。现有的实体法、程序法、职业伦理规范等规则和制度是对这种冲突以及平衡关系的制度性规定。另外，在具体的业务所涉及伦理价值关系问题处理上，往往会涉及法律、普遍伦理道德、社会风俗

等规范的应用或者这些价值规范相关冲突关系的处理，在这种情况下，通俗的认识是，没有职业伦理支持做不成事，但是没有普遍伦理认同则做不好事。当一个案件业务涉及所有这些规范的价值定位冲突时，案件的处理就要在这些规范分别表达的"情""理""法"上做好价值平衡，如此才能收到良好的业务处理效果。由此可见，法律工作的能力即是在这些制度空间中，基于一定的职业角色和价值立场，运用规则和制度中的适当方式和手段，最大化地获取资源和条件以实现一定的价值目的，甚至体现为进一步挑战这些规则和制度的空间边界，进而创造伦理价值上的条件来解决问题。另外，职业伦理问题的处理关涉到职业工作者的工作理念、工作能力、工作心理、工作风格等多方面。

（二）宏观上的法律运行和发展

立法、执法、司法、用法和法律服务以及整个法律伦理构成了宏观的法律职业伦理价值结构，这些伦理规范与社会中的公共政策、风俗习惯以及其他领域的社会伦理规范，在法律工作过程中不断地发生冲突、交互和融合，形成了整个法律伦理价值构成的扩大和延展。宏观上的法律职业伦理的发展状态和发展程度，反映一个社会法律群体以及整个法律工程的自治和自我发展能力的强弱。现实中的法律伦理上的冲突通过职业性的解决，会不断地冲击挑战法律服务与立法、司法和执法环节和其他社会政治、经济、文化等领域上的价值内容、价值关系、价值标准、价值次序、价值功能等方面的界定，冲击挑战现有法律制度价值的内容规定，冲击法律与其他社会规范在价值上的边界划分，进而在理想和价值层面形成法律发展的标志性事件、工作、里程碑，构建未来的法律制度，从而实现法律的发展和变迁。具体来说，在相关法律伦理的价值冲突问题处理上，在涉及与政治、经济、文化等其他领域的价值话语的关系上，应该采取的处理方式是，既不能不考虑法律职业伦理上的问题，而以其他话语标准代替法律，也不能知识封闭地考虑法律自身的标准而忽视或者忽略其他方面的话语标准，一个合理的有价值的法律职业伦理冲突的处理方式，应该是在包括法律在内的这些领域之间有标准、有边界、有机制和职业特征。

（三）法律职业伦理冲突问题的解决

总之，概括地说，以上从微观到宏观的职业伦理冲突问题解决的价值发生基础在于，无论是从微观上法律应用技术角度来看，还是从宏观上法律发展策略上来看，对于法律伦理价值冲突问题的解决而言，当没有明确法律价值规范作为依据的，就需要并可以用一般伦理价值规范自觉去弥补；而没有一般伦理价值规范作为支撑的，就需要用职业伦理规范去形成行为上的"谅解""背书"以及价值"平衡"。由此可以看出，伦理规范的运行是人的自由价值的选择机制，实际上是通过这种开放的机制，社会规则价值和制度才可以实现不断发展和完善，而常态化的价值冲突则是这个发展和完善的前提条件。因此，在这种意义上，以上从微观到宏观上的伦理价值规范冲突问题的积极正向解决，实际上是法律职业以及整个法律社会工程发展和完善的重要机制。

综上，关于法律职业伦理教育的认识，传统课堂讲座式的职业伦理教育要么体现为对学生作为未来职业人的行为规范的教育，要么就是一种单一的职业理想的思想政治教育，而在职业伦理的知识属性和具体职业功能上涉及不足。因此，通过法律诊所课程开展职业伦理教育，要在以下诸多方面改变学生对于职业伦理教育的认知和态度，并更加重视法律职业伦理知识的研习和实践。具体来说，首先要在法律职业伦理的理解上重新认识法律和法学，即：法律是一种以专门的包括法律伦理知识在内的法学知识为基础的职业价值实践的行为结果，法律伦理是价值性法律知识和法律行为规则框架。法律职业伦理的基本功能和价值在微观上体现为，伦理规范知识的理解和运用是微观的法律职业角色和功能的实现基础，其本身就是功能实现的技术和策略体现；在宏观上其保障整个法律职业价值和法律价值的实现，是整个法律运行和制度发展的引擎。法律职业伦理是认识法律职业价值和职业主体功能的重要窗口，是法律知识价值观和方法论的生成和发源地，是人才培养的营养和人才成长的动力的输出地，是培养和训练高端法律人才和创新解决问题的重要知识和能力领域。

后　记

如本书中所述，从引进生根到开花结果，在整个中国法治、法学教育以及法律人才培养和成长事业建设和发展的大背景、大环境下，面对这其中的相关问题，诊所法律教育可以说既是解决这些现实问题的一种努力，当然，也在这种努力形成一定的价值效用而获得一定的成功以后，在中国发展和改变了自己。

从广袤的宇宙到我们人类社会，在更长的时间轴上，无论是现实的流变现象还是我们的主观感知，我们已经深刻地感受到在这个世界上没有什么是绝对永恒的，这包括一种事物的价值功能或者价值标准，如通常所言，唯有变才是不变和永恒的。而如果在这个世界上，变并不是一个真正的问题，对于一个有效的好的东西从一个时空被人搬移到另一个时空以继续实现这种好的功效的时候，应该解决的问题不是不变，而是如何进行有效的恰当的改变来实现移转之前所期待的功效，所以，对于诊所法律教育而言，应该考虑的问题是如何在不同的时空中，在不同的法治、法学教育的环境和条件下实现更多的、所期待的价值共享和价值接续，而不是刻意地追求诊所法律教育的全方位的价值普世与时空永恒，或者在一种无知的状态中，对于这种事物的好处鲁莽地无视或者拒绝。

对于诊所法律教育的这样的一种主观上的理解和认知是非常必要的，正如文中所述，或多或少，在一种错误的理解和认知的情况下，在中国的法学教育和法治发展环境下，对于诊所法律教育的两种极端的认知仍然较为普遍地存在，要么是把诊所法律教育课程仅仅理解为一种传统意识下的实务课程或者法科学生的社会实践，而基于固有的运行模式来对待或者全然忽视，要么把国外的法律诊所课程看作是唯一具有"真理性"标准的课程进行完全的照搬。毫无疑问，这种不尊重事物存在和发展规律的现实反应和应对，对于诊所法律教育在中国的发展显然是不利的，或者说是认知和理解上的巨大的障碍。若在中国建设和发展诊所法律教育，有必要基于科学的规律，采用科学的态度，基于科学的视角，从而将诊所法律教育构建为一种科学的认知对象和认知结果。

本书的写作目标即是基于以上认知现实中的问题的思考和解决，在诊所法律教育所实践的最广泛的各国空间中，在诊所法律教育生成发展的最长时间范围内，在价值共享和价值解构的脉络和维度上，超越各种制度、文化、思维、观念的羁绊，发现和总结诊所法律教育的科学内涵和共享价值，在一种科学认知模式和体系构造中对诊所法律教育的知识体系尝试做出科学性的理解和构建。

由此，本书旨在理解和认识诊所法律教育的基本理念和方法，尝试在这样的内容和进路上实现对诊所法律教育科学知识体系的构建。具体来说，全书除了"绪论"以外，共分为三篇八章。在具体内容展开上，首先，本书通过"绪论"部分的内容，在诊所法律教育从国外引入中国法学教育体系的时空发展脉络上，系统地阐释说明了诊所法律教育在更深法治和法律教育层面上所要解决的问题以及解决问题的理念和原则；接下来以此为基础，通过"本体认识"篇的内容，以中国的法治和法学教育的建设和发展为现实条件和需求导向，在一般本体意义上系统阐释了诊所法律教育的基本属性、价值功能和运行理念；进而通过"建设运行"篇的内容，在诊所课程建设运行层面上，梳理总结了诊所法律教育课程的种类形式、业务内容、主体关系、运行模式以及课程开设和运行的相关条件和方式方法；最后，基于法律诊所课程所涉及的业务对象，通过"内容方法"篇的内容，总结和阐释了课程的主要内容构成、课程所要训练的基本的业务操作思维和方法，并在此基础上，进而分析探讨了诊所法律教育课程在人才培养上的创新学习理念和方法。

　　当然，无论在逻辑上还是在现实上，并不能说以上这些内容对于构建一个诊所法律教育的科学性的知识体系就是充分甚至是完满的，因为一个具有科学性的认知体系是能够完全指导一个主体以此进行工作运行或者操作的，就此标准和效果而言，本书的努力成果主要在于一种科学性的理念、架构和基本的方式方法的提出，而在指导具体操作层面虽然有了一定的内容阐释，相信无论是在宏观和微观上，这样的努力还远远不够，尚有很大的空间需要充实，也期待同仁们能够批评指正，并提出宝贵建议，一同努力进行丰富完善。

　　本书是北京大学诊所式法律实验教学中心的成果体现。北京大学法学院是中国成立法律诊所机构并开设课程的首批法学院校之一，北京大学法律诊所在 2000 年吴志攀老师担任院长期间筹措资源建立，此后至今历经了朱苏力、龚文东、张守文、汪建成、潘剑锋、郭雳、车浩、刘哲玮几位院长和副院长在工作上的重视、建设和发展，现已成为北大法学院具有重要的特殊功能的法律教育课程和人才培育平台，也已经成为中国诊所法律教育的代表性模式和样板，相关的实践活动作为一种社会服务为国家和社会也做出了显著的贡献，得到了相关领域的高度认可。包括本书在内的以上成果的取得，都要感谢以上诸位老师以及北大法学院所有同事们的支持和努力，尤其是要特别感谢曾经长期在北京大学法学院法律诊所工作的龚文东老师，他是北大法律诊所的具体直接创建人，并长期从事北大法律诊所的教学、建设和发展工作，对北大法律诊所具有重要的贡献，与龚老师长期学习共事的经历，对本书内容的形成和研究创作具有重要的启发。特别感谢曾经和正在北京大学诊所式法律实验教学中心授课和工作的路姜男、于蓉、刘东华、仇浩然、叶明欣、王华、张计全、杨莹、樊荣、温建利、王益为、李红、李坤、赵婧等老师所给予的启发和帮助。

　　本书的研究也体现了中国诊所法律教育工作的一种尝试和努力，所有书中内容的形成，都是基于 20 多年来中国诊所教育的同仁们的努力工作实践和思想观点的碰撞和交流，没有这些坚定的信念、勇敢的探索和努力的实践，不可能形成本书所思考的问题以及问题的解决方案。因此，要感谢 20 多年来中国诊所法律教育工作的同仁们，特别感谢现任中国法学教育研究会诊所法律教育专业委员会的龙翼飞主任、汪世荣副主任、许身健副主任、中国人民大学法学院潘文军老师以及其他所有委员会的同事给予的支持和帮助。

感谢人民出版社，特别感谢编审陆丽云老师对本书出版的宝贵建议和努力帮助。

特别感谢我的师父杨松泉和我的家人所给予的无形的力量和无限的关爱。

责任编辑：陆丽云　江小夏

封面设计：滢　心

图书在版编目（CIP）数据

诊所法律教育的基本理念和方法／杨晓雷 著 . — 北京：人民出版社，
　2023.3（2024.3 重印）

ISBN 978－7－01－025696－2

I.①诊…　II.①杨…　III.①法学教育－研究　IV.① D90

中国国家版本馆 CIP 数据核字（2023）第 082475 号

诊所法律教育的基本理念和方法

ZHENSUO FALÜ JIAOYU DE JIBEN LINIAN HE FANGFA

杨晓雷　著

人 民 出 版 社 出版发行

（100706　北京市东城区隆福寺街 99 号）

北京中科印刷有限公司印刷　新华书店经销

2023 年 3 月第 1 版　2024 年 3 月北京第 2 次印刷
开本：710 毫米 ×1000 毫米 1/16　印张：18.25
字数：210 千字

ISBN 978－7－01－025696－2　定价：109.00 元

邮购地址 100706　北京市东城区隆福寺街 99 号
人民东方图书销售中心　电话（010）65250042　65289539